기독교문서선교회 (Christian Literature Center: 약칭 CLC)는 1941년 영국 콜체스터에서 켄 아담스에 의해 시작되었으며 국제 본부는 미국 필라델피아에 있습니다.
국제 CLC는 59개 나라에서 180개의 본부를 두고, 약 650여 명의 선교사들이 이동 도서차량 40대를 이용하여 문서 보급에 힘쓰고 있으며 이메일 주문을 통해 130여 국으로 책을 공급하고 있습니다. 한국 CLC는 청교도적 복음주의 신학과 신앙 서적을 출판하는 문서선교기관으로서, 한 영혼이라도 구원되길 소망하면서 주님이 오시는 그날까지 최선을 다할 것입니다.

추천사

윤성태 목사 (Rev. Dr. John Yun)
United Theological Seminary 대학원장

하나님께서 성경을 주신 목적은 모든 시대의 모든 사람이 '거듭나는 은혜, 구원'을 받게 하기 위함이다.

저자는 얼마 전 『구원의 길』, 『진리의 길』이란 제목의 책으로 큰 교훈과 감동을 주었다. 목회와 제자 양성을 위해 바쁜 가운데서도 『거듭남의 길』이라는 제하의 주옥 같은 책을 또 출간함에 그 노고를 높이 사며 진심으로 경의를 표한다.

요한복음 3장은 예수님과 니고데모 사이에 있는 거듭남에 대한 대화이다. 니고데모는 유대인의 관원으로서 예수님을 하나님으로부터 오신 선생으로 고백했으나 예수님은 "네가 거듭나지 아니하면 결단코 천국에 들어갈 수 없다"고 단호히 지적하시며 신구약 전체 요절인 요한복음 3:16 말씀을 주셨다.

『거듭남의 길』이란 참으로 귀중한 글을 통해 성도는 물론, 일반인에게도 많은 도전과 교훈의 말씀이 될 것임을 확신한다.

거듭나기를 갈망하며 성경을 사랑하는 독자들에게 하나님의 평강과 축복이 넘치기를 기원한다.

거듭남의 길

The Way of Born Again
Written by Phil Sik Kim
All rights reserved.
Korean Edition Copyright ⓒ 2023 by Christian Literature Center, Seoul, Korea

거듭남의 길

2023년 8월 30일 초판 발행

지 은 이 | 김필식

편   집 | 임동혁
디 자 인 | 서민정
펴 낸 곳 | (사)기독교문서선교회
등   록 | 제16-25호(1980. 1. 18.)
주   소 | 서울특별시 동대문구 천호대로71길 39
전   화 | 02-586-8761~3(본사) 031-942-8761(영업부)
팩   스 | 02-523-0131(본사) 031-942-8763(영업부)
이 메 일 | clckor@gmail.com
홈페이지 | www.clcbook.com
송금계좌 | 기업은행 073-000308-04-020 (사)기독교문서선교회
일련번호 | 2023-59

ISBN 978-89-341-2587-7 (03230)

이 책의 출판권은 (사)기독교문서선교회가 소유합니다.
신저작권법에 의하여 한국 내에서 보호받는 저작물이므로 무단 전재와 무단 복제를 금합니다.

거듭남의 길
The Way of Born Again

김필식 지음

CLC

목차

추천사
Rev. Dr. John Yun 목사 | United Theological Seminary 대학원장   1

들어가는 말   8

제1장 거듭남의 뜻   10
1. 거듭남에 목마름   10
2. 거듭남의 뜻   21
3. 거듭남의 필요성   31
4. 거듭남의 중요성   39
5. 거듭나는 회개   48
6. 거듭나게 하는 믿음   58
7. 거듭남의 증거   68

제2장 구약의 거듭남   79
1. 빛   79
2. 생수의 근원   88
3. 이스라엘   98
4. 새 영   110
5. 생기   119
6. 요단강   128
7. 지성소   139

제3장 신약의 거듭남   **149**

  1. 새사람   149

  2. 아버지 집   159

  3. 다메섹   168

  4. 새 마음   177

  5. 거룩   186

  6. 속사람   195

  7. 복음   204

제4장 거듭남의 앎: 요한복음 3장   **214**

  1. 만남   214

  2. 봄   223

  3. 들어감   232

  4. 바람   241

  5. 하늘의 일   251

  6. 위   260

  7. 영   269

제5장 거듭남의 삶   **279**

  1. 씨   279

  2. 풀이   288

  3. 확신   297

  4. 변론   306

  5. 함께   315

  6. 장사   324

  7. 성령이 교회들에게 하시는 말씀   334

들어가는 말

잠시 왔다 가는 인생이다.

이 짧은 삶 속에서 가장 중요한 일은 '거듭남'이라고 예수님은 말씀하셨다.

죄와 사망에서 살려면 하나님의 말씀과 성령의 감동과 감화하심으로 거듭나야 한다. 비참하게 지옥으로 떨어지는 여정이 아니라 하나님 나라를 소망하고 보고 들아가는 일이야말로 시급한 일이다. 거듭남은 시간을 가지고 천천히 생각할 게 아니다. 가장 급박하게 간절히 바라고 숙고할 일이다.

한 번 주어진 인생을 허무한 삶으로 끝내서는 안 된다.

허망해지는 대신 의미있게 거듭난 평안을 누린다면 이를 마다할 이유가 없음은 자명하다. 한 번 나에게 주어진 삶을 진지하게 생각하고 전심을 다해 거듭나기를 간구한다면 누구나 거듭나는 기회를 가질 수 있다.

이 귀한 일을 위해 『거듭남의 길』이 쓰이기를 바란다.

이는 거룩하고 영원한 하나님 나라의 영생을 얻는 길이다. 일장춘몽 같은 삶에서 부귀영화를 누리는 것도 좋지만 이는 사라지는 안개 같은 것들이다. 보다 영원하고 참생명 되는 거듭나는 길로 인도함을 받는 일이야말로 가장 귀한 예수님의 선물이다.

부디 거듭나기를 간구한다.

제1장

거듭남의 뜻

1. 거듭남에 목마름

사람은 '목마름의 존재'이다.

보통의 사람들은 행복하게 잘 사는 일에 목마르다. 잘 살기 위해 온 힘을 기울이며 살아간다. 무슨 일을 하든지 보다 잘 되기 위해 애쓴다. 오늘날처럼 자본과 경제가 모든 것을 결정하다시피 하는 세상에선 보다 많은 돈을 버는 게 행복의 첩경이 되었다.

남보다 더 치열하게 경쟁에 살아남아 더 많은 경제력을 확보하는 게 보통 사람들의 삶의 목표가 되었다. 장사를 하든 직장을 다니든 뭐를 하든 얼마를 버느냐가 행복을 가늠하는 최종 목표가 되어 버렸다. 남보다 더 좋은 직장에 다니는 것에 대한 관점이 얼마나 더 버는가에 달렸다고 해도 과언이 아니다.

다른 사람보다 더 벌면 그것이 곧 행복하다는 인식이 우리들의 삶에 깊숙이 자리잡았다. 그래서 보다 많은 돈을 벌기 위해 불철주야 목마르게 찾아 헤매고 있다. 행복하기 위해 최선을 다하는 게 바로 돈에 대한 목마름이다.

그렇지만 사람이 죽음 앞에 서게 되면 세상 것들이 자신의 목숨을 더 이상 지탱해 주지 못한다는 것을 인식하게 된다. 얼마 전 시애틀의 전 한인회장의 이야기는 참으로 많은 것을 시사해 준다. 다음 날 임종했는데, 오늘 모여든 임원들에게 많지도 않은 친인 회비 몇 천 불을 나누어 갖자고 하며 회비를 취했다는 것이다.

얼마나 돈에 집착이 많았으면 죽음을 앞둔 상황에서도 그랬을까?

사실 이는 전 시애틀 한인회장뿐 아니라 오늘을 살아가는 모든 사람의 모습을 적나라하게 보여준다고도 볼 수 있다.

우리들 생각엔 돈만 있으면 행복하게 오래 살 수 있으리라는 확신이 있기에 더 목말라하는지도 모른다. 더 오래 살고, 아니 영원히 사는 길에 더 목말라하기 때문인지 모른다. 우리들 앞에 확실히 보여지는 영원히 살 수 있는 무엇인가 있다면 너나 나나 할 것 없이 모두 달려드는 것은 당연한 일이다.

행복하게 영원히 살 수만 있다면 뭔들 못하겠냐는 심정은 누구나가 갖는 목마름이다. 단지 그것을 모르고 또 보지 못했기 때문에 무시하고 살 뿐이다. 만약 자기 눈에 확실히 보인다면 죽을 목숨을 다해 갖고자 몸부림을 칠 것이다. 아마도 원하기는 당연한 일이지만 영원히 산다는 게 믿어지지 않으니까 포기하고 사는지도 모른다.

그런데 자신의 삶을 조금이라도 깊이 생각해 보면 그저 살다가 가는 게 인생인가 하는 정도의 사색은 하리라고 본다. 무의미하게 짐승같이 살다가 가는 게 우리 인생이 아님은 누구나 생각할 수 있다. 만약 우리가 그저 주어진 삶 속에서 돈만 쫓으며 산다면 얼마나 허무할 것인가 하는 것은 누구나 인식할 수 있다. 분명 무엇인가 더 있을 것이라는 생각에 미칠 수 있다.

소크라테스가 당시 사회에 대해 "궤변과 현실에서의 부귀영화가 전부이다"라고 생각하고 있을 때, 참다운 인생을 논했다. "이 땅에서는 참다운 삶을 찾아보기 힘들지만 보이지 않는 하늘의 이상 세계가 존재한다"고 주장했다.

예를 들어, 아테네 사회는 혼란하고 참이 존재하지 않지만 완벽한 지혜를 가진 철인이 다스리는 이상 국가는 하늘에 이데아 세계로 존재한다는 말이다. 인생의 참 행복을 추구하는 이유는 그러한 참다운 하늘의 이상 나라에 가고자 착하게 살아가야 한다고 보았다.

동양에서의 신선 세계를 지향하는 사상도 비슷한 이상 세계를 추구했기 때문이리라.

추한 현실을 벗어나 고고한 생각으로 신선같이 살다 보면 신선 세계에서 영원히 살리라고 보았다. 듣기 안 좋은 소식을 들으면 시냇가에 가서 귀를 닦고 깨끗이 씻음으로 신선으로의 삶을 구체화하고 동경하며 살았다.

극락을 주장하는 불교도 마찬가지로 "생노병사의 현실적 삶에서 불도를 깨달아 살면 사후에 극락왕생하리라"하여 영원한 행복의 나라를 앙망했다. 스스로 자각해 부처가 된다면 모든 번뇌를 이겨 내고 무아지경에 이르러 아무 고통없는 극락에서 영원히 살리라 하는 것을 바랬다.

그렇지만 이러한 인간의 노력만으로 영원한 하늘나라에 간다는 생각은 동의하기가 어려운 일이다. 인간이 이 땅에 살아가면서 과학적 사고를 동원하지 않는다 해도 현실적으로 인간이 하늘로 올라간다는 얘기는 말이 되지 않는다.

히디 못해 작은 산이라도 걸어 올라가야 가능한데 하늘을 무슨 수를 써서 올라살 수 있냐는 말인가. 기껏 비행기나 우주선을 탄다고 한들 이느 정도 어느 기간만 가능하지 영원히 산다는 것은 불가능한 일이다. 이러한 사고는 공상과학에서나 가능한 일이지 구체적인 현실에서는 말도 되지 않는 이야기이다.

그렇다면 정말 있을지도 모르는 영원한 하늘나라에는 어떻게 갈 수 있다는 말인가?

그 하늘나라는 그 하늘나라를 가능하게 하는 신으로만 가능하다. 그 하늘나라를 가능하게 창조한 신의 의사에 따라 갈 수도 있고 가지 못할 수도 있다는 말이다. 하늘나라를 창조하신 신이 존재한다면 그 하늘나라에 가는 것도 신의 능력에 따라 가능할 수도 있다는 것은 이상한 일이 아니다. 하늘나라를 만드신 신이 계시다면 당연히 시공간을 초월해 존재하는 하늘나라도 가능하기 때문이다.

이러한 세계는 인간의 생각으로 가능할 수도 있고 아닐 수도 있는 게 아니다. 그 하늘나라를 인정하는 자에게는 확실한 세계지만 믿지 않는 자에게는 공상에 불과한 일이다.

보이지 않는 이 하늘나라는 인정하지 않는 자에게는 믿을 수 없는 세계에 불과하지만 바라고 소망하는 자들에게는 너무나 자명한 믿음의 세계이다(히 11:16).

이 천국이라고 하는 하나님 나라는 성경을 보면 너무나 확실한 나라여서 믿음의 마음으로 보면 보여지고 믿어지는 신기하지만 확실한 세계이다. 하나님께서 좌정해 계신 하늘나라는 아무나 가고 싶다고 들어가는 게 아니라 하늘나라의 주인의 허락을 받아야 들어가는 것은 너무나 당연하다.

하다 못해 마이크를 만들어도 만든 사람의 의도를 담아 만들게 되어 있다. 아무나 사용한다고 되는 게 아니고 주인이 허락해야 사용할 수 있게 된다. 어느 집이라도 주인이 인정해야 들어가 살 수 있는 것이지 아무나 들어가 살 수는 없다. 하다 못해 이 땅의 것들도 그 물건의 주인이 있는데 영원한 하늘나라가 주인 없이 아무나 갈 수 있다는 생각은 참으로 유치한 관념이다.

영원한 하나님의 나라에 가고자 하는 사람이라면 단 한 가지의 조건이 있는 바 '거듭나는 일'이다. 거듭나기만 하면 하나님 나라를 볼 수가 있고 들어갈 수 있다고 성경은 증거하고 있다.

많은 사람들이 이 귀한 거듭남을 위해 애쓰고 힘써서 쟁취해 왔다. 거듭남에 관심이 없다고 하더라도 한 번쯤 생각해 볼 가치가 있는 것은 누구나 가고 싶은 행복한 나라이기 때문이다. 행복도 몇 년 갖는 게 아니라 영원한 것이라고 하는데 무시하기에는 너무 귀한 나라이다. 하다 못해 몇 푼의 돈을 위해서도 땀을 흘리며 고군분투하는데 거듭나는 게 무슨 대수인가 한다면 그야말로 한심한 사람에 불과할 것이다.

이 거듭남은 그저 듣고 스쳐 지나갈 일이 아니고 본인 자신이 확인하고 다시 확인해서 스스로 인정해야 할 소중한 인생의 과제이다. 거듭남에 관해 목마름을 갖는다면 이야말로 인생에 있어 가장 중요한 계기를 잡았고 거듭나게 된다면 이보다 더 귀한 일이 자기 인생에서 일어나지는 않는다는 사실을 인지하게 될 것이다. 그야말로 자기 인생에서 가장 귀중한 일이요 가장 복된 일이 될 것이다.

서듭나는 일은 그야말로 천국 가는 티켓을 타 놓는 기쁜 일이다. 사람이 이 거듭남에 목마른 생각을 갖는다면이야말로 하늘나라를 만드시고 운영하시는 하나님에게도 그 목적에 합한 자를 만나는 귀한 인연이 될 것이다.

이 귀한 거듭남은 많은 자들이 주장하고 있는 터이지만 그 내용을 보면 참으로 옅고 유치한 수준이라 참다운 거듭남이 무엇이라고 하는지 오히려 더 헷갈리게 하는 경우가 많다. 너무 감정적이고 편협한 거듭남에 관한 간증 정도라 거듭나고자 목마름을 가진 사람들에게 혼선을 주고 방해를 하고 있다고 볼 수도 있다. 참다운 거듭남이 반드시 존재하기에 예수님께서도 거듭나면 하나님 나라를 볼 수 있다고 하셨고 이는 물과 성령으로 가능하다고 말씀하셨다.

주님의 말씀을 따라 니고데모는 거듭났고 예수님을 확신 있게 믿었고 따랐다. 우리들도 니고데모와 같이 예수님이 하신 말씀을 따른다면 당연히 거듭나는 것이다. 니고데모와 같이 거듭나기를 진정으로 원한다면 누구나 거듭나게 될 수 있다는 말이다.

이를 위해 자신이 냉정하게 자신의 인생에 있어 가지는 목마름이 무엇인가를 성찰해 볼 필요가 있다. 하도 바쁜 현대를 살아가느라고 거듭나는 것이야 기독교에 관심 있는 사람들이나 하는 것이고 나는 바빠서 생각할 여유도 없다고 내칠 문제가 아니다. 아무리 바쁜 일들이 산적해 있다 하더라도 아니면 바쁜 일을 처리하는 과정이라 하더라도 자신의 인생을 위해

진지하게 상고해 봐야 할 일이다.

공짜라면 양잿물이라도 마시는 게 일반적인 사람들의 생각이다. 조금만 이익이 남고 좋은 것이라면 너도나도 할 것 없이 달려 들어 먼저 가지려는 게 인지상정이다. 몫이 좋고 사고 나면 몇 년 있다 엄청난 수익을 얻을 것이라 생각되면 빚을 얻어서라도 사려고 하는 게 일반 사람들의 모습이다.

하물며 거듭나기만 하면 조금의 이익 정도가 아니라 영원히 행복해진다는데 관심이 없다고 한다면 바보이거나 그 가치를 모르는 것이다. 거듭나는 방법을 몰라서, 아니면 거듭난다는 게 무슨 말인지 들어본 적이 없기 때문이다. 정말로 거듭나는 일이 자기 인생에 있어 가장 그 무엇보다도 귀하며 급박한 사실임을 안다면 그렇게 넋 놓고 있지는 않을 것이다.

얼마나 재빠른 현대인인가! 이익을 위해서는 그 누구보다 민첩하게 몸을 사리지 않는 오늘날 사람들이다. 하나라도 손해 보지 않으려는 그런 사람들이 거듭남에 관해 무관심하다면 그는 거듭남의 이익을 계산하지 못할 정도로 거듭남에 무지하기 때문일 것이다.

니고데모를 보아도 거듭남에 관해 제대로 알지 못했음을 알 수 있다. 오랫동안 인생의 영혼에 관해 공부하고 가르쳐 왔지만 니고데모의 영혼에 기쁨 대신 막막함과 어두움이 그를 괴롭게 하여 그 답답함을 풀기 위해 예수님을 찾아왔던 것이다.

학식 있고 똑똑하고 가르치는 선생으로서 인생문제를 상담 받기 위해 예수님께 나온다는 일은 쉽지 않은 일이었다. 이는 얼마나 그의 영혼에 있는 괴로움이 심각했는가를 미루어 짐작할 수 있다. 보이는 니고데모는 다른 사람들에게는 아무것도 부러울 게 없는 상태였지만 그 내면의 고민은 이루 말할 수 없는 고통의 나날이었을 것이다. 풀리지 않는 영혼의 번뇌가 그를 에워싸고 그를 한길 낭떠러지로 내몰고 있었다.

얼마나 괴롭고 죽을 것 같았는가는 당한 사람만 아는 일이지 다른 사람은 그 속사정을 알 수가 없는 법이다. "과부 심정은 과부만 안다"고 그 거듭남의 목마름은 그러한 영혼의 고통 가운데 있어봐야 아는 일이다. 한 두 해도 아니고 오랜 세월 동안 그의 영혼에는 기쁨이 소망이 없고 오직 궁금증과 해결되지 않는 영혼의 문제로 피로워하고 있있음을 유추해 볼 수 있다.

이는 소설가가 글이 안 써질 때 갖는 괴로움이나 화가가 그림을 그리려 하나 영감이 떠오르지 않아 붓을 들지 못하는 괴로움보다 더한 영혼의 말 못할 고통을 드러내고 있었음을 알 수 있다.

영혼의 고뇌, 이는 인간만이 느낄 수 있는 가장 인간적인 실존의 모습이다. 먹고 마신다고 전부가 아닌 인간이 인간이어야 하는 가장 근본적인 인간에 대한 해답에 대한 목마름이다. 영혼의 인간에 대한 질문과 그 해답에 대한 갈구는 인간이 영혼의 존재로 지어졌음을 적나라하게 보여 주는 구체적인 상태이다.

인간이 자기 자신의 존재에 대해 고민하지 않고 산다면 이는 인간이 인간이기를 포기하는 것과 크게 다른 게 아니다.

나는 누구인가?
나라는 존재는 과연 어떻게 살아야 하는가?
죽은 뒤 나는 어떻게 되는가?

이처럼 사람이 갖는 영혼의 궁금증은 말로 다 할 수 없이 많고 깊은 것이다.

그중에서도 '영원히 행복할 수만 있다면'이라고 하는 실존은 그야말로 누구나 갖고 싶고, 그러한 천국이 존재한다면 무엇을 해서라도 가고 싶다는 것은 누구나 꿈꾸는 일이다. 남녀노소 그 누구나 만져보고 싶고 갈 수만 있다면 무슨 짓을 해서라도 후회 없이 가고 싶은 나라이다.

이 거룩하고 좋은 천국이 존재하고 있지만, 그 나라가 보이지 않는다고 하는데 문제가 있다. 달과 해같이 보인다면 그 무슨 짓을 해서라도 가겠건만 보이지 않으니 우주선을 쏘아 대는 것도 헛된 고생일 뿐이다. 하긴 천국이 보였다면 지금까지 그대로 놔두지 않았을 것이다. 해저를 뚫든지, 우주선을 쏘아 올리든지 무슨 수작을 냈을 것이다.

그런데 도대체 인간의 육안으로 보이지 않으니 이럴 수도 저럴 수도 없이 숱한 고민만 하고 있는 것이다. 천국 가는데 얼마가 들든 보이기만 했다면 돈 보따리 들고 달려들 사람들이 많겠지만, 보이지 않으니 계산 빠른 사람들이라 해도 투자할 이유가 만무한 일이다.

그래서 예수님은 바람을 우리가 볼 수 없지만 느낌으로 알 수 있듯이 거듭나서 하나님 나라를 보는 일은 볼 수 없지만 체험하면 알게 되는 일이라고 말씀하셨다. 공기가 눈으로는 보이지 않지만 숨을 들이 마시므로 알 수 있는 바와 같다.

그저 몇 푼 안 되는 생활비를 벌기 위해서도 열심히 일을 하는데 영원한 나라에 들어가기 위해 상고함이 뭐 그리 대수로운 일이 되는지 모른다. 점수 몇 점 올리려고 밤새 공부하는데 하나님 나라에 들어가기 위해 좀 고심하고 목마른 심정으로 생각해 보는 것쯤은 하나도 손해 볼 일이 아니다.

이 인생에 있어서도 놓고 갈 것들에도 심혈을 기울이는데 하물며 영원한 거듭남을 위해 진통을 겪는다고 아쉬울 게 많은 일은 아니다.

많은 사람들이 죽으면 다 끝이라고 말한다. 부귀영화를 누리던 자도, 높은 지위를 누렸다 해도 '죽으면 허무하다'고 말한다. 정승이었다 해도 '죽으면 그 날부터 찾는 이가 없다'라고 한탄한다. 그럼에도 불구하고 '저승보다도 개똥 밭에 굴러도 이승이 좋다'며 이생에 미련을 갖는다.

조금이라도 더 살고자 하는 게 인지상정이다. 죽음을 앞 둔 환자라도 너 오래 살 것이라 해야 좋아하지 금방 죽을 거라고 하면 좋아할 사람은 없다. 이처럼 누구나 더 살기를 원한다.

그런데 문제는 죽음으로 끝나지 않는다는 사실이다. 말로는 죽으면 '모든 것이 끝'이라고 하지만 죽음 뒤에 올 형벌을 두려워한다는 사실이다. 이처럼 죽음이라는 공포를 느끼는 이유는 뭔 지 몰라도 그 뒤에 올 무시무시한 고통을 생각하기 때문이다. 아무리 대단한 사람이라 할지라도 죽는다고 하면 두려울 수밖에 없다. 그야말로 죽으면 모든 게 끝장이기 때문이다.

거듭남이라는 귀한 보배가 있는데, 그 소중한 것을 갖지 못한다면 이보다 더 슬픈 일은 없는 법이다. 이 땅에 그리도 미련을 가지면서 하나님 나라에 관심이 없다면 이는 하나님 나라를 보지 못했기에 그렇다. 조금이라도 하나님 나라를 보기 원하거나 관심이 있다면 그 나라를 보고 들어가는 일이 정말 자신이 해야 하는 일 중에 가장 시급하고도 중요한 일임을 명심해야 할 것이다.

왜냐하면, 인생은 죽으면 우주 공간에 무슨 에너지로 남아 버리는 한심한 존재가 아니라 새로운 세계가 기다리고 있기 때문이다. 육안으로는 보이지 않지만 심안으로는 보이는 하나님의 나라를 보기 위해 목마른 심정으로 찾고 구하는 일이 가장 중요한 일임을 알아야 한다. 목마른 사슴이 시냇물을 찾듯이 목마른 심정으로 거듭남을 찾는다면 반드시 거듭나게 되리라 믿는다.

거듭남은 멀리 있는 동경의 나라가 아니다. 바로 내 앞에, 내 안에 있는 보화이며 획득할 수 있는 구체적인 사건이다. 이 거듭나는 일이야말로 가장 행복하고 귀하며 소중한 예수님의 선물임을 깨달아야 할 것이다.

그런데 죽음으로 끝이 아니라 죽은 뒤에도 더 좋은 나라가 있다면 얘기는 달라진다. 당연히 더 좋은 나라에 가기를 바라며 또한, 그러한 나라를 볼 수만 있다면 무슨 수를 써서라도 보아야 하기 때문이다.

거듭남에 대한 목마른 태도는 인생에 있어 가장 귀한 시간이다. 인간은 누구나 그 영혼이 목마르다. 경제 여건의 어려움으로, 또는 만족하지 못하는 마음으로 힘들어한다. 만족할 수 없는 자신을 달래 보고자 여러 가지 노력을 다하지만 완전한 세상은 찾지 못하고 있다.

아무리 뛰어난 사람들이 심혈을 기울여 만들어 낸 세상을 보고도 천국이 왔다고 하는 사람을 만난 적이 없다. 때로 산에 들어가 살면서 참으로 만족하는 생활을 하고 있다고 하는 자연인들이 있지만 그도 자연에 속해 큰 부담 없이 살 뿐이지 우리가 상상하는 천국은 아니다. 모든 사람은 제 나름대로 행복한 생활을 추구하고 있지만 모두가 인정할 수 있는 천국 생활이 이 땅에서 이루어진 적은 없는 게 현실이다.

그래서 그런지 오늘날도 사람들의 영혼은 행복과 만족함에 목마르다. 뭔가 만족하지 못하는 갑갑함, 가슴속 깊이 몰려오는 인생의 덧없음에 우리의 영혼은 천국을 소망하며 찾아 헤매고 있는 것이다. 나의 영혼을 온전히 만족시킬 그것은 무엇인지, 또 무엇이어야 하는지 목마른 심정으로 추구하고 있다. 그 만족할 수 있는 것이 크든 작든 갈급한 마음으로 사람들은 찾고 있다.

보이지 않지만 보이는 것보다 더 확실한 거듭남을 갖는다면 이보다 더한 행복은 없는 것이다. 거듭날 수 있다는 목마른 소망이 '참 소망'이다.

2. 거듭남의 뜻

거듭남이란 말 그대로 '다시 태어난다'는 말이다. 살아 있는 사람이 어머니 배 속에 다시 아이로 들어갔다 다시 태어남은 있을 수 없는 일이다. 성장한 사람이 어머니 모태로 머리를 들이밀고 들어갔다 십 개월을 기다렸다 다시 태어남은 공상과학에서도 기괴한 일이 된다. 다시 말해, 있을 수 없다는 말이다.

그렇다면, 다시 태어난다는 말은 육신적으로 다시 탄생한다는 말이 아니고 다른 뜻이 있음을 우리는 알 수 있다. 오늘날 똑똑한 현대인들은 과학을 신뢰하는 관계로 조금이라도 비합리적이면 대놓고 반론을 제기한다. 또 인정하지 않으려 한다. 모든 것을 과학적이고, 합리적으로 인식하는데 익숙해져 있다. 거듭난다는 일도 마찬가지로 조금이라도 비과학적이거나 비합리적이면 듣기를 거부하고 받아들이려 하지 않는다.

사람이 육신적으로 어머니 모태로 들어갔다 다시 태어난다는 일이 사실이 아니고 말도 안 된다는 이야기는 쉽게 수긍될 것이다. 사람이 다시 태어나 새사람으로 사는 일은 지금까지 인류사에 없었다. 죽었던 사람이 다시 태어나 새롭게 산 사람을 본 적이 없다. 죽어서 장례를 치렀는데 다시 살아나 지금까지 사는 사람은 어디에도 없다. 죽으면 다시 볼 수가 없다. 이처럼 육체로 죽어서 다시 태어났다는 말을 들어본 적이 없다.

다시 말해, '모두가 다 죽었다'는 말이다. 이것이 현실에서의 사람 모습이다. 죽은 사람은 그것으로 끝난 것이다.

그러므로 여기서 말하는 '거듭남'이란 육체의 소성을 말하는 게 아니다. 죽었던 육체는 다시 살아났다 해도 얼마 못 가서 죽게 되어 있다. 그런데 놀랍게도 옛날부터 '사람의 영혼은 죽지 않고 산다'고 전해져 오는 말이 많았다. 그 사람의 혼이 돌아왔다, 죽었던 부모님의 얼굴을 보았다, 죽었던 분이 나타나 나에게 중요한 말을 했다 등 사람의 영혼은 죽은 게 아니고 영원하다는 증언들이 많다.

그런데, "죽었던 개가 나타나 말을 했다"는 이야기를 듣기는 힘들다. 이는 개도 생각은 하지만 그 영혼이 영원하다는 얘기는 없다는 것이다. 이것이 사람과 개의 차이이다. 개는 죽으면 끝나지만 좋은 일을 했던 사람은 극락으로, 못된 짓만 골라 했던 자는 지옥으로 간다고들 한다. 우연이라고 하기는 어렵다.

희미하게나마 옛날 분들이 살아가면서 체험했던 일들이므로 가치가 있다. 죽으면 끝이라고 무시하기에는 옛날 분들의 증언이 너무 많다. 그래서 사람은 죽어서 이름을 남겨야 했다.

영원히 살지 않는다면 그 이름이 남는 게 뭐 그리 대수겠는가?

어렴풋하나마 사람의 가치가 영원할 수 있기에 선한 일을 하고 선한 사람이 되라고 평생 동안 교육했으리라고 본다.

사람과 개의 차이는 여러 가지가 있겠지만 그중 가장 다른 게 있다면 사람에게는 영이 있으나 개에게는 혼은 있지만 영이 없다는 사실이다. 개도 사고를 한다. 그러나 개가 하나님을 믿는다는 이야기는 들어본 적이 없다. 그 이유는 개도 생각할 수 있지만 사고력이 극히 적어 하나님을 인식하지 못하는 게 아니고 영이 없기 때문에 믿지 못하는 것이다. 또한, 하나님께서 개에게 영을 주어 하나님을 믿게 하지 않았기 때문이다.

하나님께서는 오직 사람에게만 특히, 믿는 사람에게만 영을 주셔서 하나님 앞에 나오는 길을 열어 주셨는데, 이를 '거듭난 사람'이라고 한다. '거듭났다'는 말은 하나님께서 주신 영을 받으므로 하나님과 교통할 수 있게 되었다는 것이다. 이를 '영이 거듭났다'고 말한다.

사람이 태어나려면 요건이 충족되어야 태어날 수 있다. 상식적으로 봐도 잉태되기 위해 적어도 성년 남녀가 동침해야 아기가 잉태될 수 있다. 남녀 모두 건강해야 하고 난자와 정자가 튼튼해야 한다. 난자와 정자가 어미 모태의 자궁에 착상되어야 잉태 가능하다. 자궁 밖이나 또다른 아무 데서나 임신되는 게 아니다. 적어도 임신의 필요한 최소한의 요건이나 환경이 조성되어야 잉태가 가능하다.

'거듭난다'는 의미는 사람이 다시 한 번 태어난다는 말이다. 사람이 죽었기에 다시 태어나 살게 되었다는 뜻이다. 사람 안에 있던 영이 죽었기에 그 영이 새로운 생명을 얻는다는 것이 영적 탄생의 거듭남이다.

이같이 영적인 새생명도 구체적인 환경이 만들어져야 영적 출생이 가능하다. 즉, 영혼 가운데서도 살아있는 혼이 방황하고 있을 때, 스스로 답답하여 자신의 혼을 만족시킬 무언가를 찾고 있을 경우가 중요하다. 자신의 영혼의 갈급함을 채워 줄 누군가를 만나기를 소망하고 있을 때 주님의 영은 그 갈급한 혼에게 다가오기 때문이다. 그 갈급한 혼이 여러 가지 생각

속에서 방황하며 절박한 심정으로 헤매고 있을 때 성령은 그 혼을 불쌍히 여기고 찾아와 만나기를 원하신다. 예수님의 육체는 보지 못하지만 영혼이라는 영적인 세계에서는 시공간을 초월해 예수님이 보내신 성령은 거듭남의 영적 탄생을 도와주고 계신다.

영적인 새생명이 탄생하기 위해서는 갈급한 심령과 성령의 만남이 필요하다. 새 성령과의 만남은 성경을 통해 가능하다. 성경은 예수님의 증거를 기록한 것으로 사람의 혼을 거듭나게 만들기에 필요하고도 충분한 책이다. 성경의 말씀과 내 혼의 생각이 일치되면 충분히 거듭남의 역사가 이루어질 수 있다. 왜냐하면, 예수님의 증거의 말씀이 기록되어 있기 때문이다.

갈급한 혼과 성령이 만나게 되면 인간의 생각을 뛰어넘는 영적 잉태의 사건은 충분히 가능한 일이 된다. 성령은 시간과 공간을 초월해 예수님께서 말씀하사 하나님께서 보내신 성령이기 때문이다. 성령의 역사는 다양한 방법으로 이루어지기 때문에 여러 가지 다양한 형태로 갈급한 혼에 활동하여 거듭나게 하신다.

사람은 겉으로 보이는 육신과 눈에 보이지 않는 영혼으로 구성되어 있다. 예수님은 크게 육체와 영혼으로 구분하여 말씀하셨다. 범죄한 육체의 손을 찍어버리고 천국에 가는 것이 백 번 낫다고 하셨다(마 18:8). 이를 바울은 세분화시켜서 영혼은 영과 혼으로 이루어져 있다고 했다(살전 5:23).

사람은 태어날 때부터 영과 혼을 가지고 태어난 게 아니라 혼만 가지고 태어났다고 할 수 있다. 아이가 태어나자마자 하나님을 찾아 경배하는 게 아니라 자라면서 자의적으로 하나님을 경배하는 자가 되었을 때 '영으로 예배드린다'고 말할 수 있다.

하나님의 음성을 듣고 영적으로 예배드리는 일은 아브라함이 하나님의 음성을 듣고 믿음으로 순종했을 때 행했다고 말할 수 있는 것이다.

그 이전 하나님을 모르고 우상을 숭배할 때의 아브람은 영적으로 거듭난 상태가 아니었다. 혼적으로 살아가던 시절이었다. 하나님의 부르심을 따라 하나님의 음성을 듣고 순종해 갈대아 우르를 떠나기 시작했을 때 거듭난 믿음의 시작이 이루어진 것이다.

사람은 누가 시킨 것도 아닌데 어려서부터 서슴없을 하고 못된 습성을 따라 간다. 이런 모습을 보면 인간은 태어나면서부터 누구나 하나님의 영적 사람이라고 말하기 어렵고, 아담의 **불순종**의 후예로 태어난 사람이라고 말할 수 있다. 혼은 살아서 여러 가지 생각을 할 수 있을지 모르지만 영은 죽어서 하나님과 긴밀한 교제를 나누지 못하는 존재이다. 이는 영적으로 하나님으로 부터 멀리 떠나 영이 죽어 있는 상태임을 말하고 있는 것이다.

'거듭난다'는 말은 어떤 면에서 육신적이라기 보다 더 근본적인 의미에서 고찰할 필요가 있다고 보인다. 이 말은 무슨 엉뚱한 이야기를 하고자 하는 게 아니라 좀 더 깊이 있게 근원적인 부분을 살펴보려고 한다는 말이다.

왜냐하면, 거듭남이라는 말을 원어로 보면 크게 두 가지 의미가 있다.

첫째, '다시 태어난다'는 뜻이다.
둘째, '위에서 난다'는 뜻으로, 위에서 즉 하늘로부터 다시 태어난다는 말이다.

요즘은 하늘 하면 은하계나 우주를 생각하기 쉬운데, 어찌 보면 잘 아는 것 같지만 더 모르는 게 하늘이다. 하늘이라는 개념은 과학적으로 이야기한다고 해도 아는 것보다 모르는 게 더 많기 때문이다. 하늘이라 해봤자 화성 정도까지 우주 탐사선을 보냈을 뿐이지 그 이상 올라가 본 적이 없다. 그러니 확실히 우주를 안다고 말할 수 없다.

눈에 보이는 우주도 다 안다고 자신할 수 없는데 보지도 못한 하늘을 안다고 하는 이야기는 과학적인 사람이 할 이야기가 아니다. 우주 끝의 빛이 지구에 오려면 수 억년이 걸린다고 우주 과학자들도 발표하고 있다. 그러니, 억년은 고사하고 백 년 정도 사는 인간이 하늘을 논한다고 하는 자체가 어불성설일 수 있겠다. 이는 인간이 알고 있는 과학을 무시하고자 하는 게 아니라 우주의 광활함을 인정하고 겸손해지는 게 더 인간적이라는 말이다.

우리는 보통 전 우주를 포괄적으로 말할 때 '하늘과 땅'이라고 한다. 여기서, '하늘'이라고 하면 물리적으로는 여러 가지를 말할 수 있지만, 쉽게 하늘의 전체를 말한다. 뻔한 거짓말을 하면 손바닥으로 하늘을 가리라고 한다. 진실을 가린다 해도 어찌 손바닥으로 하늘 전체를 가릴 수 있겠는가. 그것은 불가능하다는 이야기다.

인간이 못된 짓을 해서 안 좋게 되면 하늘이 노했다고 말한다. 가증한 짓을 하면 하늘이 무섭지도 않느냐며 질책한다. 이럴 때는 자연적인 하늘을 의미하는 게 아니라 '하늘의 하나님'을 상징해 말하는 것이다. 하늘에 계신 하나님이 두렵지 않느냐는 뜻이다.

하늘에는 하나님이 사시고 땅에는 사람들이 산다. 기이하거나 안 좋은 일이 생겨 사람들이 죽거나 하면 하늘이 노해서 그렇다고 한다. 자연적인 하늘이 화났다기 보다 하늘에 계시는 하나님이 징계했다는 뜻으로 받아들인다. '위에서'라는 말은 하늘을, '하늘'은 곧 하나님을 의미한다. 이런 의미에서 위에서 다시 태어난다는 말은 하늘 즉, 하나님으로 다시 태어남을 뜻한다.

'하늘로부터 다시 태어난다'는 말은 무슨 이상한 종교적인 수사가 아니다. 비과학적인 이해도 아니다. 어찌 보면 '하늘'이라고 말할 때, 그것은 우리 삶 속에서 쉽게 이해될 수 있는 부분도 많다.

'밥 먹었다'라고 말하면 우리는 쉽게 그 의미를 안다. '단백질 몇 그램, 지방 몇 그램을 먹었다'는 것보다 '밥 먹었다'는 표현을 쉽게 이해할 수 있다.

'하늘'이라고 할 때도 보다 구체적이고 우리 자신이 보고 느끼고 체험하고 확신할 수 있다는 뜻이다. 전능하신 신의 영역인 하늘로서의 운명적이고 절대적인 결정들 말이다.

'하늘의 뜻이다'라는 말은 우리 인간의 한계를 벗어나는 일이 생겼을 때 사용하는 말이다. '위로서, 하늘로서 거듭난다'는 뜻은 인간적인 영역 안에서 이루어지는 현상이 아니라 무언가 기이하고 우리의 손을 벗어난 어떤 전능한 힘으로 다시 태어나는 일을 의미한다.

이 초자연적인 거듭남은 인간의 본성적 특성을 잘 말하고 있는 성경을 통해 인식할 수 있다. 데살로니가전서를 보면 인간의 영혼을 세분화해서 설명하길 영과 혼으로 구분하고 있다. 인간의 육안으로는 보이지 않지만 인간의 내면에서 활동하고 있는 영혼의 역할은 인간의 존재에 있어 가장 중요한 부분이다. 쉽게 설명하면 혼은 우리들이 생각하는 영역이다. 무엇을 생각하고 숙고하고 이성적으로 판단하는 부분들이 혼의 작동 영역이다.

그런 반면 보이지 아니하는 하나님을 인식하고 믿고 그 음성을 듣는 일들은 영적 각성을 통해 이루어지는 영의 영역이다. 혼의 가장 깊숙이 자리 잡고 있는 핵심적인 부분이 영이다. 보이지 않는 하나님을 이해하고 믿고 경배하는 일은 영적으로만 가능한 일이다.

'거듭난다'는 뜻은 영적인 각성을 통해 하나님과의 내적인 관계가 조성됐다는 것을 말한다. 가장 깊은 속사람이 다시 태어남을 의미한다. 인간 존재의 핵심인 영이 각성되어 하나님을 이해하게 되는 상태는 영이 거듭날 때 가능한 일이다. 핵이 폭발하듯 인간의 핵심인 영혼에 전인적인 변화가 생길 때 사람이 거듭났다고 말한다. 영혼의 활동 중 가장 핵심인 영이 깊은 인격적 변화가 생길 때 거듭 태어났다고 한다.

영이 전혀 인식하지 못했던 활동이 하나님의 감동으로 새로운 인식과 활기를 찾을 때 거듭나는 변화가 일어난다. 혼적인 활동만 왕성하던 존재에서 영의 새로운 활동이 시작되는 시점으로 변화되는 것이 거듭나는 현상이다. 하나님과의 관계가 일어나는 기점이다. 하나님과의 교통이 시작되는 시점이다.

자기 생각만으로 가득 찼던 '나'라는 혼적 존재가 하늘보다 크신 하나님과의 인격적인 관계로 접어들었음을 알리는 계기가 거듭남의 시발점이다. 초월적이며 보이지 않는 하나님과 관계를 가짐은 인간의 생각으로는 이해하기 어려운 부분이지만 아담을 이해하면 불가능한 일도 아니다.

아담이 창조될 때를 생각하면 원래 흙으로만 빚어졌다. 움직이지 못하던 아담에게 하나님께서 생기를 불어넣어 주셨을 때 생령이 되어 움직였다. 이같이 혼에 의해 포위되어 죽어 있던 영이 하나님과 관계를 맺게 되자 새로운 차원의 영적 활동으로 시작된 것을 거듭남이라 할 수 있다.

인간의 핵심인 영이 새롭게 되자 더불어 혼과 육도 새로운 일들이 일어나게 되는 것이다. 죽었던 영이 새로운 영적 생명을 부여받자 그 아래 있던 혼의 기능도 새로운 생각들로 변화되는 것이고, 육적인 활동도 영의 영향 아래서 새롭게 달라지는 것이다.

'위에서 다시 난다'는 이야기는 하늘의 창조자이신 하나님으로부터 다시 영적 생명을 부여받는 일이다. 죽어 없어졌던 그 영적 기능을 다시 회복하는 것이다. 이는 전적으로 하나님의 영인 성령이 주관하는 일이다. 시공간의 제약을 받지 않는 바람과 같은 성령이 하나님을 바라는 자들을 작동하사 죽은 영을 다시 활성화시키는 것이다. 막혔던 담을 헐어 바라볼 수 있게 하듯이 원수되었던 하나님과의 관계를 다시 성립되게 하는 게 거듭남이다.

생수의 근원이신 하나님의 호수로 들어가 헤엄치는 일이다. 물을 떠나 헐떡이던 물고기가 물을 다시 만나 생기를 되찾듯이 방황하던 지친 영혼이 하나님의 품 안에 안겨 맥동치는 게 거듭남이다. 하나님의 말씀을 듣고 힘을 내어 소망을 갖는 거듭남이다.

호흡이 끊겨 무감각하던 영혼이 하나님과의 관계가 회복됨으로 다시 숨을 쉬고 위에 계신 하나님을 향해 소망을 갖게 됨이다. 거듭남의 뜻은 무슨 거창한 영적 기적을 체험하는 참으로 드문 영적 탄생이 아니고, 그저 평범한 사람이라 할지라도 하나님을 향한 자들에게 언제나 일어날 수 있는 일이다.

지치고 힘들어 쓰러진 영혼이 살길은 오직 하나님 안에 거하는 일임을 알면 언제든지 일어날 수 있는 하나님의 배려하심이다. 아픈 영혼이 살고자 애쓰는 모습을 불쌍히 여겨 베푸시는 하나님의 은혜를 받음이다. 수고

하고 무거운 인생의 짐을 지고 지쳐 쓰러진 영혼을 향해 '이리 와서 쉬라'고 하시는 예수님의 초청에 응하는 반응이다.

사람의 가장 내밀한 부분인 영혼의 신음을 들으시고 예수님께서 베푸시는 은혜를 받음이다. 이는 속사람의 깊은 곳에서 일어나는 영적 현상이다. 영적이라고 해서 나와 분리된 현상이 아니라 전인격적인 변화의 현상이다.

바울을 보아도 자기 스스로는 일어날 수 없는 현상이다. 바울로 말하자면 학문과 만물의 이치를 철저히 인식하고 깨달은 자였다. 학문 특히, 율법에 통달한 사람이었기 때문에 예수님 만나기 전의 그의 글이 남아있었다면 참으로 놀라운 업적으로 남았을 것이다. 자기 신념과 생각으로 가득하던 그의 확신의 결과는 예수 믿는 자들을 찾아 죽이는 일이었다. 세상의 최고 진리를 통달했다고 자부하던 그가 실제로 진리 자체이신 예수님을 죽이는 게 최고 올바르다고 판단했던 모습이다.

그가 예수님을 만나기 전에는 결단코 거듭날 수가 없었다는 뜻이다. 이 말은 '어느 누구도 스스로 거듭나서 하나님을 만나고 하나님 나라에 들어갈 수 없다'는 말이다. 그런데 전적으로 예수님이 바울을 찾아오시고 아나니아의 안수로 성령이 역사할 때 비로소 진리 자체이신 예수님을 보고 인식할 수 있었다. 이처럼 전적으로 거듭남은 예수님의 은혜로 이루어지는 영혼의 일이다.

오늘날도 마찬가지이다.

예수님의 말씀과 성령이 아니하고는 거듭날 수 없다. 오직 하나님의 말씀이 내 영혼에 와닿고 성령의 감동이 있을 때 거듭날 수가 있다. 이는 자신의 영혼의 비참함과 죽음 앞에 놓인 자신의 처지를 확실히 알 때 일어나는 인격적 현상이다. 죽을 수 밖에 없는 자신을 성찰하고 하나님 앞에 무릎 꿇을 때 발현하는 깊은 자각이다.

이는 어느 특정한 사람만 누리는 기이한 현상이 아니라 누구나 생수의 근원이신 예수님을 향해 마음을 모을 때 발생하는 은혜이다. 거듭남은 예수님으로부터 오는 전적인 예수님의 은혜이다.

3. 거듭남의 필요성

사람들은 절규한다. 자신의 만족을 위해 욕망을 채우고자 함이다. 이 세상에서 자신에게 가장 알맞다고 생각하는 것들을 위해 매진한다. 정도와 범위와 차이는 있을지라도 그 욕구는 동일하다. 하지만 이 세상에서 인간을 완전하게 만족시킬 것은 없다. 똑똑했던 철학자들은 이 세상 자체를 불완전하고 변하며 부식되어 사라질 것들로 인식했다. 변하지 않고 영원히 존재하는 이 세상 위에 이데아 세계가 있다고 했다. 참으로 잘 분석해서 내린 이데아 세상이라는 이상 세계이다.

이상 세계가 있다 해도 문제가 보이지 않으니 딱한 일이다. 보여야 면장이라도 할 텐데 보이지 않으니 헛된 주장이라 해도 할 수 없는 노릇이다. 명석한 사상가들이 무엇인가 인식해서 내놓은 진리들인데 바쁘게 살아가는 평상의 사람들에게는 의미 없는 사설에 불과하다.

뭐가 어떻게 되는지도 모르고 단지 자신의 욕구를 다방 면에서 채우고자 애쓰는 게 사람들의 흔한 모습이다. 실은 일생을 걸고 모색했던 철학자들의 이상들인데 단지 보이지 않고 골똘히 생각하기 싫다고 무시하고 살아갈 뿐이다.

정신없이 살다가 자신의 삶을 뒤돌아보면서 '뭐하며 살았지' 하는 허무감이 몰려오고, 죽음 앞에 선 자신의 몰골을 보며 절규하게 되는 것이다. 당시에는 절절하고 영원하며 행복의 열쇠를 찾는 줄 알았는데 막상 지나고 보니 아무것도 아닌 줄 알게 되어 처절한 고통의 눈물이 흘러내리는 것이다. 소유하지 않으면 죽을 것 같고 패배자가 되는 것 같아 안달했던 것들이 실상은 물거품에 지나지 않았음을 깨닫는 것은 오래 걸리지 않는 일이다.

시간은 쏜살같이 날아간다. 유수와 같이 세월은 흘러간다. 제아무리 흘러가는 시간을 붙잡아 매달려도 야속하게 지나갈 뿐이다. 병들고 늙어 가며 쇠약해지는 자신의 본상을 볼 따름이다. 슬픔과 고통에 절망할 수밖에 없다. 처량한 자신을 보면서 이상 세계를 동경하는지도 모른다. 보다 나은 미지의 세계를 갈망하며 위안으로 삼으려 하는지도 모른다.

별의별 상념을 지닌 채 하루하루의 지친 삶에 허물어져 가는 자신의 실상을 체험할 뿐이다. 절망할 수밖에 없다. 죽음 앞에 선 자로서 아무리 생각을 지우려 해도 지울 수 없는 절망의 현실을 맞을 수밖에 없는 노릇이다. 깊이 절규하는 군상들이다.

병들고 늙어가는 자신의 모습을 보면서 어찌지 못하는 실존임을 알고 괴로워하는 존재들이다. 죽지 않으려고 별별 일들을 다해 보지만 속절없이 무덤을 향해 가는 자신을 발견할 뿐이다. 시간을 잡으려고 애써 보지만 야속하게도 유수와 같이 흘러가고 만다. 화살과 같이 빠르게 지나간다. 나이가 들수록 시간은 더 빨리 간다.

시간을 정지시키려고 여러 가지 모양의 과학적, 천재적 머리를 쓴다고 해도 소용없다. 시간을 정지시켜 놓는다고 해도 크게 달라질 것 없는 헛수고에 지나지 않는 놀음에 불과하다. 정지된 시간 안에 절대 행복이 존재할 리 없다. 정지됐던 시간이 다시 흐르게 되면 죽음이 다시 찾아올 것이다.

그렇다. 예나 지금이나 한 번 왔던 인생은 이 땅에 왔다 갔으니 앞으로도 그럴 것은 당연하다. 깊은 한숨이 나올 수밖에 없는 슬픈 현실이다.

많은 사람들이 이 눈물의 현실을 직시하고 보다 영위한 행복의 나라를 암중모색해 왔다. 이 지구 땅 곳곳을 찾아봤고, 온갖 생각을 쥐어짜 봤다. 그러나 없었다. 이상 세계는 이 땅에 존재하지 않았다. 없었다. 존재하지 않았다. 단지 신기루만 보였다. 하나님 나라는 볼 수 없었다. 하늘나라는 이 땅에서 만날 수 없었다. 깊은 절규만 있을 따름이었다.

현자든지 학자든지 고매한 자든지 상스러운 자든지 매일반이었다. 하나님 나라는 볼 수도 만질 수도 없었다. 사람들은 천국에 가고 싶어한다. 하나님을 믿는 목적은 천국 가기 위해서다. 하나님 나라를 가기 위해 교회에 다닌다. 하나님을 섬기면 천국에 갈 수 있다고 생각한다.

그렇지만 모두가 천국에 가는 것은 아니라는 사실을 다 알고 있다. 악한 자를 보며 "저런 자는 천국에 가는 것이 마땅치 않다"라고 주장한다. "간다는 것은 말도 안 된다"고 주장한다. 그렇다고 착한 사람이니 천국에 간다고 주장할 수도 없다.

그 속은 어쩐지 모르기 때문이다. 위선적이고 가식적인 사람들도 많다. 겉으로 착하다고 '다 천국에 간다'고 말할 수 없다. 보이지 않는 나라이니 '간다, 안 간다' 하는 이야기도 믿을 수 없겠다. 눈으로 실증할 수 없으니 그저 주장일 따름이다.

천국은 보이지 않고 천국은 가고 싶으니 사람들은 초조하고 불안하다.

영원한 하나님 나라는 있는 것 같은데 보이지는 않으니 불안하다. 천국에 가지 않으면 당연히 지옥에 가는 것이 자명한 일이다. 영원한 행복 대신 영원한 지옥 불에서 영원히 형벌을 받음은 끔찍한 일이다. 그 누구도 지옥의 고통을 받기 원하는 자는 없을 것이다. 천국은 보이지 않으니 마음껏 인생을 즐기다 가면 되는 것으로 생각하면서도 막상 죽는다 생각하면 지옥의 끔찍한 형벌 앞에 소스라칠 수밖에 없다. 뱀에 휘둘러 감겨 있고 구더기가 파먹는 자신의 육체를 상상한다면 기가 막힌 실상이다.

그러기에 제아무리 항우장사라도 지옥 행은 죽기보다 싫은 일이다. 모두가 하나님 나라에 가고 싶어 한다. 영원한 행복과 안식이 있는 나라를 동경한다. 동경할 뿐 아니라 보기를 원한다. 하나님 나라를 본다면 무슨 일을 제쳐 놓고라도 먼저 보기를 갈망한다.

보이지 않는 게 문제다. 보이지 않으니 답답하다. 시력이 나빠졌거나 소경이 되어 보이지 않는다. 더구나 육신의 눈은 밝은데 마음의 문이 닫혀 보이지 않는 게 더 큰 문제이다. 욕심으로 가득 차 세상 것에 눈이 멀어 보이지 않는다. 음란과 악한 생각으로 점철되어 보이지 않는다.

마땅히 봐야 할 것은 보지 못하고 쓸데없는 욕망에 사로잡혀 보질 못한다. 눈앞에 두고서 찾고 있는 형국이다. 등잔 밑이 어둡다고 지근거리에 있는데 보지를 못한다. 바로 눈앞에 있는데 헛된 망상으로 인해 보지 못하고 있다.

하나님 나라도 마찬가지다.

거룩한 하나님 나라를 보기 위한 유일한 길은 '거듭남'이다. 거듭나야 영적 눈이 열린다. 영적 감각이 회복돼야 영적인 눈이 열린다. 하나님 나라를 볼 수 있는 유일한 길은 거듭나는 일이다(요 3:3). 생수의 근원이신 하나님을 봐야 하나님 나라를 볼 수 있다. 영혼의 창조자이신 하나님을 봐야 그 나라도 보는 것이다.

하나님을 보고 하나님 나라를 보는 방법은 '거듭남'이다. 그 외에는 방법이 없다. 하나님께로 돌아가는 일이 거듭남이다. 보이지 않는 하나님을 봄으로 하나님 나라를 더불어 볼 수 있다. 마음이 청결한 자가 하나님을 본다고 했다. 잡다한 번민으로 가득한 영혼을 비우고 온전히 하나님 앞에 설 때 마음의 눈으로 하나님을 보게 된다.

욕심과 인간적 야망을 내려놓고 발가벗은 심정으로 하나님을 묵상할 때 볼 수 있다. 하나님을 감각하고 인식하게 되면 놀라운 영혼의 고요가 찾아온다. 잡티와 상처가 사라지고 명경지수와 같은 심정으로 하나님 나라의 평안을 느끼게 된다.

이 추상적인 사실을 구체적으로 설명한 게 예수님이다. 예수님을 본 자는 하나님을 본 것이라고 하셨다. 이는 곧 예수님을 만난 자는 하나님 나라를 봄과 동일하다는 것이다.

예수님의 말씀을 듣는 사람은 보이지 않는 하나님의 말씀을 참으로 들음과 같다. 이 말은 예수님의 겸손과 온유하심을 체험한 사람은 하나님의 본성인 거룩한 사랑을 체험한다는 뜻이다. 지극한 겸손과 온유하신 예수님의 인격 안에 거하면 하나님 나라의 행복과 안식을 공유하게 된다. 그러한 영적 체험이 바로 하나님 나라를 보는 일이다.

영적 눈이 열리면 하나님 나라를 볼 수 있다. 영원히 행복한 나라를 직접 보게 된다. 거듭나지 않고는 하나님 나라는 상상 속에 불과하다. 자신이 체험하는 실재가 되지 못한다. 영적으로 거듭나야 하나님 나라의 기묘하며 거룩한 행복을 느끼게 된다. 참다우며 황홀한 말로 다 표현할 수 없는 행복을 발견하게 된다.

거듭나면 온전히 하나님 나라를 보게 된다. 하나님 나라를 보려면 거듭남이 필수적이다. 거듭남이 필요한 이유이다. 아무리 많은 지식과 경륜을 갖추었다고 해도 거듭나지 않으면 하나님 나라는 그저 관념에 머물 수밖에 없다. 거듭나야 머리로만 생각하는 게 아니라 영혼과 육신으로 하나님 나라의 놀라운 세계를 알게 된다. 거듭남이 필요한 이유이다.

오직 거듭남은 하나님의 말씀과 성령의 역사로만 가능하다. 말씀만으로도 부족하고 성령만으로도 온전하지 않다. 말씀은 있는데 성령이 조명하지 않으면 답답할 수밖에 없다. 머리로는 알겠는데 볼 수가 없으니 미칠 지경이 된다.

말씀을 분석하고 강해하고 넘치게 알고 해석하지만 성령의 역사가 없으면 믿어지지 않으니 갑갑하게 된다. 건조하고 마른 먹을 게 없는 식단이 되고 만다. 바람이 불지 않으니 덥고 짜증이 날 수밖에 없다. 예수의 말씀을 잘도 분석하지만 무미건조하고 살아있는 말씀으로 다가오지 않으니 시원하지 않고 활기가 없게 된다. 살아있는 활력과 예리한 판단과 깊은 감동이 없고 단지 미사여구만 나열되고 알맹이가 없는 빈 껍질만 남게 된다.

그 반대의 경우도 마찬가지다.

깊은 말씀의 인격적 상고가 없이 감정적으로만 '성령 받았다'고 외치면 그때 뿐이다. 성령 받은 것 같은데 지속적이 되지 않고 감정에 치우치게 됨으로 오히려 악령에 씌우기 일수이다. 천박한 성령타령이나 하게 된다. 싸구려 성령 역사를 강조하고 거룩하신 성령의 역사를 더럽히게 된다. 미천한 성령 놀음에 빠지게 됨으로 오히려 성령을 방해하게 된다.

거듭남에 관해 예수님께서 물과 성령으로 거듭나야 함을 강조하신 이유이다. 말씀과 성령으로 온전히 역사할 때 거듭나는 거룩함을 인지하고 체험하게 된다. 속사람이 새롭게 태어나게 된다. 영혼의 중심이 변화되어 생수의 근원이신 하나님과 그 아들 예수님을 인격적으로 보게 된다. 깊은 내면에 말씀하시는 음성을 듣게 된다. 잡다한 혼적인 생각에서 벗어나 맑은 영에 들리는 감미로운 하나님의 음성을 듣게 된다. 인간 영혼의 핵심이 바뀌게 된다. 새로 태어나는 것이다.

거듭남이 정말로 필요한 까닭이다. 참으로 영생하는 하나님 나라를 보기를 원한다면 거듭나기 위해 말씀과 성령의 도우심을 바라야 한다. 목마른 사슴이 시냇물을 찾는 심정으로 거듭남을 구해야 한다.

오직 거듭남은 예수님으로부터 옴으로 생수의 근원되시는 예수님의 말씀과 성령의 도우심을 간구해야 한다. 이 길이 거듭나는 유일한 길이다. 거듭남의 근원은 예수님이시다. 예수님의 긍휼과 은혜를 받아야 거듭날 수 있다. 예수님으로부터 오지 않은 거듭남이란 있을 수 없고 가짜에 불과하다. 가짜가 판치는 세상이다. 거짓 거듭남을 판매하는 장사꾼이 넘쳐나는 세상이다.

우리 영혼의 가장 깊은 곳에서 일어나는 참된 거듭남을 인지하고 체험할 때 비로소 하나님 나라는 열리게 된다. 칠흑과도 같았던 곳에서 빛이 비추듯 예수님의 말씀이 깨달아지게 된다. 엄청나게 덥고 사방이 막혔던 곳에 생기 같은 바람이 불게 되듯 영혼이 시원해지게 된다. 영혼이 새롭게 태어나게 된다. 오묘한 하나님의 나라를 보게 된다. 죽음의 골짜기에 버려졌던 마른 뼈다귀가 힘줄이 생기고 살이 붙어 일어나듯 죽을 것 같이 아프고 힘들었던 영혼이 힘을 얻고 다시 태어나게 된다.

사면초가에 처해 모든 것을 단념했던 영혼이 놀라운 기적같이 소망을 얻게 된다. 홀로 던져진 광야에서 천지만물을 창조하신 하나님을 보게 된다. 모든 혼탁한 방해물들이 제거되고 찬란한 기쁨이 몰려오게 된다. 마음의 눈물과 새로운 확신이 생기게 된다. 거듭남에서 나오는 신기한 축복의 샘물이 터져 나오게 된다.

사실상 지옥이란 하나님 나라를 보지 못하는 상태이다. 행복의 근원이신 하나님을 보지 못하는 상황에서 참 행복이란 있을 수 없다. 하나님을 뵙고 그 나라에 있는 게 행복이다.

하나님의 얼굴을 보지 못하는 영역은 그 자체가 지옥이다. 불행의 삶이다. 물질을 찾아 하루 종일 헤매는 사람들과 같이 하나님 나라를 보지 못한 상태에서는 행복이란 있을 수 없다. 그래서 거듭남이 절대적으로 필요한 까닭이다.

거듭나야 하나님을 항상 볼 수 있고 하나님 나라의 참 행복을 누릴 수 있다. 거듭나지 않고는 하나님을 볼 수도 없고 하나님 나라의 기쁨을 누릴 수도 없다. 거듭나야 하는 이유이다. 내가 잘 살기 위해 거듭나야 한다. 다른 사람이 문제가 아니라 내가 영원한 행복을 누리기 위해 거듭나야 한다.

시들시들하던 꽃이 물을 받으면 활짝 꽃을 피우듯 거듭남의 말씀을 받으면 내 영혼에 생기가 돌게 된다. 물을 받은 식물이 잎을 활짝 열 듯 거듭남의 말씀을 들으면 우리의 영혼이 힘을 얻게 된다. 죽었던 배터리를 전기충전하면 자동차가 힘차게 달리듯 하나님께 죽었던 내 영혼에 거듭나게 하는 말씀의 물이 뿌려지면 활기를 다시 찾게 된다. 예수님의 은혜로 시들했던 영혼이 힘을 얻고 성령의 기쁨을 누리게 된다.

하나님 나라를 보는 일은 그저 관광하듯 지나치며 명승고적을 보는데 끝나는 게 아니다. 아름다운 곳을 관광하며 보는 일은 사진 몇 장 남기는

데 끝난다. 추억의 사진 정도로 끝나고 만다. 하지만 하나님 나라를 보는 일은, 하나님 나라를 참으로 본 자는 하나님 나라에 들어가니 중요하다. 영혼이 거듭나서 하나님 나라를 보는 자는 하나님 나라를 체험하며 하나님 나라의 모든 행복을 누리게 된다.

쉽게 말하면 하나님 나라에 들어갈 뿐 아니라 영원히 살게 되는 특권이다. 거듭남으로 인해 하나님께서 주시고자 하시는 모든 좋은 것을 누리게 되는 특권을 갖게 된다. 넘치는 은혜를 받는 과분한 축복을 누리게 된다.

이러한 넘치는 은혜는 이 땅에 살아가면서도 누리는 일이다. 생수의 근원되시는 하나님께서 베푸시는 거룩한 은혜를 소유하게 된다. 생수의 원천이신 예수님께서 이방 여인에게 마시라고 주시는 거듭남의 말씀이다.

거듭남의 근원이신 예수님께서 허락하시는 지극히 높으신 거룩한 은혜이다. 거듭남은 구원의 서정의 핵심이다. 핵심이자 절대적 필요성이다.

4. 거듭남의 중요성

거듭남은 중요하다. 구원의 핵심이다. 구원의 시작은 거듭남으로 가능하다. 예수님은 구원의 근원이 되신다(히 5:9).

거듭남은 구원을 허락하시는 예수님으로 비롯된다. 구원을 일으키시고 구원을 종료하신다. 거듭남은 구원의 서정의 핵심이다. 구원의 모든 단계와 연결된다. 거듭나지 않고는 구원받을 수 없다. 거듭나야 구원을 주시는 예수님과 거룩한 관계가 성립되고 지속될 수가 있다.

예수님은 거룩하시다. 인간은 속되다. 음란하고 패역하다고 하셨다. 속된 인간이 거룩하게 거듭날 수 있음은 예수님으로부터 와야 가능하다. 속된 것에서 거룩한 게 나옴은 불가능하다. 속된 것에서는 속된 것만 나올 뿐이다. 속된 것에서 신령한 게 유출될 수 없다. 속된 것에서는 속된 것만 나올 따름이다. 이것이 세상의 현상이고 세상의 이치다.

'거듭났다'고 하는 말은 거룩한 삶이 시작되고 성장된다는 말이다. 속된 삶에서 벗어나 거룩한 삶이 시작되어 가는 것이다. 속된 삶과 생각으로는 하나님 나라를 볼 수가 없다. 거듭나야 거룩한 눈으로 하나님 나라를 응시할 수가 있다. 음란하고 패역한 눈으로는 속되고 음란한 현실만 볼 뿐이다. 원래는 거룩함이 인간의 모습이었다. 그러나 지금은 누구나 인정하듯이 인간의 모습은 더럽고 음란하다. 신령하지 않다. 모두 더러운데 치우쳤다.

하늘에서 별들이 떨어지듯 우수수 떨어지는 지도층 인사들을 보면 알 수 있다. 왕으로 부터 백성에 이르기까지 한결같이 세속에 눈이 멀어져 있다. 더 얻으려는 욕심으로 눈들이 충혈되어 있다.

뉴스를 장식하는 부정부패는 재수없어 걸린 거지 알고 보면 거기서 거기다. 거룩하지 않은 죄인의 모습이다. 이러한 자들이 거룩한 하나님 나라를 본다는 일은 있을 수 없다는 말이다. 더러운 죄를 씻고 깨끗이 거듭나야 볼 수가 있다. 거듭나야 신령한 눈이 열린다.

본래 사람은 행복하게 살았다. 아름다운 동산에서 하나님을 경외하며 즐거운 삶을 감당했다. 아무 걱정 없이 부족함 없이 살았다.

그런데 마귀가 침입했다. 모든 행복이 파괴되고 말았다. 아름다운 초장에 가시덤불과 엉겅퀴와 잡초가 무성하게 되었다. 마귀는 독한 말로 사람의 교만을 자극했다. 인간의 최고 교만, 곧 하나님과 동등됨을 취할 수 있다는 거짓에 무너지고 말았다. 거룩함은 깨지고 원망과 불평이 자라나기 시작했다. 하나님 안에서 거룩한 행복을 누리며 사는 게 정상적인 인간의 삶이었다. 정상적 삶은 사라지고 음란하고 비정상적인 생활이 찾아왔다. 사탄의 마수에 걸렸다. 음란하고 비정상적인 속된 삶이 연속되게 되었다.

오늘날 나타나는 아름다운 미사여구로 가려진 음탕한 문화들을 보면 금방 알 수 있다. 짐승과 같은 삶이나. 남성 여성이 52가지나 되는 이름도 모를 성으로 바뀌어 버렸다. 혼돈의 아구다툼이다. 모두가 자기 주장하기에 바쁜 세상이다. 독보적이라 하지만 비정상적이다.

하나님을 버린 결과이다. 인권 운운하지만 실상 자기주관을 상실한 혼돈 상황이다. 하나님을 경외하는 정상적인 삶을 버린 결과이다. 자기가 옳다고들 하지만 거룩한 존엄성을 잃어버리고 사는 시대이다. 행복하다고 말하는 부자들도 많지만 그 속은 불안하다. 언제 부유함을 잃게 될지 모르는 것이다.

예수 믿고 행복하게 산다는 사람들도 있지만 예수님은 "말세에 믿는 자를 보겠느냐"고 말씀하셨다. 참으로 예수를 믿는 자를 보기 힘들다는 이야기이다. 한 가지로 치우쳐 죄악에 물들었다는 말이다. 믿는다고 해도 믿기 힘들다는 뜻이다.

거룩하게 사는 것처럼 보이지만 바리새인들과 같이 위선적이라는 말이다. 하나님을 믿는다고 하지만 하나님보다 돈을 더 사랑하는 자들이다. 믿을 수가 없는 세상이다. 이러한 가식과 위선을 잘라 내야 거룩하다 할 수 있다. 음란을 내포하면서 겉으로만 거룩하다 하여 거룩한 게 아니다. 겉과 속이 모두 거룩해야 거룩하다 할 수 있다.

하나님을 경외하는 거룩한 삶이 정상적인 삶이다. 하나님을 버리고 거룩한 삶을 산다고 하는 일은 어불성설이다. 있을 수 없다. 오늘날 살아가는 사람들의 삶은 비정상적이다. 생수의 근원되시는 하나님을 떠나 자기 멋대로 사는 결과이다. 소돔과 고모라 때를 연상시킨다. 소돔성의 죄악은 저리 가라 수준이다. 악하기가 말할 수 없다. 유명하다는 자들은 거의 소아 성애자들이다. 저들의 부패를 보면 지옥을 방불케 할 정도로 악하다.

어린아이를 상대로 하는 소아 성애자들의 광란은 세상에서도 명백한 범죄이다. 음란한 성 만족을 위해 다 써먹고 나면 암논 우상에게 인신제사 드리듯 아이들을 사탄에게 죽여 바친다고 한다. 죽이려 하니 공포에 질린 아동의 동맥에서 피를 뽑아 마시는 자들이다. 한 번 마시는데 수 십만 불이라고 하니 기가 막힌 일이다. 조금이라도 더 살겠다고 하는 광란이 기가 찰 노릇이다. 우리가 알지 못하는 은밀한 곳에서 이루어지는 음란과 폭행들은 지옥과 마찬가지이다.

지옥이라 한들 이보다 더할까 싶을 정도이다. 하나님을 떠나 잘났다 살아가는 인생들의 잘난 모습이다. 음탕 자체이다. 하나님을 떠난 속세의 인간들이 보여 주는 민낯이다.

하나님을 믿는다고 하는 자들을 보아도 거의 다를 바 없다. 하나님을 부르지만 저들의 위선과 가식은 도를 넘었다. 겉은 거룩해 보이나 저들의 속은 하나님보다 돈을 더 사랑한다고 했다. 성직자들이 보여 주는 기가 막힌 일들을 보면 부끄럽기까지 하다.

개신교, 천주교 모두 거기서 거기다. 하나같이 정상적이라 할 수 없는 가식 덩어리들이다. 이러니 과연 하나님의 사람들은 어디에 있는가 탄식하는 것이다. 하나님을 떠나 세속에 물든 결과이다.

경건의 능력이 드러남은 기대도 안 하지만 경건의 능력이 무엇인지는 알 수 있는 삶을 찾아보기 힘들다. 이것이 하나님을 떠나 스스로 웅덩이를 판 참 모습이다. 자기 옳은 소견대로 살아가는 현대인들이 소돔 사람들과 같이 '천사와 상관하겠다'고 아우성이다. 어디에 하나님께서 숨겨두신 '칠천 명의 기도하는 사람들'이 있는지 궁금하다. 한결같이 세속에 치우쳐 버렸다. 음란하고 패역하다.

거룩한 삶이 정상적인 삶이다. 거룩한 삶은 진리로 가능하다. 진리로 거룩하게 된다. 예수님은 진리로 거룩하게 해 주시기를 간구하셨다. 진리는 아버지 하나님의 말씀이라고 했다. 진리의 말씀으로 거룩한 정상적 삶을 살아갈 수 있다.

세속적인 진리로는 거룩해질 수 없다. 세속화된 생활은 이미 타락한 삶이기에 그렇다. 하나님을 떠나 인간적으로 타락했기에 거룩함이 나올 수 없다. 세속화된 인간이 아무리 거룩해지려 연마한다 해도 그 바탕이 타락한 생각으로 가득하므로 나오는 모든 게 거룩할 수 없다. 걸레는 빨아도 걸레일 뿐이다.

진리의 말씀으로 거듭나야 정상적인 거룩한 삶을 영위할 수 있다. 하나님과 거룩한 관계를 수립할 때 비로소 자연적으로 거룩함에 동참하게 된다. 하나님 안에서 진리로 거듭나게 되면 자연적으로 거룩하게 되며 자유롭게 된다. 진리로 자유로운 삶을 살아가게 된다. 진리로 거듭난 삶은 하나님과 인격적인 관계가 정립됨으로 자연스럽게 거룩한 삶이 이루어져 나가게 된다.

하나님과 정상적인 관계가 이루어져 있지 않으면 인간의 삶은 억지로 거룩해 보려고 애를 쓰며 부자연스러운 경건의 모양에 집착하게 된다. 부자연스러운 거룩함으로 인해 사람들 보기에는 굉장히 거룩하다 할 수 있으나 도대체 경건의 능력은 나타나지 않으니 문제이다.

말씀의 근원이신 하나님과 온전한 인격적 관계를 맺으면 억지로 거룩하고자 애쓰지 않아도 진리의 말씀으로 거룩한 삶을 추구하는 것이다. 하나님 아버지의 말씀이 진리이므로 진리를 따라 살아가면 당연히 거룩한 정상적인 삶을 살 수밖에 없다.

시냇가에 심은 나무가 제 시절을 좇아 과실을 맺듯 진리 안에 거하는 자는 진리로 거룩하게 된다. 이는 아주 자연적인 일로 하나님의 말씀으로 거듭난 자는 저절로 체험되는 일이다. 시냇가에 심긴 나무는 충분한 물을 빨아들이므로 무럭무럭 자라며 많은 열매를 맺는다. 마찬가지로 하나님 안에 거하는 자는 넘치는 진리의 말씀으로 거룩해지며 거룩한 능력을 나타내게 된다.

하나님께서는 가장 귀하게 만드신 사람들에게 복을 주셨다. 생명과 평강의 복을 주시고 번성하기를 원하셨다. 평안을 누리며 하나님을 경외하기를 바라셨다. 그러한 삶이 하나님과 정상적인 관계를 이루며 사람이 잘 사는 방법이다.

하나님께서 유일하게 거룩한 복을 주신 '사람'인데, 반대로 인간은 하나님을 버렸다. 철저히 배도하고 타락했다. 생수의 근원이신 하나님을 버리고 스스로 잘나서 문화를 만들었다. 하나님의 거룩한 문화가 아니라 마귀의 타락한 문화를 창조해 나갔다. 하루 강아지 범 무서운 줄 모르고 하나님을 떠날 뿐 아니라 우상 금송아지를 만들고 하나님이라 주장하고 있다. 기가 찰 일이다. 골리앗이 자신의 힘만 믿고 하나님의 사람 다윗을 조롱했듯이 하나님을 인간 법정에 고소하는데까지 이르렀다.

말세의 징조다. 더 이상 무슨 꼴을 봐야 하나님께서 용서하실 수 있을지 모르겠다. 교만한 마귀의 속성을 따라 교만한 자들은 하늘을 비웃고 있다. '마른 하늘에 무슨 방주냐'고 하면서 말이다. 비과학적이라고 말한다. 과학을 몰라서 어리석게도 방주를 짓는다고 비소한다.

믿음이란 약자들의 정신 피신처라고 떠들고 있다. 마귀를 따라 일곱 머리 짐승을 경배하며 침 하나님이라고 하고 있으니 참으로 의인이 없는 시대이다. 악인들이 판을 치며 오히려 큰 소리 치고 있다. 짐승같이 괴이한 소리를 내며 세상을 지배하고 있다.

짐승의 표를 자랑스럽게 이마에 붙이고 활보하고 있다. 눈에 보이지 않는 하나님을 쓸데없이 경외하지 말고 눈에 보이며 식량 배급표를 주는 살아있는 짐승을 섬기라며 부추기고 있다.

소돔과 고모라가 어디 있는가 다 지난 신화이다. 의인 열 명이 필요한 게 아니고 모든 자가 합심하면 하나님도 어쩔 수 없다. 다 죽이겠는가 한데 모이면 못할 게 없다며 역사를 만들자고 떠들고 있다.

욕심이 가득 찬 자들이다. 단결하면 못할 게 없으며 모든 자가 짐승 아래 모이면 어떤 일 즉, 천국도 건설하는 것이라고 충동질하고 있다.

하늘에 계신 하나님이 웃으심이다. 가소롭기 그지없는 짓들이다. 손바닥으로 하늘을 가리겠다고 난리다. 교만한 자들의 '이 땅에서 모든 것을 손에 쥐면 못할 게 없다'고 하는 어리석은 짓거리다. 수십 억 개의 별 중 하나임을 잘 안다고 하는 가장 똑똑하다고 하는 자들이 주장하고 있다니 참으로 사탄이 온 세계를 점령한 까닭이다.

아무리 전 세계를 바알이 잡고 있는 듯이 보여도 하나님께서는 놀라운 지혜로 기도하는 자들 칠천 명을 남겨 두고 계시다. 그들로 하여금 하나님을 경외하는 자들이 참다운 승리를 쟁취하는 것을 보여주시기를 원하신다. 이는 하나님의 깊으신 뜻이다. 하나님의 참으로 깊으신 사랑이다. 하나님께서는 택하신 백성을 하나도 잃지 아니하시고 챙기신다. 하나님을 경외하는 자들을 깊이 사랑하신다. 그 아들을 주시며 십자가에서 죽기까지 사랑하시는 하나님이시다. 나하고 아무 관계도 없는 아들을 보내사 죽기까지 사랑하게 하시는 하나님이시다. 한이 없는 깊은 사랑이다.

아무런 사랑을 받을 수 없는 죄인에게 베푸신 놀라운 사랑이다. 이러한 사랑은 받아 본 자만이 알 수 있는 법이다. 하나님을 떠난 비정상적인 인간은 알려고 해도 받은 바가 없으므로 도저히 알 수 없는 사랑이다.

그러니 하나님을 떠나 별 짓들을 다하고 있는 것이다. 악이란 악은 모두 피를 흘리면서까지 만들어 내고 있다. 소돔과 고모라도 비교할 수 없다. 적어도 고모라 때는 아이의 피는 마시지 않았다. 지금은 죽어 가는 공포에 떠는 아이의 피를 마시는 세상이 되었다. 극악무도한 짓들이다. 죽어가는 아이의 피를 마시며 더 살겠다고 하니 경천동지할 악들이 범람하고 있다. 패악이 홍수를 이루며 봇물 터지듯 세상을 횡행하고 있다. 기가 막힐 따름이다. 망할 징조다. 정상적이라고 볼 것이 하나도 없는 말세가 되고 있다. 비정상이 정상이라고 호도하고 있다.

하나님을 섬기며 얼마든지 아름다운 문화를 창조하며 평안한 삶을 이루는 게 정상이다. 하나님을 경외하며 높은 인격과 문명을 이루어 나가는 삶이 보장되어 있다.

하나님과 정상적인 관계를 이루며 거룩한 삶을 살아갈 수 있다. 얼마든지 복되며 건전하며 즐거운 인생을 살 수 있다. 행복하며 감사한 삶을 영위할 수가 있다. 천국 가는 소망을 누리며 아름다운 가정을 이루며 아름다운 나라에서 살 수 있다. 가장 정상적이며 자연스러운 삶을 이룰 수 있다.

시냇가에 심은 나무처럼 걱정 없이 살 수 있게 하나님께서 보장하신 넉넉한 행복이 있다. 지극히 정상적이며 거룩한 삶 말이다. 하나님은 사람에게 복을 주셨다. 하나님께서 주신 복은 복에 복을 더하는 지극히 정상적이며 거룩한 삶이었다. 더구나 그 복된 삶은 번성하고 번성하는 좋은 복이었다.

그러나 인간들은 교만하여 특상품 포도 열매보다 들포도 열매를 맺는 게 좋다고 하나님의 계명을 버렸다. 하나님 없는 세상이 더 자유롭다고 착각하며 살고 있다. 스스로도 얼마든지 살 수 있으니 하나님은 간섭하지 말라고 고소하고 있다.

세상 말세다. 기막힌 비정상적인 악한 행위들이 큰 소리치는 속세에 살고 있다. 음란하고 퇴폐적인 것들이 '인권자유문화예술법'이란 미명하에 아무 저항 없이 판을 치고 있다. 이러한 비정상적이며 악한 생각과 행위는 거듭나야 그쳐지는 것이다. 거듭나지 않고는 하나님을 두려워하지도 않고 못된 행실을 고칠 수도 없다. 거듭나야 더럽고 추악한 세속에서 벗어나 하나님과 정상적인 관계를 수립할 수 있다.

거듭남이 중요하다. 거듭나야 하나님의 거룩한 영생의 복을 받고 천국을 소망하기 때문이다. 거듭날 때 비로소 신령한 생각으로 하나님을 경외하며 인간의 본분을 자각할 수 있게 된다. 인간의 인간 됨이 하나님으로부터 옴을 알 수 있게 된다. 정상과 비정상을 구분하는 분별력을 가질 수 있게 된다. 거룩함과 세속의 타락을 나눌 수 있게 된다. 새로운 자각으로 새로운 삶을 시작하게 된다.

타락함의 저주로부터 벗어나 경건의 능력을 회복하게 된다. 지극히 정상적으로 하나님을 경외하는 삶이야말로 거듭난 자가 누릴 수 있는 축복이다. 하루 종일 생각하는 게 악한데서 벗어나 신선하고 맑은 아름다운 꿈을 꾸며 감사의 삶을 영위할 수 있게 된다.

거듭남은 무엇보다 중요하다. 거듭나야 비로소 하나님을 경외하며 자신의 삶에 보람을 느끼며 살아갈 수 있기 때문이다. 거듭날 때 지극히 정상적이며 거룩한 삶이 무엇인지 인식하고 살아갈 수가 있다.

거듭남의 근원되시는 하나님을 만남으로 거듭날 때 하나님의 나라를 바라보며 새로운 인생을 설계할 수 있다. 거듭날 때에 하나님의 능력에 이끌리어 거룩한 능력의 삶을 실천할 수 있게 된다. 거듭남의 중요성은 말할 수 없을 정도로 중요한 것이다.

5. 거듭나는 회개

거듭남에 있어 일어나는 현상 중 회개는 필수적이다. 어느 면에서는 거듭남이 회개이고 회개가 거듭남일 수 있다.

거듭나는 과정 중 말씀을 깨닫는 면이 자신의 죄를 깨달아 회개하는 면에서 일치한다. 예수님께서 니고데모에게 광야에서 불뱀에 물려 죽어 가던 이스라엘 백성들이 놋뱀을 보고 살아났던 민수기의 말씀을 들려주셨다.

그는 영혼의 평강을 누리지 못하고 암울한 가운데 번민과 고통의 세월을 보내고 있었다. 그는 의식주의 문제가 아니라 영혼의 문제 특히, 말씀이 속시원하게 풀어지지 않는 정신적 고민에 직면해 있었다.

자신이 잘 알고 있으리라 의심치 않던 하나님의 나라가 보이지 않고 관념적으로만 인식되고 있다는 점이었다. 영혼은 피곤하고 기쁨이 없으며 죽을 형편이었다.

엄청난 영혼의 번민 중에 있을 때 하나님께로 직접 오신 것 같은 예수님의 소문을 듣고 직접 찾아온 것이다. 그런 그에게 예수님께서는 성경을 해석해 주셨다. 민수기 21장에 기록된 역사를 잘 알고 있었으나 자신에게는 아무 일도 일어나지 않았던 그가 바람 같은 성령의 주명을 받자 예수님께서 하시는 말씀을 깨닫게 되었다.

거듭나는 일이 구체적으로 그에게 발생해 하나님 나라를 직접 체험하고 깨닫게 되었다. 전혀 자신과는 아무 관계도 없던 놋뱀 말씀이 자신의 영혼에 박히면서 자신 앞에 계시던 예수님이, 바로 구약에서 이야기 한 놋뱀임을 깨닫게 되었다. 자신의 죽어 있던 영혼이 예수님의 말씀으로 생기를 얻으며 살아나게 되었다. 강력한 말씀의 깨달음이 성령의 바람으로 자신의 꽉 막혔던 영혼을 시원하게 뚫는 순간이었다.

머리로는 너무나 잘 알고 있었지만 자신에게는 적용되지 않아 하나님 나라를 볼 수 없었던 그가 예수님이 말씀하실 때 성령의 역사로 생생하게 깨닫게 되었다. 이 말씀을 깨닫고 거듭나는 니고데모의 거듭남은 자신의 죄를 깨닫고 회개하여 주님을 영접하는 자들과 그 과정이 흡사하다. 많은 죄인이 말씀을 통해 예수님께서 십자가에 달리사 보혈을 흘리심으로 자신의 죄가 사하여짐을 깨닫고 체험하는 것과 동일하다.

참다운 회개는 이런 점에서 거듭남과 같다고 볼 수 있다. 거듭나는 회개는 크게 두 가지로 설명해 볼 수 있다.

첫째, 속죄하는 단회적 회개이다.

거듭남이 일생에 있어 단 한 번 일어난다는 점에서 거듭남은 일회적이다. 속죄하는 회개도 평생에 단 한 번 있다는 점에서 거듭남과 속죄, 회개는 같다고 할 수 있다. 구원의 과정을 세분하면 거듭난 후에 회개가 뒤에 온다고 하지만 그 본질적인 면에서 보면 동일한 속성을 가지고 있다고 해도 틀린 말이 아니다. 속죄, 회개는 자신의 본질적인 죄를 깨달을 때 시작되기 때문이다.

예를 들면 탕자가 자신이 지은 죄를 인식하고 깨달았을 때 아버지 집으로 돌아가게 되었다. 탕자는 모든 재산을 잃고 거렁뱅이가 되어 돼지우리에서 쥐엄 열매를 먹는 처량한 신세가 되었다. 한심한 자신의 처지를 돌아보며 자신의 모습을 성찰할 때 비로소 자신이 하늘과 아버지에게 큰 죄를 지었음을 알게 되었다(눅 15:18). 하늘에 계신 하나님 아버지의 말씀을 듣지 않고 허랑방탕하여 모든 재산을 까먹은 믿음 없는 자임을 인식하게 되었다.

구체적으로는 자신을 낳아 준 육신의 아버지의 마음을 배신하고 그 귀한 재물을 다 탕진한 탕아임을 알게 되었다. 한심한 탕자였다. 죄를 지어도 용서받지 못할 죄를 지은 대죄인이었다.

그러한 처지를 잘 알기에 탕자는 생각하기를 아버지 집에 돌아간다면 다른 건 바랄 수도 없고 단지 굶어 죽지 않으면 좋겠다고 생각한 것이다. 기근은 점점 심해져 쥐엄 열매조차 떨어졌다. 죽느냐 사느냐의 기로에 서게 되었다. 탕자 일생에 있어 최대 절체절명의 목숨이 왔다 갔다 하는 순간이었다. 아버지 집에 가지 못하면 주려 죽는 일만 남아 있었다.

그 때에야 비로소 참회의 눈물을 흘리게 되었다. 속죄하는 순간이었다.

살길은 오직 하나 아버지 집에 돌아가는 일이었다. 체면 무릅쓰고 아버지에게 가야 그나마 생명이나마 부지할 수 있다고 인식했다. 그제야 비로소 자신의 죄를 참회할 수 있었다. 자신의 죄악을 깨닫게 되었다.

참으로 한 인간이 통회하는 일은 쉽지 않은 일이다. 그만큼 인간은 패역하다. 어린아이를 보면 무슨 그리 죄가 있겠냐고 한다면 어리석고 순진한 생각이다.

인간 내면에 박혀 있는 죄성은 영원한 욕심과도 같이 깊고도 무시운 속성을 지니고 있다. 철필 끝으로 새겨진 글씨같이 지워지지 않는 교만 자체이다. 없어지지 않는 죄악이다.

탕자가 자신의 죄를 깨달았던 변화는 니고데모의 거듭남과 동일하다. 니고데모는 심각한 영적인 고뇌 가운데 있었다. 그가 번민하는 영적 문제는 종교적 철학적이라기 보다 근본적으로 영적 문제였다. 율법적이거나 철학적인 문제였다면 그가 예수님을 찾아오는 일은 없었을 것이다.

그러한 문제들이라면 체면 죽이고 예수님을 찾기보다는 스스로 고민하고 사색하고 해답을 찾으려 했을 것이다. 얼마든지 스스로 연구하고 사색하며 문제의 답을 찾는 능력이 있었기 때문이다.

그러나 율법이나 종교 아니면 철학이 해결해 줄 수 없는 인간 근원의 문제인 하나님을 인식하고 체험하는 일은 그가 스스로는 해결할 수 없었다. 그래서 그는 체면 불구하고 선생인 자신을 내려놓았다기보다는 죽은 것 같은 하나님을 가르쳐 왔지만 만나지 못했던 하나님을 알고 확인하기 위해 예수님을 찾은 것이다. 하나님의 나라를 보고 참 하나님을 만나기 위해 그는 하나님께로부터 오신 젊은 예수님을 찾아 그 근본적 괴로움을 풀고자 했다.

탕자가 먹는 문제로 주려 죽게 되어 아버지를 찾았다면 니고데모는 영적으로 죽을 것 같은 번민 속에서 하나님이 보냈다고 생각한 예수님을 찾았다고 볼 수 있다.

인간이 죽고 사는 것보다 더 근원적인 것은 없다. 그런 면에서 탕자나 니고데모나 육적으로나 영혼의 갈등에서 그 해결책을 찾아 죽도록 고뇌했음은 동일하다 하겠다.

탕자는 자신이 구체적 생활에서 지은 죄를 깨달음으로 인해 해결책을 찾았다면 니고데모는 영적으로 하나님을 보고자 하는 번민 속에서 예수님을 찾은 것이다.

그 누구나 여러 가지 면에서 그 환경과 처한 처지는 다를지 모르나 풀리지 않는 인생의 죽을 것 같은 번민에 처하게 된다. 그 죽을 것 같은 번뇌 속에 처할 때 인간은 자기 자신을 더 깊이 성찰하게 되고 살고자 하는 몸부림을 치게 된다.

나름대로 누구나 탕자나 니고데모와 같은 처지에 처하게 되는 것이다. 이같이 궁극적으로 몰린 난제 앞에서 스스로 자신을 성찰하고 문제를 찾게 된다면이야말로 구사일생으로 인생의 문제를 찾는 회개와 깨달음의 순간이 되는 것이다.

둘째, 다윗의 깨달음과 회개를 말할 수 있다.

다윗의 믿음은 의심할 것 없이 어려서부터 하나님을 알고 믿으며 경외하는 믿음이었다. 그러한 그가 유다왕이 되고 번영을 누릴 때 심각한 죄를 범하게 되었다. 우리가 잘 알다시피 밧세바를 범하고 그것도 모자라 남편 우리아 장군을 살인 교사하여 적군인 블레셋 화살에 맞아 죽게 했다. 이 일로 다윗은 죽을 것 같은 번민에 깊이 사로잡히게 되었는데 나단 선지자의 질책과 스스로의 성찰을 통해 자신의 모습을 살게 되었다.

그렇게도 하나님을 잘 믿으며 잘 살고 있다고 생각했던 자신이 실은 어머니의 죄 중의 모태에서 태어났다고 하는 깨달음이었다(시 51;5). 그토록 다른 사람들로부터 경건하고 하나님을 누구보다 잘 믿는다고 여겼던 그가 실상은 죄 가운데서 태어난 자였음을 알았던 것이다. 이러한 깨달음으로 인해 하나님 앞에서 자신의 죄된 모습을 직시하고 다윗은 주도록 회개하게 되었다.

원래 다윗의 믿음은 천박하고 야비한 게 아니었다. 목동 시절 하나님을 경외하는 마음으로 하늘을 응시했고 부모님께 순종하며 담대한 믿음의 소유자였다. 거룩한 믿음을 가지고 살아가던 다윗이었다.

그러한 자가 말하기도 싫은 간음을 행했고, 더구나 남편을 살인 교사까지 해서 시치미 떼고 죽이기까지 했다. 파렴치한 왕이 되고 만 것이다. 백성을 사랑하고 하나님을 경외하던 자리에서 떨어져 가장 저속한 자가 되고 말았다. 더럽고 추악하다 하겠다.

이러한 자리에서 나단 선지자의 책망을 듣고 다윗은 자신을 성찰했다. 나단 선지자를 무시하고 얼마든지 자신의 뜻대로 나아갈 수도 있었지만 다윗은 자신의 한심스런 모습을 바라보며 회개의 길로 나아갔다. 그것도 그저 회개한 게 아니라 자신이라는 인간의 근본을 의식하는 깊은 통찰을 하게 된 것이다.

그 결과 깨달은 것이 바로 자신이 어미의 죄 중의 모태에서 태어난 존재에 불과함을 성찰한 것이다. 속죄 회개를 하는 깨달음을 체득한 것이다. 거듭나는 회개를 할 수 있는 계기를 마련한 것이다. 다윗의 진정 위대한 믿음이 무엇인지를 보여 주는 회개였다.

인간은 부족하다. 그러나 인간이 참으로 귀한 이유는 이같이 자신을 성찰하고 회개하여 거듭날 수 있다는 점이다. 다윗이 보여준 회개는 단순히 잘못을 인정하고 눈물을 흘렸다는데 있는 게 아니다.

이 간음죄와 살인교사죄를 통해 인간의 근본을 성찰할 수 있었다는데 있었다. 인간이 변한다는 것은 참으로 불가능하다. 살던 데로 살기 마련이다. 개과천선하는 일도 힘든데 새로 태어나는 것은 힘든 일이다. 그런데도 다윗은 참된 깨달음을 통해 속죄 회개를 했다.

인생을 깊이 반추하여 깨달은 거듭남은 귀한 일이다. 인간만이 할 수 있는 거듭남이다. 거듭나는 회개를 다윗은 우리들에게 보여주었다. 예수님께서 다윗의 믿음을 여러 사례로 말씀하신 까닭이다. 다윗만이 보여 줄 수 있었던 믿음의 행위였다. 다윗은 우리들에게 구체적으로 속죄 회개가 무엇인지, 거듭나는 게 어떠한 것인지를 보여주었다.

셋째, 다윗은 성화 회개가 필요함을 제시해 주었다.

인간은 완전하지 않다. 다윗도 마찬가지다. 속죄 회개 후에도 잘못을 저지르게 되었지만 그 때 다윗은 잘못을 인정하고 회개하는 모습을 보여주었다. 속죄 회개를 하였으니 더 이상 회개는 필요 없다는 교만이 아니라 잘못한 일에 대하여는 즉각 회개하는 성화 회개를 했다.

성화 회개는 중요한 것이다. 회개에 있어 속죄 회개도 중요하지만 이에 못지 않게 중요한 게 성화 회개이다. 성도의 삶은 거룩한 삶이기 때문이다.

우리의 구체적인 삶 가운데서 약하기에 짓는 허다한 잘못들이 산재해 있다. 그때마다 우리는 반성을 하고 회개해야 한다. 그렇지 않는다면 하나님을 욕보이던 바리새인과 하등 다를 바가 없다. 스스로를 의인이라 칭하던 바리새인들을 향해 예수님은 "죄 없다 아니하시지 않고 위선자이며 독사의 자식들"이라고 하셨다. 이는 분명 바리새인들의 거룩함이 참된 거룩이 아니라 위선적이므로 능력도 없는 모양만 있는 겉 포장의 경건임을 말씀하신 것이다. 성화 회개가 없는 믿음은 무늬만 믿음이지 실상은 능력이 없는 헛 것에 불과함을 잘 보여 주는 것이다.

누가복음에 탕지가 아비지 집에 들어온 후의 자세한 기록은 없지만 성황을 보면 충분히 알 수 있다. 아버지로부터 환대의 큰 잔치를 받고 몸 둘 바를 몰라 하던 탕자는 분명히 최선을 다해 아비지의 일을 돌봤다. 농사 일을 잘 몰라서 실수들은 했겠지만 고치고 고쳐 아버지의 마음에 들고자 힘써 일했다.

이를 테면, 거룩한 일에 몰두하고 성화되어 갔다. 지난 일을 반성하고 쥐엄 열매 먹던 때를 회상하며 다시는 과거로 돌아가지 않으리라 다짐하며 또 다짐하며 아들의 본분을 다했다. 당연히 하늘과 아버지께 지은 죄를 속죄하며 성화되어 가는 생활을 감당해 나갔다.

다윗도 자신의 근본적인 원죄를 깨달아 안 후 다윗은 실수하는 죄들을 지었지만 그때마다 성화 회개를 했다. 자신을 과시하고자 인구 조사를 하여 하나님의 징계는 받았지만 회개하고 제자리로 돌아왔다. 믿음의 사람들은 속죄 회개를 통해 자신의 원죄를 깨달은 후에는 한결같이 성화되어 가는 삶을 감당해 나갔다.

니고데모의 예도 마찬가지이다. 주님의 말씀으로 놋뱀의 말씀을 바람 같은 성령의 조명으로 거듭난 후 그는 사색과 상고를 계속하며 거룩한 마음으로 예수님을 변호하는 자리에까지 이르게 되는 것을 볼 수 있다.

만약 거듭나지 않았다면 성화는 있을 수가 없다. 거룩한 삶을 감당하고자 하는 사람들은 한결같이 거듭났기 때문이다. 거듭나지 않았다면 성화 회개를 하지 않는다. 그럴 필요가 없기에 그렇다. 마귀는 회개하지 않는다. 교만이 극에 이르렀기에 자기가 무엇을 잘못했느냐며 오히려 분노하며 하나님께 항거한다. 절대로 회개하지 않았다.

가인을 봐도 마찬가지이다. 아우를 돌로 쳐죽여 놓고서 "하나님께서 아우가 어디 있느냐"고 물으셨을 때, 자기가 아벨을 지키는 자냐고 오히려 항변했다. 회개할 줄 몰랐다.

사울을 봐도 그렇다. 크게 하나님께 두 번이나 성경에 기록된 대로 불경을 저질로 놓고도 변명하기에 급급했지 회개하지 않았다. 그러니 죄사함과 거듭남의 비밀을 깨닫고 거듭남을 받았다고 하는 자들이 성화 회개를 하지 않고 있으니 저들의 거듭남이라는 것은 자신의 교만을 위장하고자 하는 것에 불과하다. 실은 거듭나지 않았기에 회개하지 않는 것이다.

우리는 주님 앞에 설 때까지 쉬지 않고 자신을 부인하며 회개하며 거룩한 삶을 살아가야 한다.

히브리서에 기록되었듯이 타락한 자들은 회개하지 않는 법이다. 거듭난 자라면 당연히 자신의 연약함을 놓고 실수한 부분에 대해 회개해야 한다. 거듭난 성도라면 당연히 말씀을 깨닫도록 더욱 애를 쓰며 거룩한 생활을 위해 분투 노력해야 한다. 성경에 자세히 기록되어 있지 않지만 구원받은 십자가 우편의 강도도 오랫동안 주님의 생애를 살펴보고 고백했겠지만 주님의 구원의 말씀을 듣고 다시 한 번 살아가는 기회가 주어졌다면 당연히 참회하며 거룩한 생활을 했으리라 믿는다.

거듭나는 회개는 참으로 중요하다. 성화 회개를 무시하는 자는 실은 거듭나지 않은 자다. 교만이 가득해 회개하지 않는 것이다. 참된 크리스찬이라면 본인이 자신을 살펴볼 때 구체적으로 연약한 부분을 회개하지 않을 수 없다. 잘못한 게 하나도 없다고 말하면 부지불식간에 지은 죄가 있어도 무시하는 교만 때문이다. 바울 같은 성자도 거듭났을 뿐 아니라 목숨을 다해 사역하는 가운데 자신을 죄인이라고 하였겠는가.

이는 바울이 무슨 큰 죄를 지었기에 하는 고백이 아니고 자신의 연약함을 밝힌 것이다. 성화 회개를 통해 성도는 한걸음 더 주님께 가까이 갈 수 있다.

진정 이면적인 그리스도인으로 성숙해 간다. 자신의 약점을 아는 길이 자신을 보호하고 쓰러지지 않는 길이다. 회개하지 않는 자는 말로만 그리스도인이라고 하는 표면적인 기독교인이다. 겉으로 무늬만 지닌 그리스도인은 자신을 과시하려고 하는 경향이 있기에 거듭나지도 않았는데 거듭났다고 떠드는 것이다. 이면적인 성도라면 자신의 속을 날마다 성찰하며 그리스도의 본을 드러내려고 애씀은 당연하다. 늘 자신의 부족을 아뢰며 그리스도의 겸손과 온유하심을 실천한다. 인격적으로 주님을 따르며 순종하는 생활은 회개의 삶이며 거듭난 삶이다.

거듭난 성도라면 속죄 회개한 그 감사함으로 자신을 바라보며 주님의 영광을 가리우지 않도록 성화 회개를 하며 마땅히 살아가게 된다. 거듭나는 회개는 이같이 중요하며 성숙해 가는 그리스도인의 본 모습이라 할 수 있다. 하나님의 말씀과 성령의 조명으로 거듭남을 깨달은 그리스도인이라면 진정으로 회개한 성도이다.

6. 거듭나게 하는 믿음

거듭남은 믿음의 결과이다. 하나님의 말씀을 옳게 깨닫고 믿을 때 거듭남은 일어난다.

민수기 21장의 말씀을 예수님이 밝히실 때 니고데모가 그 속뜻을 알게 되었고, 그리하여 거듭나게 되었다. 출애굽한 이스라엘 백성이 어려운 환경 가운데서 모세를 원망하고 불평할 때 불뱀을 보내어 백성들을 물어 죽이게 하셨다.

그 때 모세가 하나님께 "살려달라"고 애원할 때, "장대에 놋뱀을 달고 백성들로 쳐다보면 살리라"고 하셨다. 장대에 달린 놋뱀이 뭐라고 그 놋뱀을 쳐다보면 산다는 것인가. 이를 예수님께서는 거듭나는 말씀이라고 하신 것이다. 돈을 들고 한의사를 찾아가 처방을 해달라고 하는 게 낫지 무슨 장대를 쳐다보면 산다는 것인가. 너무나 미신적이고 비합리적인 말씀이었다.

오늘 같은 현대인에게 이러한 말씀이 거듭나는 말씀이라고 하면 도대체 기독교의 위상을 떨어뜨리는 교훈이라고 내쳐 버렸을 것이다. 고도의 과학적 지식 위에 살아가는 사람들이 볼 때는 미신적이며 하등의 종교적 행위라고 치부할 일이다.

그런데도 예수님은 바람같이 민수기의 사건을 인용해 물과 성령으로 거듭남이 무엇인지를 말씀하셨다. 장대에 달린 놋뱀을 쳐다봐야 살아났듯이 민수기의 말씀을 이해해야 거듭난다고 하셨다.

니고데모는 불뱀 사건을 잘 알고 있었다. 불뱀에 물려 죽은 일은 과거의 큰 사건 중 하나였다. 이스라엘 출애굽 사건 중 기억할만한 사건이었다.

단지 그 역사의 한 사건이었다.

이 과거의 죽은 사건이 니고데모에게 전광석 같이 자신을 거듭나게 하는 살아있는 체험의 산 증거로 드러나게 되었다. 예수님께서 "물과 성령으로 거듭난다"는 뜻이 무엇인가를 니고데모로 하여금 확실히 체험하게 하시는 순간이었다. 불뱀에 물려 죽어가던 자들이 장대에 달린 놋뱀을 쳐다보자마자 살아났다는 과거의 역사가 니고데모로 하여금 죽었던 영혼이 다시 살아나는 현재의 사건으로 역사하였다.

놋뱀을 쳐다보았던 광야의 이스라엘 백성들은 단지 살기 위해 지푸라기라도 잡는 심정으로 쳐다보았을 것이다. 무슨 확고한 믿음을 가지고 쳐다볼 사람들이 아니었다. 살기 위해 마지막으로 한 번 쳐다보았을 뿐이다.

밑져야 본전이라는 식이었다. 하나님의 긍휼하심이 역사하여 저들이 살 수 있었다. 이를 잘 아시는 예수님은 이 불뱀 사건을 들어 니고데모에게 거듭남이 어떻게 이루어질 수 있음을 말씀하셨고 영특한 니고데모는 성령의 조명으로 거듭날 수 있었다.

"놋뱀을 쳐다보라"는 말씀이 과거의 기록된 말로 머물지 않고 오늘날 생생하게 살아있는 말씀으로 역사하는 현장을 볼 수 있다. "물과 성령으로 거듭난다"는 말씀이 니고데모에게 일어남을 보이시므로 오늘 우리에게도 동일하게 거듭나는 믿음이 어떠한가를 제시하셨다. 믿음이 별로 없었던 백성들도 장대의 놋뱀을 쳐다보자 나았는데 하물며 '거듭날 수 있다'는 말씀을 믿고 하나님의 말씀을 상고한다면 당연히 거듭난다는 말이다.

믿음은 보이지 않기에 누가 어느 정도의 믿음을 소유하고 있는지는 알 수가 없다고 할 수 있다. 그렇지만 예수님께서는 백부장과 혈루병 여인에게는 믿음이 크다고 하셨으니 영적인 눈으로 보면 믿음의 크기를 가늠할 수는 있겠다.

파도를 쳐다보던 베드로에게는 믿음이 적다고 하셨으니 말이다. 믿음이 아주 형편 없었던 이스라엘 백성들도 하나님의 명령을 따라 놋뱀을 쳐다보자 살아났다. 그런즉 혈루병 여인같이 믿음이 크다고 인정받은 사람이라면 말할 것도 없이 믿음으로 예수님 말씀을 순종하면 거듭남은 당연한 일이다.

그럼 왜 예수님은 민수기 21장의 말씀을 인용해 거듭남에 대하여 말씀하셨을까?

놋뱀은 독이 없기에 그렇다. "장대에 달린 놋뱀을 쳐다보라"는 말씀을 통해 믿기만 하고 쳐다만 보면 산다는 사실을 예수님은 강조하신 것이다.

불뱀은 독이 있다. 독이 있기에 물리면 죽는 것이다. 맹독이 있는 살무사에게 물리면 즉사한다. 날아다니는 불뱀이니 물리면 그냥 죽음이다. 광야의 길이 힘들다고, 더구나 에돔 족속 때문에 길을 더 멀리 우회하게 되었다고 백성들은 불평하고 원망했다. 극도의 원망과 분노를 표출하자 하나님께서 저들을 불뱀으로 저주했다.

패역한 죄의 독성은 강하다. 죄의 결과는 저주요 죽음이다. 저들이 죽어 마땅한 죄를 지었음에 대해 하나님께서 판단하셨다.

죄는 무섭다. 하나님을 떠나 범죄하던 유다를 향해 "범죄한 나라요 허물진 백성"이라 하셨다. 죄 범한 자들의 머리는 병들었다. 생각하는 것들이 악하고 중병에 걸렸다.

생각이 건전하지 못하니 마음도 피곤해져 버렸다. 몸은 향락과 못된 짓으로 흥청망청하고 잘났다 춤을 추지만 마음은 편치 않았다. 겉사람은 좌

지우지한다고 큰소리쳐 보았지만 마음은 점점 피곤해졌다. 하나님을 떠난 범죄한 자의 전형이다. 죄는 독이다. 무서운 죽음에의 길이다. 물리면 죽는 것이다. 불뱀에 물린 백성이 살길은 오직 하나님의 말씀을 믿는 것 뿐이었다.

이 불뱀의 장면을 예수님께서는 니고데모에게 바람같이 말씀하셨다. '거듭남'이란 바로 하나님의 말씀을 깨닫고 믿는 일이라고 말이다. 하나님 나라를 보는 거듭남이란 바로 말씀을 깨닫고 믿음으로 순종할 때 일어나는 것이다.

니고데모의 죄는 율법을 범한 윤리적 죄는 아니다. 이스라엘이 선생으로 부끄러운 비도덕적 일을 범했으리라고 보진 않는다. 그의 죄라면 불뱀과 놋뱀 사건의 말씀을 알고는 있었지만 그 말씀의 진의를 파악하지 못하고 있으면서 선생 노릇을 한 점이다. 성경을 알고 가르치고는 있었지만 마음의 평안을 누리지 못하고 피곤하고 지쳐 있었던 이유는 바로 그 말씀을 제대로 가르친 자를 만나지 못했던 일이다. 만나지 못했으니 제대로 배울 수 없었다.

아는 것 같은데 확실하지 않은 무지한 소치의 결과이다. 원망과 불평의 죄악으로 이스라엘 백성들이 광야에서 죽었던 것처럼 그도 이해하지 못한 성경 말씀으로 인해 그 영혼이 괴롭고 죽어가는 상태였다.

오늘날 우리도 마찬가지다. 성령의 조명을 받지 못한 가운데 있다면 믿는다고 하지만 거룩한 평안을 얻지 못하고 지치고 피곤한 삶을 살아갈 수밖에 없는 것이다.

거듭나지 못한 상태로 신앙생활을 한다면 이는 니고데모와 같다고 할 수 있다. 제대로 영적 확신을 하지 못하면서 가르치는 것과 동일한 잘못을 범하는 일이다. 거듭나지도 않았는데 하나님 나라를 봤다고 간증하는 일과 같은 잘못된 짓이다.

니고데모는 거듭나지 않았는데 성경을 안다고 가르치고 있었다. 가말리엘 문하생으로 정통율법을 배웠고 정통 교리를 가르친다 자부했다. 그렇지만 마음 속에는 거듭나 하나님 나라를 보고 있다는 확신이 없었다. 그러한 점이 그의 양심을 괴롭혔다. 그러한 양심의 고민을 들고 그가 예수님 앞에 나온 것이다.

예수님은 그의 괴로움을 아시고 바로 거듭남의 믿음을 말씀하셨다. "거듭나야 하나님 나라를 볼 수 있다"고 말이다. 하나님 나라를 보아야 그 놀라운 나라를 알 수 있는 것이다. 보지 못하면 알 수도 없고 갈 수도 없는 일이다. 이는 성령으로 할 수 있는 것이다. 바람 같이 성령의 바람이 불어와야 하나님 말씀이 이해되고 믿어지게 되는 것이다. 성령이 아니고는 예수님을 그리스도로, 하나님의 아들로 믿을 수가 없는 법이다.

예수님이 말씀하지 않으셨다면 그는 민수기의 불뱀 사건을 본질적으로 이해할 수 없이 그저 역사적 한 사건으로 알 뿐이었을 것이다. 장대에 달린 놋뱀이 바로 예수님이심을 알 수 없었을 것이다. 죄 없는 놋뱀을 쳐다봄으로 죄지어 불뱀에 물려 죽어 가던 백성들이 살 수 있었던 그 본의를 알 수 없었던 것이다.

십자가의 예수님을 그리스도로 믿고 바라보는 죄인들이 영생을 얻는다는 믿음 말이다. 죄 지은 죄인이 살 수 있는 유일한 길은 죄없이 우리의 죄를 용서하시고자 십자가에 달리신 예수님을 구주로 믿고 바라보는 길이다. 그 외에는 길이 없다.

이는 바람 같은 성령이 우리의 영혼을 강타하여 꼬꾸라지게 하는 길밖에는 없다. 죄를 범한 인생은 가룟 유다와 같이 결코 후회는 해도 회개하지 않기 때문이다.

죄악에 빠진 인간들은 하나님을 완전히 버리고 살아간다. 노아 시대의 인간들처럼 성도들을 조롱하고 이 살기 좋은 세상에 무슨 청승맞게 예수 믿는다며 떠드느냐고 비소한다. 교회다닌다고 하는 많은 자들도 거듭나지 못하고 무늬만 교인인 채로 교회 뜰만 드나들고 있다. 거듭나 믿음 없이 말이다. 슬픈 왜곡의 시대다.

예수님께서도 얼마나 통탄스럽기에 "마지막 때에 믿는 자를 보겠느냐"고 하셨는지 이해가 될 만하다. 불뱀에 물려 죽어가던 백성들은 믿음이 좋아 놋뱀을 쳐다본 게 아니다. 살길이 없으니까 지푸라기라도 잡아보겠다는 심정으로 쳐다본 것이다.

니고데모도 마찬가지다. 예수님에 대한 믿음이 절대적으로 있어 예수님께 나온 게 아니다. 단지 그 마음이 답답해서 예수님께 나아 온 것이다.

오늘날 우리도 마찬가지다. 거듭났다고 하는 사람들은 무엇인가 우리와 달리 특별한 믿음이 있지 않았겠는가 하는데 이는 잘못이다. 니고데모나 우리나 다 동일한 죄인들이다. 신분의 차이나 물질이 많고 적고는 차이가 있겠지만 죄를 짓는 품성은 동일하다는 말이다. 죄있는 어미의 모태에서 태어난 죄인들이라는 점이다.

우리들의 믿음도 마찬가지이다. 정도의 차이는 조금 있겠지만 믿음 없음은 유사하고 동일하다. 거기서 거기란 말이다. 이것이 예수님께서 성령으로 나는 사람만 바람 같은 성령이 조명되어야 거듭난다는 말씀을 깨닫게 된다고 하신 까닭이다. 바람같이 성령으로 나음을 받아야 거듭날 수 있다고 하시며 니고데모에게 민수기 불뱀을 말씀하신 이유이다.

니고데모에게 민수기 말씀이 바람같이 들리면서 앞에 대화하고 있는 분이 바로 갑갑한 자신의 영혼을 살리는 구주이심을 알게 되었다. 하나님 나라의 주인이심을 믿음으로 인식하게 된 것이다. 예수님이 놋뱀이심을 알게 되었다.

우리들도 마찬가지이다. 죄를 범한 백성들과 같이 우리들도 부패하여 살 가망 없는 죄인들이다. 그런데도 거듭나 살 수 있는 소망의 사람이 될 수 있음은 전적으로 예수님의 은혜이다. 마귀의 독에 쏘여 죽어가는 우리들을 주님께서 불쌍히 여기시고 살 수 있는 말씀을 주시고 성령을 바람같이 보내사 말씀을 믿어 살길을 주셨기에 그렇다. 주님의 긍휼하심이 없었다면 거듭날 자는 하나도 없는 법이다. 가망 없는 우리 죄인들을 불쌍히 보시고 성령을 허락하사 바람같이 성령으로 말씀을 깨닫게 하시고 거듭나게 하신 것이다.

이는 전적으로 니고데모가 예수님 앞에 나왔을 때 가능했었다. 우리도 주님 앞에 나가기만 하면 된다. 내가 아직 거듭나지 못한 죄성을 가지고 있다 해도 그저 주님 앞에 나가기만 한다면 미쁘신 주님께서 우리의 심정을 다 아시고 거듭나는 길을 허락하시는 것이다. 거듭나게 하는 믿음이란 바로 이같이 주님 앞에 나가고자 하는 마음에 불과하다.

그렇다고 아무것도 아니란 말은 아니다. 니고데모도 주님 앞에 나가기 위해 여러 가지로 고민과 생각을 했으리라 본다. 많은 시간에 걸쳐 고뇌하다가 결단을 내렸다고 볼 수 있다.

우리들도 마찬가지로 여러 고민을 하다가 주님 앞에 나가는 시간을 통해 주님은 그 마음을 보시고 성령으로 바람같이 역사하시는 것이다. 모든 일에 있어 시작점이 중요한 법이다. 언제부터 시작하느냐는 본인의 의지에 달려있다고 할 수 있다. 부족한 점이 많지만 주님 앞에 나아가보겠다는 그 시작이 중요한 것이다.

처음부터 아브라함 같이 완벽한 믿음을 가지고 나아가는 게 아니다. 아브라함도 처음부터 완전한 믿음을 가지고 하나님의 부르심을 입은 게 아니었다. 처음에는 실수도 있었고 걱정되는 부분도 있었다. 그러나 점차 믿음의 여정을 통해 믿음도 연단되고 강해지고 온전해졌다.

우리들도 마찬가지이다. 거듭남을 인식 못 하는 어린애 같았지만 점점 성숙해져 가고 믿음의 장부가 되어 가는 것이다. 처음에는 단지 주님만 바라보고 주 앞에 나아갈 따름이다. 살기 위해 몸부림치는 모습이다. 믿어 알아서 거듭나는 게 아니다. 부족하지만 살려고 발버둥칠 때 주께서 불쌍히 여기시어 성령을 바람같이 보내시어 우리로 거듭나게 하시는 것이다.

죽어 마땅한 죄인이지만 그 살려고 애쓰는 모습을 보시고 애굽의 노예였던 백성들의 통곡 소리를 들으시듯 우리의 신음을 들으시는 것이다. 불뱀의 독을 놋뱀이 깨끗하게 하였듯 죄 없으신 예수님의 피가 우리의 죄를 씻어내는 것이다.

문제는 오늘날의 현대인들이다. 하나님을 떠나 사는 대부분의 사람들은 죄인이 아니라고 주장한다. 특별히 '육법전서의 죄목을 어기지 않았으면 된거지 무슨 마음의 죄까지 죄'라고 말하면서 스스로 죄인으로 여기느냐고 말을 한다. '성폭행을 하지 않았으면 되는거지 생각으로는 성욕을 품는 것이야 별로 대수롭게 여기지 않는다'는 식이다. 구체적인 성범죄를 일으키지 않으면 음란죄라 할 수 없으므로 괜찮다는 태도이다.

따라서 상상으로 강간을 하거나 음란 동영상을 보는 것 정도는 일도 아니다. 어린아이들까지도 이런 현상에 맞추어 음란은 거의 모든 부분에 퍼져 있다. 이런 마인드를 가지고 살기에 회개는 더 이상 중요하지 않을 수 있다.

그러나 예수님은 "마음에 음욕을 품는 자는 이미 간음한 것"이라고 분명히 말씀하셨다. 저들이 회개하지 않는 이유는 다른 게 아니다. 타락했기 때문이다. 하나님을 떠나 타락한 자들은 회개할 기회가 없다. 이미 마귀의 자식이 되어버렸기에 그렇다.

그러나 세상을 자세히 드려다 보면 의인은 하나도 없다. "의인은 없나니 하나도 없다"는 말씀이 정확하다. 완전한 의인은 존재할 수 없다. 사람이라면 누구나 어머니의 태중에서 태어났는데 그 모태가 이미 죄중에 있으니 말이다. 죄 가운데서 잉태되고 출생했기에 의인이라 할 수 없다.

하나님과 동행한 에녹이나 동방의 의인이라고 한 노아라 할지라도 완전 무결한 의미에서 의인이 아니다. 의인 노아도 실수했었음을 기록한다. 믿음의 조상이라는 아브라함도 자기는 살아보겠다고 아내를 누이라고 했으니 의인이라고 주장하지 못한다.

우리 죄인들은 말할 것도 없다. 우리가 무슨 의로운 자라서, 옳은 일을 해서 의로운 게 아니다. 말할 수 없는 잘못을 하는 자들이지만 오직 하나님께서 우리 허물을 보지 않으시고, 예수님의 보혈을 보시고 의롭다고 하실 따름이다. 우리가 단지 믿음으로 십자가를 바라보고 예수님의 피의 은혜를 간구할 때 하나님께서 우리의 죄를 간과해 주시고, 오로지 우리 죄를 덮어주시는 예수님의 은혜로 우리가 거듭나는 것이다.

아브라함이 실수도 하는 사람이지만 하나님을 믿음으로 의롭다 함을 받았듯이 우리도 믿음으로 의롭다 함을 받은 것이다(롬 4:3).

예수님은 죄가 없으신 분이다. 성령으로 잉태하셨기에 그렇다. 마리아는 죄인이다. 그러나 죄인인 여자의 몸에서 나오셨다고 예수님도 죄인이지는 않다. 마리아의 몸을 단지 빌리셨기에 그렇다. 예수님은 죄를 알지도 않으셨고 범하지도 않으셨다. 예수님이 이 땅에 오신 이유는 죄를 없애기 위해서다. 이는 예수님이 죄가 없으시기에 가능하다. 놋뱀이 불뱀의 독을 없앴듯이 예수님도 회개하고 믿는 자들의 죄를 없애 버리시는 것이다.

인간이라면 누구나 죄 중에서 태어났다. 의인은 없나니 하나도 없는 것이다. 사람이 죽는 이유도 죄의 삯 때문이다. 이를 깨닫는 자가 예수님을 구주로 믿는 자이다. 예수님이 그리스도임을 믿고 죽기까지 구주를 따르는 자가 거듭난 자이다. 자기 십자가를 지고 구주를 따르는 믿음이 바로 거듭난 믿음이다. 거듭난 믿음이란 이같이 철저히 자신을 부인하고 예수님의 말씀을 따르는 행위가 수반된다. 이는 믿음의 당연한 결과이다.

니고데모가 예수님의 죽음의 자리에 동참했듯 거듭난 자는 마땅히 주님의 최후의 자리까지도 마다하지 않고 함께 있는 것이다. 주의 말씀과 성령으로 거듭난 자가 주님의 나라 즉, 예수님과 함께함은 너무나 당연한 일이다. 죄는 죽음인데 그 죽음을 해결해 주신 예수님을 만나 거듭났다면 당연히 주를 따르는 게 도리이다. 죽기까지 주를 따름이 곧 거듭난 믿음이다.

이러한 믿음의 삶이 바른 거듭남이다. 그리고 누가 봐도 확실히 거듭난 믿음의 모습이다. 비록 처음에는 부족한 가운데서 살기 위해 장대에 달린 놋뱀을 쳐다 보았지만 살아있음을 체험한 후에는 반드시 살게 된 것으로 인해 살려주신 하나님께 순종함은 당연한 일이다.

거듭나는 일, 그 모든 과정도 실은 믿음의 주이신 예수님께서 베푸신 은혜이다. 우리 죄인을 긍휼히 여기시고 하나님 나라에 들어갈 수 있도록 온전케 하시는 분이시다.

죄인의 삶에 있어 거듭나는 일보다 중차대한 것은 없다. 거듭나야 영생의 나라가 보이고 들어가기 때문이다. 그 거듭남은 믿음을 통해 이루어진다. 믿음이 그만큼 중요한 요소이다. 믿음이 없으면 거듭나지도 못하며 하나님 나라를 보지도 못한다.

오직 예수님의 말씀을 바람 같은 성령의 역사로 깨닫게 될 때 믿음으로 거듭난 자가 되는 것이다. 믿음이 없이는 거듭나는 방법이 없다. 믿음의 주이신 예수님께서 거듭나게 해 주심을 믿고 주의 말씀을 사모할 때 성령이 바람같이 임하사 거듭나게 하시는 것이다(히 12:2).

놋뱀을 본 자가 살아났듯이 주의 말씀이 믿어지고 이해되고 각성되는 것이다. 마음이 불같이 뜨거워지고 성령이 오셨음을 믿어지는 것이다. 영적으로 죽었던 영혼이 다시 태어나는 순간이다. 이는 체험한 자만이 알 수 있는 주님이 주시는 거듭남의 은혜이다.

7. 거듭남의 증거

거듭난 사람들의 간증은 많다. 간증이 차고 넘침은 좋은 일이다. 문제는 확실한 체험인지 아닌지이다. 간증들 가운데 미심쩍은 부분들이 많이 있기에 그렇다.

감정적으로 하는 간증으로 보이는 게 꽤 된다. 본인은 펄쩍 뛰겠지만 들어 보면 어처구니 없는 것들도 많다. 어떻게 알 수 있는가 하면 시간이 지나보면 전혀 거듭난 자라고는 할 수 없는 삶을 살아가는 자들이 많다. 세상 사람들과 하나도 다른 게 없이 살아가면서 거듭난 체험이 있다고 하기에 그렇다. 분명히 거듭난 자라면 저럴 수가 없으리라고 보여지는 행동들을 하니 참으로 통탄할 일이다.

보통 거듭났다면 그래도 어느 정도 거룩한 삶은 아니더라도 우리와는 좀 다르다고 하는 삶을 살아야 하는 점은 당연하다. 그런데 거듭나기는커녕 오히려 거듭남의 거룩함을 파괴하는 자들이 있으니 참으로 어처구니 없는 일이다.

그러면 어떻게 우리는 거듭난 사람과 거듭나지 않은 사람을 분별하는 기준이 있을 수 있는가가 중요하다. 물론, 거듭난 간증인지 거듭난 체험의 사람인지 알 수 있는 명확한 판단이 있다. 하지만 예수님은 사람이 회개했는지 아닌지를 알 수 있는 방법을 지혜롭게 알려 주셨다.

즉, 회개한 사람은 반드시 그 열매를 보아 알 수 있다는 점이다(마 3:8). 회개에 합당한 열매가 있다면 회개한 사람이 맞다는 말이다. 회개에 합당한 열매도 없이 회개했다고 말하면 실은 회개하지 않은 자들이다. 이단에 빠진 자들은 말로는 회개했다고 주야장천 말하지만 그들의 삶을 보면 교만하고 패역하기가 이루 말할 수 없는 게 많다.

거듭남도 마찬가지다.

거듭난 자라면 확실히 거듭난 열매가 생기는 법이다. 성령으로 거듭났기 때문에 성령의 아홉가지 열매를 맺어가야 한다. 성령의 열매가 하나도 맺히지 않는 삶을 살아간다면 그가 주장하는 거듭났다는 간증도 일종의 감정 표현에 불과하게 된다. 성령의 열매는 하나도 맺지 못하면서 거듭났다고 떠든다면 이는 거룩한 성령의 거듭나는 역사를 오히려 방해하는 행위로서 용서받지 못할 행위를 하는 점임을 알아야 한다. 성령을 거슬리는 죄는 결단코 용서하지 않으신다고 하셨다.

거듭난 성도들은 많다. 특히, 청교도 성도들은 참다운 중생을 고백했다. 저들은 한결같이 거듭난 자들로 부끄럽지 않은 거룩한 생활을 영위했다. 청교도들의 신앙생활은 참으로 믿음이 무엇인지를 세상에 잘 드러냈다. 분명한 하나님의 말씀을 실천하였다. 청교도들의 삶의 궤적은 그 목표나 하루하루의 삶 속에서 거듭난 자의 삶이 어떠해야 하는가를 극명하게 보여 주었다. 참 거듭남의 거룩한 절제와 기쁨 충만의 모습을 드러냈다. 무엇이 천국을 향해가는 거듭난 나그네인지 자세히 보여 주는 단순 명료함 자체였다. 자질구레한 설명이 필요 없는 삶 자체에서 어떠한 게 거듭난 자의 삶인지를 보여 주었다.

오늘날은 그렇지 않다. 겉으로는 화려하게 거듭난 것 같은데 속으로 보면 아닌 경우가 너무나 많다. 온갖 미사여구로, 성경 지식으로 거듭남을 말하지만 실은 거듭나지 못해 속이 허한 자들이 많다. 이는 거듭나지 못했기 때문이다.

죄와 허물로부터 벗어나 거듭난 자들에게는 반드시 거듭난 증거가 따라오기 마련이다. 말씀과 성령으로 거듭났다면 당연히 구원의 확신 가운데 거하게 된다. 거듭나게 하신 분이 바로 예수님이심을 예수님의 말씀을 상고하고 성령의 깨달음으로 확신하게 된다. 예수님이야말로 그리스도요 살아계신 하나님의 아들이심을 자백하게 된다.

이러한 믿음의 고백은 매우 자연스러운 영적 현상이다. 주님을 사랑한다면 주의 몸인 교회를 사랑하고 아끼고 섬김은 당연한 일이다. 거룩한 신앙고백을 하는 공동체인 하나님의 교회를 주님의 피 값을 지불하고 샀음을 알고 귀하게 여기는 삶을 살아가는 것이다. 주는 그리스도이시다. 나 같은 죄인을 구하려고 보배로운 피를 흘리셨다.

무엇이 아까우며 무엇이 우리와 주님과의 사이를 가로막을 수 있겠는가. 아무것도 없다. 주님과 거듭난 성도 사이에는 거룩한 고백의 믿음만 존재할 따름이다. 거룩한 고백 위에 거듭남은 존재하고 그 삶은 거룩함을 지향하게 되는 것이다. 죽은 세속적 삶이 아니라 거룩한 생각과 거룩한 삶을 영위함이다.

거룩한 거듭난 삶이란 십자가를 지는 삶이다

십자가 없이 이 땅에서도 안락하고 잘 먹고 잘 살고 천국에도 가기를 바란다면 이는 미친 짓이다. 오늘날 거듭난 자라고 떠드는 사람들을 보면 이 땅에서도 잘 먹고 잘 살며 또한, 천국에도 평안히 가기를 바란다. 아니 바란다기보다 그래야 거듭난 줄 안다. 꿩 먹고 알 먹기이다. 현세 교회들의 모습이다. 복 받아서 교회가 성장했고 유명해졌으니 분명히 거듭난 공동체며 그러니 당연히 천국 가는 것이라고 주장한다. 영혼이 잘됨 같이 범사가 잘 된다는 말씀도 있으니 그럴 수 있다. "예수 믿는다"면서 지지리 궁상 떠는 것보다는 잘 사는 게 백 번 나을 수 있다.

그런데 문제는 심각하다. 그렇게 거듭났다고 하는 교인들이 실상 거듭났느냐 하면 그렇지 않으니 문제다. 라오디게아 교회의 참 실상을 떠올려 보면 너무나 분명하다. 엄청 복을 받아서 부자였기에 모두가 부러워했는데, 주님은 죽은 자들의 모임이라고 질책하고 계시니 문제다. 왜냐하면, 십자가를 지지 않는 자들이 모여 예수 이름을 팔고 있으니 그렇다.

십자가는 싫다. 그러나 복은 받고 싶다. 복을 받았으니 십자가를 진 것이나 마찬가지이다. 돈을 많이 가졌으니 거지 적선하듯 나눠주면 우리 할 일은 다한 것이다라는 식이다. 부자가 거지 나사로에게 부스러기 좀 나눠 주면 할 일 다한 것이나 마찬가지이다. 이것이 현대 교회와 교인들의 문제점이다. 너무 세속적이 되어 금송아지 바알인지, 거룩하신 예수님인지 분간이 안 가니 큰 일이다.

자기 배가 신이다(빌 3:19). 자기 배를 신이라고 한다면 금송아지를 우상 숭배한 이스라엘 백성과 하등 다를 바 없다. 바울은 자기 배만 불리는 자를 향하여 십자가의 원수라고 했다. 믿음의 최종 목적은 천국이라 말하지만 그 결과는 자기 배만 불리는 데 있다. 먹고 마시는 게 중요하다. 그걸 모르는 자가 어디 있나. 그러나 먹고 마시는 일에 몰두해서는 안 되는 게 성도이다. 당연히 성실하게 일해야 한다.

그런데 그 목적이 세상 사람들과는 차이가 있는 법이다. 일하는 최종 목표는 예수님의 영광을 위해 일한 결과들이 쓰여지는 데 있다. 주님이 원하시는 교회와 선교 그리고 구제가 그렇다.

그렇지 아니하고 자신의 이익만을 위해 그리스도의 이름이 이용된다면 이는 주객이 전도된 사익 추구의 전형으로서 바로 바리새인들과 동일하다. 바리새인들은 거룩하고 태어나면서부터 거듭났다고 했지만 저들은 하나님보다 돈을 더 사랑했다. 사람들 앞에서 말로는 하나님이 우선이라고 했지만 그 모든 경건의 모습은 사람들로부터 헌금을 걷기 위해서였다.

교회에서 열심인 척하는 게 사데 교인처럼 죽어있는 상태라면 안된다. 사데교인들은 살아 움직이는 성도처럼 움직였지만 실상은 죽은 행위들이었다. 예수님께서 전혀 인정하지 않으시는 종교 행위들이었다. 저들의 교회생활은 생명이 넘치는 거룩한 믿음생활이 아니라 자기 사익을 위해 만나고 교제하는 인간 모임이었다. 사리사욕에 취해 세속적 성공담을 간증인 것처럼 자랑하는 교인들이었다. 새 집을 산 게, 회사에서 승진한 게 다 예수님을 잘 믿어 받은 복이라고 주절거렸다.

믿는 성도가 형통하는 게 무슨 잘못인가?

당연히 잘 되어야 한다. 문제는 다니엘 같이 참된 믿음으로 형통한 것인지, 아니면 자기 머리로 아부를 떨어 된 것인지가 중요하다. 자기 머리로 잘 된 것인데 믿음으로 되었다고 하니 죽은 교회라고 말씀하신 것이다.

여우도 굴이 있고 새들도 집이 있는데 막상 예수님은 집도 교회도 없으셨기에 들에서 밤을 지내셨다. 헌금 모아 교회 지을 줄 모르셔서 그런 게 아니다. 우리들에게 이 세상 그 무슨 대궐 같은 집보다도 하나님의 집이 귀함을 알고 천국 가기에 힘쓰라고 가르치신 것이다.

거듭났다고 함은 새로 태어났다는 뜻이다.

이전의 더러운 생활에서 벗어나 새로운 생각과 거룩한 삶으로 전환되었다는 말이다. 이전의 죄악 되었던 삶에서 벗어나 새로운 가치, 곧 거룩한 삶으로 바뀐 것을 말한다. 이전의 오염된 부패는 사라지고 하늘을 향해 새로운 피조물이 되었다. 세속적인 우상을 섬기던 생활을 벗어던지고 새 것 즉, 예수님의 새 것이 되었음을 의미한다(고후 5:17).

이러한 거듭남의 변화는 당연히 그 증거로 죄를 멀리하고 거룩한 말씀을 따르는 것이다. 칙칙하던 방 안에 창문을 열고 바람을 불게 하면 시원하고 깨끗해지듯 변화된 생활을 보면 그 거룩한 생활 자체가 그 사람의 거듭났음을 증명하게 된다.

거듭남을 통해 나타나는 결과는 하늘로부터 오는 증거이다. 거듭났다고 하면서도 그 생활이 여전히 어떤 게 죄인 줄도 모르고 가증한 사고로 산다면 이는 거듭난 게 아니다. 그저 감정적으로 거듭난 체험에 잠시 참여했을 뿐이다. 반드시 거듭난 자는 그 생활과 그 생각이 새롭게 태어나게 되어 있다.

죄를 미워하고 예수님이 사랑하시는 삶에 동참하고 거룩함에 애쓰고 힘써 주님의 몸인 교회에 헌신하는 것이다. 거룩한 교회의 공동체에 기꺼이 참여하며 예수님의 가르침을 몸소 실천하게 된다. 성령이 교회들에게 하시는 말씀에 귀를 기울이며 그 깨달은 말씀을 이루기 위해 분투노력하게 되어 있다.

거듭난 사람은 교회의 거룩한 일에 헌신한다.

거듭난 사람들은 주님의 몸된 교회생활을 위해 거룩하고자 애쓰게 된다. 주님은 거룩하시다. 그 몸 된 교회도 거룩하다. 그 공동체인 거듭난 성도가 거룩한 일에 헌신하는 일 또한, 거룩한 일이다. 하나님은 거룩하시다(레 19:2). 아들되시는 예수님도 거룩하시다. 거듭난 성도도 거룩한 자가 되었다. 하나님께서는 거룩하시므로 그 자녀들에게도 거룩하라고 명령하신다. 당연한 처사이다.

하나님의 자녀들이 음란하고 문란하다면 하나님을 더럽게 하는 일이다. 거듭났다고 하면서 악한 삶을 살아간다면 이는 있을 수 없다. 말할 나위도 없이 거듭나지 않았기 때문에 악한 행위들을 할 뿐이다.

"마음으로 믿어 의에 이른다"는 뜻은 전심을 다해 믿는다는 말이다. 마음과 뜻과 정성을 다해 믿음으로 입으로 시인하고 선한 행위의 삶을 사는 것을 의미한다. 마음으로 즉, 영혼을 다해 거듭난 자로서의 행동을 다하는 것이다. 거룩한 마음으로 주의 뜻을 이루고자 함이다. 거듭남의 거룩함을 드러내는 것이다.

예수님이 우리를 거듭나게 하신 이유 중 하나는 '악한 세상에서 거룩한 자가 되라'는 뜻이다. 거룩한 하나님이심을 세상에 보여 주라는 것이다. 우리를 부르신 자는 거룩하시므로 거듭난 자는 모든 행실에 거룩한 자가 되어야 한다(벧전 1:15). 예수님이 우리에게 하시는 말씀은 모두 거룩하다. 하나님의 말씀도 거룩한 말씀이다(렘 23:9).

거듭나는 일은 거룩한 생명으로 다시 태어나는 생명의 일이다. 더럽고 추악한 죄악의 생명이 영원히 거룩한 하늘의 생명으로 태어나는 거룩한 일이다. 거룩한 생명으로 태어났으니 거룩한 행실에 힘씀은 자연스러운 일이다.

거듭난 자의 증거는 그의 삶에서 거룩한 행실을 하는 것을 보면 알게 된다. 그의 삶에서 거룩한 행실이 보이지 않으면 거듭나지 않았기에 그렇다. 거듭났다면 당연히 예수님의 일에 동참하게 되어 있다.

현재 만연하게 퍼져 있는 성욕의 문란함은 마귀로부터 온 것이다. 마귀의 하수인들이 삶들 뼈 속 깊이 박아 놓는 음란의 생각과 음란한 악한 행위들은 모두 마귀로부터 나온다. 음란의 화신인 이세벨을 보면 음란 마귀의 실체를 파악할 수 있다.

북이스라엘의 역사를 보면 음란한 이세벨이 구체적으로 어떻게 한 나라를 장악할 수 있었나 여실히 보여주고 있다. 북이스라엘의 아합왕에게 시집오면서 바알과 아세라 신을 데리고 와서는 아합을 충동하여 모든 이스라엘 땅에 우상 신당을 차리게 했다. 이유는 그럴싸했다. 이스라엘의 하나님에게도 복을 받고 바알신에게도 복을 받자는 것이었다.

쉽게 말해, '이중 축복을 누리자'는 미혹이었다. 다다익선이었다. 좋은 게 좋은 것이었다. 오늘날 현대 교회에 만연한 기복 신앙의 표본이었다. 북이스라엘이 다 넘어갔다. 하나님도 섬기고 바알도 섬겨서 양쪽으로부터 넘치는 물질의 축복을 받고자 했다. 똑똑한 자들의 현명한 처신이었다.

백성들의 혼을 쏙 빼내기 위해 팔백오십 명이나 되는 바알과 아세라의 선지자들을 왕궁에서 기르게 했다. 바알 신학이 왕궁과 온 이스라엘을 장악했다. 당시 하나님의 선지자는 예레미야 한 명뿐이었다. 숫자로 게임이 되지 않았다. 하나님의 음성은 들리지 않을 수밖에 없었고, 백성들의 혼은 바알에게 다 빼앗겨 버리고 말았다.

이는 오늘날도 마찬가지다. 기복을 강조하는 자들이 교회를 점령했다. 거듭나는 일보다는 물질의 축복을 받는 게 더 중요하게 되었다. 현세의 복을 조금이라도 받으면 하나님의 축복을 받은 거라고 설교한다.

이 말은 하나님의 축복을 받았으니 거듭났다라고 강조한다. 거듭나지 않고서 어찌 저렇게 복을 받을 수가 있느냐고 주장한다. 참으로 거듭났느냐를 따지는 영적 투쟁은 귀찮은 일이다. 그보다 당장 시급한 복을 받는 게 더 중요하다고 설레발 친다. 현세의 복을 받은 게 더 중요하고 복을 받은 게 거듭난 증거라고 가르친다. 거룩한 거듭남의 진리를 돼지에게 던지는 꼴이다.

거듭나게 하는 진리는 우리를 거룩하게 한다. 거듭남 자체가 거룩한 일이다. 거듭난 자는 자연적으로 거룩한 일에 동참한다. 성령으로 거듭났기에 성령의 일에 동참하게 되어 있다. 성령께서는 우리의 처지를 잘 아시기에 우리의 연약함 때문에 넘어지지 않도록 주님께서 허락하신 교회 일에 동참하게 하신다. 주님의 교회에서 더 깊이 헌신함으로 예수님과 하나되는 삶을 연속하게 하신다.

무엇보다 성령이 교회들에게 하시는 말씀을 듣고 상고함으로 더 넓게 이해하게 하신다. 주의 말씀을 성령으로 깨닫게 하심으로 더 높이 하나님 나라를 바라보는 거룩한 소망을 갖게 하신다. 주의 말씀에 침잠함으로 더 깊이 주님의 사랑을 체험하게 하신다. 주님으로부터 오는 감동으로 거듭난 성도는 영적인 거룩한 투쟁을 마귀와 벌리게 된다.

가나안을 정복하기 위해 장정의 숫자를 세고 싸우는 전사를 투입하였듯 천국 전사로 세움을 받고 전진하게 하신다. 이 땅에서 해야 할 일들을 하나님의 사람이 시작하는 것이다. 주의 말씀을 따라 거룩한 교회의 부르심에 순종하며 충성해 나가는 것이다. 교회의 모든 영적 일은 사람에 의해 움직여지는 게 아니라 주님의 말씀을 따라 거룩하게 이행되어져야 한다 사람에 의해 진행되면 거기엔 반드시 마귀가 틈을 타 훼방하고 분쟁하게 하고 분란을 조성하게 된다.

아시아 일곱 교회에 보내신 주님의 편지에 따라 각자가 처한 환경에서 사탄의 궤략에 빠지지 않고 사명을 완수해 나가야 한다. 광명의 천사로 가장하고 나타나는 거짓의 아비 마귀는 정신 차리지 않으면 금방 미혹될 정도로 교묘하고 섬뜩한 존재이다.

거듭남은 참으로 주님의 일에 자발적으로 동참하느냐를 보면 그 진위 여부를 알 수 있다. 거룩한 성령으로 거듭났으므로 거룩한 일에 그 증거를 드러내는 법이다. 거듭난 성도는 그 신분이 이 땅의 흙에 기록되는 게 아니고 철 끝으로 하늘나라의 생명책에 기록된다. 이는 '하늘의 자녀가 되었다'는 의미이다.

세상에서도 직업을 가지면 그 직업에서 요구하는 일을 하듯이 당연히 하늘에 소속되었으면 하늘의 일을 하는 것은 지극히 당연한 법이다. 거듭나는 구원을 받았으니 그 구원에 합당한 일을 하며 믿음으로 사는 일은 당연하다. 그 거듭난 마음 속에 거듭나게 하신 주님의 말씀을 새기며 그 말씀에 따라 행동하게 됨은 지극히 합당하다.

거듭나는 진리로 거룩하게 되었으니 거룩한 삶을 살게 되는 것이다

(요 17:17). 진리로 거룩하게 된 자가 음란한 삶을 산다면 이는 거듭나지 않았기 때문이다. 혹시 거듭난 자가 연약하여 음란해졌다 해도 즉시 회개하여 정직한 영을 회복해야 한다. 거듭나는 진리는 영원한 진리이지 어느 때는 거듭나고 어느 때는 사라지는 그러한 인간적인 교훈이 아니다.

한 번 세워진 진리는 영원하다. 한 번 하나님의 자녀가 되었다면 그 신분은 영원히 지속되는 것이다. 한 번 말씀과 성령으로 거듭났으면 영원한 거듭남이다.

마귀는 어떡하든지 우리의 마음을 약하게 하여 넘어져 실족하게 한다. 온통 세상은 음란하고 패역해졌다. 예레미야 시대 때도 북이스라엘 왕궁은 우상의 사상으로 가득 차 있었다.

지금도 마찬가지이다. 세상은 온통 음란과 물질 사상으로 가득 차 있다. 정말로 거듭난 자가 해야 할 거룩한 일이 많다. 이 패역하고 음란한 세대에 거듭난 믿음으로 거룩의 능력을 드러내야 한다. 알기는 엄청나게 아는 지식을 가지고 있었지만 병든 자 하나도 낫게 하지 못했던 가말리엘의 사상으로는 세상과 싸울 수 없다.

오직 성령의 능력으로 거듭난 자만이 하나님 살아계심을 보여 줄 수가 있다. 이는 거룩한 영적 전투이다. 거룩한 방패와 거룩한 갑옷과 거룩한 보검을 드러내야 한다. 승리는 하나님께 속해 있다. 거듭난 자에게 달려 있다.

제2장

구약의 거듭남

1. 빛

하나님께서는 만물을 창조하셨다. 그 아들의 영광을 위해서이다. 또한, 우리 죄인들을 위해 만드셨다. 이 모든 것은 우연이 아니다. 다 그 만든 뜻이 있어서이다. 하나도 우연히 된 게 없다. 모두가 존재할 이유가 있어서다. 단지 우리의 눈에 예상 밖의 일이어서 우연이라 할 뿐이다. 따지고 보면 다 연관이 있어 움직이며 상호작용을 한다.

원래 땅은 '어둠'이었다(창 1:2). '어둠'은 혼돈과 공허를 의미하는 것이다. 무질서하고 허무했던 것이다. 그런데 이 '어둠'에 하나님께서 '빛'을 비추셨다. 질서와 생기를 불어넣으신 것이다. 생명이 탄생된 것이다. 아무 것도 없었던 세상에 생명이 존재하게 된 것이다. 그야말로 '창조'이다.

이 창조 사역은 하나님의 말씀으로 되었다. 전능한 능력의 말씀이 선포되자 그 말씀의 힘으로 빛과 생명이 만들어졌다. 전적인 하나님의 창조 능력이다. 믿지 않는 자들은 거짓말이라고 하겠지만, 이것은 사실이다.

하나님께서 계시지 않고는 될 수 없는 창조이다. 인간들이 모여서 할 수 있는 일이 아니다. 하나님만이 하실 수 있는 필연적인 결과가 창조이다.

사람은 만들어진 것들에 변형은 줄 수 있다. 그 뿐이다. 더 이상 무엇을 새롭게 창조할 수 없다. 기존에 있던 사물에 더하거나 뺄 수 있을 뿐이다.

인간은 한계가 있다. 무한정일 수는 없다. 모든 일에 있어 유한적이다. 예상 밖의 좀 더 큰 일을 할 수는 있다. 그러나 그러한 뜻밖의 일도 실상은 어느 한계 안에서 이루어진다. 그렇다고 인간 능력을 비하하고자 함이 아니다. 인간의 실존적 한계를 말했을 뿐이다.

하나님께서는 짐승과 사람을 창조하셨다. 존재하던 어떤 물질이 있었는데 그 원초 물질이 진화되어 원숭이가 되고 그 원숭이가 진화되어 사람이 된 게 아니다. 원숭이는 원숭이 대로 사람은 사람 대로 창조되었다. 원숭이에서 사람이 진화되지는 않았다는 말이다. 각기 종은 자기 종대로 만들어졌다는 말이다. 종에서 다른 종으로의 진화는 불가능하다.

각 종대로 하나님의 말씀에 따라 창조되었다. 하나님이 아니고는 불가능한 일이다. 하나님의 말씀으로 자신의 모습대로 창조되었다. 이는 믿음으로만 이해될 수 있는 일이다.

하나님께서는 사람을 만드실 때 흙으로 빚으신 뒤 생기를 불어넣으셨다 (창 2:7). 움직이지 않던 존재가 생기를 받자 움직이는 생령이 되었다. 움직일 뿐 아니라 생각까지 하는 영혼의 존재가 되었다. 생각할 뿐 아니라 하나님의 음성을 듣고 대답까지 할 수 있게 되었다. 인간이 생각할 수 없다면 그 존재는 짐승에 불과하다. 인간이 동물과 다른 점은 생각할 수 있다는 점이다.

인간은 생각하고 무언가를 사고하고 이성적인 판단을 할 수 있을 때에야 비로소 사람이라 할 수 있다. 바른 생각을 하지 못하고 무엇인가에 의해 지배되고 사육된다면 개, 돼지에 불과하게 된다. 짐승은 이성이 없고 본능에 충실할 뿐이다.

사람이 사고할 수 있다는 이유로 인간은 존엄할 수 있다. 이성이 없다면 존재할 이유도, 자유니 인권이니 할 까닭도 없다. 그저 먹고 살다가 죽으면 끝이다. 생각하기 때문에 모든 게 사유되고 인간으로의 삶도 가치가 있게 된다.

더군다나 하나님의 음성을 듣기까지 하였으니 인간이 존재하는 목적, 인간이 사는 이유, 인간이 인간다운 의미를 가지게 되었다. 모든 만물 중 하나님께서는 유독 사람만 하나님의 형상을 소유하게 하사 하나님께서 천지를 창조하신 영광을 드러내기를 바라셨다. 광활한 우주와 마음 속 세미한 소리까지도 의미있게 하셨다. 그저 생물학적 생명이 아니라 지고지순의 거룩한 생명을 주셨다. 영생을 허락하셨다.

그러나 인간은 하나님을 대적했다. 거짓말쟁이의 아비인 사탄의 조종을 받았다. 사탄의 속임수에 넘어간 인간이 받은 벌과 대가는 죽음이었다. 먼저는 영의 죽음이었다. 하나님과의 직접적인 대화의 단절이다. 불행 중 불행이다.

하나님과 단절되자 절대 고독과 절대 죽음이 엄습했다. 벗어날 수 없는 마귀의 손아귀에서 근심과 걱정과 속박 외에는 아무것도 없는 영원한 좌절이었다. 지옥 그 자체이다. 아무 희망도, 소망도, 꿈도 없는 흑암의 갱도에 갇히고 말았다. 벗어날 수 없는 깜깜한 운명이 되고 말았다.

이것이 세상의 참 모습이다. 겉으로는 화려하고 살맛 나는 것처럼 보이지만 영혼 속은 우중충하게 갇힌 어둠이다. 인간의 배역이 불러온 참 아픔은 두 번 다시는 지어서는 안 되는 반역을 한 점이다. 돌이킬 수 없는 죄악을 범한 것이다.

그 결과가 바로 오늘날 인간들이 겪고 있는 세상의 아귀다툼이다. 하나님이 창조하신 아름다운 만물이 하루아침에 칙칙한 죽음의 공포로 뒤바뀌어 버리고 말았다. 사탄이 했던 패악질을 인간이 똑같이 따라했다. 같은 동류가 되었다. 부전자전이 된 경우다. 더럽게도 동병상련이 된 격이다. 한심한 신세가 되었다. 영원토록 말이다. 흑암에 갇힌 신세라니 당해 보지 않으면 모른다. 알 수가 없다. 그 기막힌 저주와 끊임없는 괴로움은 말로 형용하기 어렵다. 극한의 공포요, 혐오다.

세상엔 희망이 없다. 맞는 얘기다. 아무리 출세하고 잘 먹고 살아도 죽음이 기다리고 있기 때문이다. 그러기에 태어남이 무덤이라고 한다. 한 세상 모든 수고가 물거품이 되고야 만다.

결국에는 헛수고하다가 갈 뿐이다. 제아무리 잘났어도 염라대왕이 부르면 모든 걸 놓고 가야 한다. 너나 나나 예외가 없다.

땅은 처음부터 어둠이었다. 그것도 깊은 어둠이었다. 존재하는 것이라곤 어둠의 세력뿐 이었다. 사탄과 그 졸개들의 판이었다. 그 상태는 죄와 죽음이었다. 아무것도 생명은 없었다. 죽음뿐 이었다.

이 무미건조하고 음습한 곳에 마귀는 자신의 왕국을 공고히 하게 하기 위해 살아있는 존재가 필요했다. 사람이 필요했고 걸려든 자가 바로 아담이었다. 우리와 같이 인식하고 감정을 느낄 수 있는 존재가 사탄은 절대 필요했다.

어둠의 세계에는 생명은 없었다. 어둠의 백성을 사탄은 원했고, 그 악한 뜻을 거짓말로 이루었다. 간교하기가 이루 말할 수 없는 존재였다. 어둠 속에 존재하는 것이라곤 악한 영적 영물뿐 이었다. 악령들 빼고는 공허하고 허무한 존재뿐 이었다.

쉽게 말하면 아무것도 없었다. 아무 존재 거리도 없는 그야말로 절대 고독 속 절대 죽음뿐 이었다. 암울 지체였다. 희망과 살아있음의 기쁨이라고는 눈 씻고 찾아볼 수가 없는 세계이다. 오로지 비참과 고통의 괴성만 난무하는 세계가 사탄의 자리이다.

이 어두움이 땅의 실체이다. 아무것도 바랄 수 없는, 아무것도 소망할 수 없는 막막한 세계이다. 살아있는 자체가 괴로운 세상이다. 피할 수도, 벗어날 수도 없는 갇힌 세상이다. 인두겁만 썼을 뿐 악마의 모습 자체이다. 어둠은 그런 곳이다. 땅이야말로 어둠으로 휩싸여 빛이라고는 한 줄기도 찾을 수 없었다. 지옥이다. 땅 자체가 창살 없는 감옥이다. 벗어날 수 없는 영겁의 공허이다. 인간이 발버둥 쳐봐야 제자리에서 맴도는 처지이다.

어둠은 그 자체도 무거운데 거기에 더해 심연이다. 깊어도 끝이 없는 구덩이이다. 나사로가 물방울을 떨어뜨려도 닿을 수 없는 심연이다. 어둠의 실체를 이른 말이 '끝이 없는 구덩이'이다. 올라올 것이라곤 황충 뿐이다. 사람을 물어뜯어 죽이는 황충이다.

그 졸개들이 판치는 곳이 어둠의 세계다. 더 이상 기대할 수도 없는데 그 이상도 없는 죽음만이 도사리고 있는 어둠이다. 그 누구도 이 상황을 타개할 수 없는 곳이다. 그곳이 바로 어둠의 땅이다. 존재하는 것은 오직 죄와 사망만 있는 어둠의 땅이다. 사탄이 좌정한 어둠의 땅이다. 사탄의 위가 있는 어둠의 곳이다. 절대 죽음만이 존재하는 땅이다.

이곳에 빛이 비추었다. 하나님께서 "빛이 있으라"고 말씀하셨다. 깜깜한 땅에 빛을 비추셨다. 아무것도 볼 수 없던 땅의 모습을 볼 수 있게 되었다. 아무것도 볼 수 없던 땅과 하늘이 보이게 되었다. 빛이 존재하게 됨으로 일어난 현상이다.

'본다'는 것은 매우 중요한 일이다. 보이지 않으면 정확히 인식할 수가 없다. 무엇인가 보아야 정확한 판단을 할 수가 있다. 보지 못하면 무언가를 가늠할 수가 없다. 추측할 따름이다. 본다는 것이야말로 중요한 삶의 핵심이다.

그래서 예수님께서 하나님 나라를 볼 수 있기 위해서는 거듭나야 한다고 하신 이유이다. 이 어둠만 존재하던 땅에 하나님께서 빛을 비추셨다 함은 바로 새로운 세상이 열렸다는 의미이다. 아무것도 존재하지 않았던 땅이 채워지기 시작했다는 뜻이다. 의미 있는 생명이 존재할 수 있었다는 말이다. 의미 없이 영원히 존재할 수밖에 없었던 땅이 생동하게 되었다.

이러한 땅의 모습을 성경은 처음부터 어둠과 빛을 대조시켜 설명했다. 빛이 먼저 비춘 게 아니라 어둠 위에 빛을 비추셨다. 어둠이라는 죽음의 세상에 빛을 비춤으로 생명이 존재하게 되었다. 빛과 생명은 동일하다. 빛이 있는 곳에 생명이 있다. 생명이 있으면 반드시 빛이 있다.

예수님께서 거듭나야 한다고 하셨다. 거듭나야 빛의 나라, 하나님 나라를 볼 수 있다고 하셨다. 사람은 살아 있으나 그 속의 영혼은 죽었다고 진단한다. 사람의 본질인 영혼은 죄로 인해 죽었다. 그럼으로 사람의 육신은 멀쩡히 살아 있지만 그 본질인 성품은 죽었다.

인간이 죽어 있는 상태이므로 다시 태어나야 그 영혼이 살 수 있다. 영혼이 살아나야 인간 자체가 살았다고 할 수 있다. 죄와 사망으로 인해 사람은 어둠 속에 갇혀 죽어 있는 상태다. 이 죽어 있는 인간 실존은 다시 태어남으로만 참생명을 누리게 될 수 있다. 참생명 즉, 영생을 소유할 수 있다.

그래서 거듭나는 일은 인생에 있어 가장 중요한 일이다. 거듭나지 않고서는 영생의 문은 열리지 않는다. 거듭나야 영생의 비밀이 열리는 것이다. 거듭나야 인간은 인간이라 말할 수 있다. 거듭나지 않은 자는 영생과는 거리가 먼 존재에 불과하다. 거듭남이 절대적으로 필요한 이유이다.

거듭나야 인간일 수 있는 형상을 가질 수 있다. 인간의 원래 형상은 짐승이 아니라 하나님을 닮았다. 어둠같이 괴기한 짐승의 형상이 아니고 거룩한 하나님의 빛으로 인도함을 받는 게 사람의 모습이다. 빛같이 찬란하고 생기 있고 따스한 존재가 사람이다. 소망스럽고 아름답고 사랑스러운 형상이 빛을 입은 사람의 본래 모습이다.

그러한 존귀한 인간이 오늘날은 타락하여 어둠의 악령의 존재를 닮아 짐승같이 변하여 버렸다. 예레미야는 이러한 어둠의 존재에 대해 말하기를 "공허하고 혼란스럽고 어둠에 덥히었다"고 진단했다.

인간이 어둠의 세력에 사로잡힌 상태는 공허하고 고통 속에 절규하는 암울한 존재임을 드러냈다. 그 어떠한 소망도 없고, 그 어떠한 거룩한 생명도 없는 차디차고 암울한 존재로 그려지고 있다. 무덤 속의 공허와 의미 없는 괴로움만 존재하는 불쌍할 것도 없는 영원히 버려진 악한 쓰레기 같은 존재일 뿐이다. 이 소망 없는 인간들이 하는 짓이라고는 쓸데없이 자신들을 과시하며 바벨탑을 쌓는 일뿐이다.

온갖 좋은 이름만 나열하고서 문화니 사상이니 파라다이스니 하며 열을 올리며 높이 쌓아 올리지만 헛수고일 따름이다. 사상누각에 불과하다. 기초가 허당이기 때문이다. 그저 모래 위에 쌓아 올릴 뿐이다.

제대로 된 영원한 가치 있는 일을 위해서는 거룩한 생명의 빛이 필요하다. 허무하지 않고 공허하지도 않은 진정 의미 있는 기업을 위해서는 빛으로부터 오는 영원한 가치가 필요하다. 그 영원한 생명의 일을 위해 하나님께서 어둠에 빛을 비추셨다. 이 거룩한 생명의 일을 요한복음은 예수님이 어두운 영혼들에게 빛 즉, 생명의 빛을 비추었다고 했다(요 1:4).

어둠 속에 신음하는 삶에 생명의 빛을 비추었으니 예수님이 사람에 전한 말씀이다. 그런데 놀랍게도 어둠의 사람들은 이 생명의 말씀을 거부했다. 빛이 어둠에 비추었지만 저들 어둠의 자식들은 빛을 깨닫지 못해서 거부했다. 이러한 어둠의 삶들에 예수님은 거듭나야 빛을 인식한다고 하신 것이다. 하나님께서 자연적 어둠의 땅에 빛을 비추셨듯이 예수님께서는 어두운 영혼 위에 생명의 빛을 비추셨다.

문제는 사람들이 어둠을 더 좋아하고 빛은 배척했다는 것이다. 이유는 간단하다. 죽은 자는 자신이 죽은 것조차 감지하지 못한다. 죽은 영혼은 생명의 빛이 쪼여도 반응조차 하지 않는다. 죽었기 때문이다. 어둠의 자식들은 빛이 비추니 오히려 배척하고 죽이기까지 했다. 싫다는 것이다. 관계하지 말라는 식이다.

어둠인 세상은 세상의 빛이신 예수님을 거절했다. 당연한 결과이다. 철저히 어둠에 세뇌 당한 세상 사람들은 당장 생명이니 영생이니 하는 말 보다 하루 먹고 사는 철저히 쾌락을 즐기는 삶이 더 중요하다 주장했다.

보이지도 않는 영생 타령보다는 당장 먹을 양식을 공급하라고 떠들며 안 그러하냐고 세상의 기존 질서를 파괴하려는 예수를 죽이라고 한 것이다. 죄와 허물로 죽은 자들을 직시하는 표현이 먹고 마시는 문제가 가장 시급하다는 것이다. 먹고 마시는 일도 아닌 영생을 말한다면 이는 한 한가로운 몽상가의 불필요한 시에 불과하다고 폐기 처분하였다. 이러한 어둠의 자식들을 향하여 예수님께서 거듭나라고 하셨다.

당장 굶어 죽는다 해도 거듭나기만 한다면 영생을 얻을 수 있나고 하셨다. 이 세상의 그 무엇보다도 백 배, 아니 천 배는 중요한 일이 빛의 말씀을 듣고 영생을 얻는 것이라고 하셨다. 이것이 빛이다. 생명의 빛이다. 영생의 도이다. 죽은 자가 살아나는 기적이다. 죽은 영혼이 살 수 있는 유일한 길이다.

거듭나는 길 이외는 영생의 길은 열리지 않는다. 오직 거듭나야 하나님 나라는 보이게 된다. 거듭나지 않고서는 절대로 하나님 나라는 보이지 않는다. 오직 보이는 것이라곤 하루 벌어 하루 먹고 사는 빵가루가 전부다. 돼지 쥐엄 열매뿐이다.

하나님께서는 어두운 땅에 빛을 비추심으로 생명을 이루셨다. 빛이 있으므로 만물이 소생했다. 빛의 온기로 식물이 성장했다. 빛의 열기가 열매를 맺게 했다. 빛으로 말미암아 생명이 탄생했다. 이렇듯 예수님의 말씀으로 시들은 영혼이 힘을 얻는다. 예수님의 생명의 말씀이 방황하던 영혼들을 살려 냈다. 주의 말씀으로 죽었던 영혼이 살아나는 것이다.

예수님은 죄와 허물로 죽어 신음하는 세상 사람들에게 빛을 비추었다. 거듭나게 할 수 있는 능력의 빛을 말한다. 이 생명의 빛의 말씀은 관심을 기울이는 영혼이라면 그 누구도 거듭나게 하는 능력의 말씀이다.

장대에 달린 놋뱀을 쳐다보기만 하면 살아났던 이스라엘 백성들과 같이 거듭나게 할 수 있다. 비록 깜깜한 흑암 속에 일평생을 살았다 해도 사백 년 종살이 하던 하나님의 백성들을 출애굽 시키셨던 하나님의 능력과 같이 예수님의 말씀은 그 누구라도 생명의 말씀을 신뢰하는 자는 죽음에서 벗어나게 할 수 있다.

어둠 속에서 벗어나 거듭나는 생명을 얻을 수 있다. 거듭난 생명 즉, 하늘로서 오는 새생명을 얻는다. 사람의 방법이 아니라 하나님의 방법으로 된다. 거듭나는 일은 말에 있지 않고 능력에 달려 있다.

사람으로는 될 수가 없고 오직 예수님의 말씀의 능력에 달려 있다. 예수님의 빛의 말씀을 믿기만 한다면 예수님께서는 성령을 보내사 거듭나게 하신다. 이 능력의 효과는 오직 예수님을 바라보며 믿는 자들에게 나타날 수 있다.

2. 생수의 근원

생수는 살아있는 물이다. 사람은 살아있는 물을 마셔야 살 수 있다. 썩은 물을 마시면 탈이 난다. 병들게 되고 심하면 죽는다. 사람은 반드시 생수를 마신다. 부패한 물을 마시면 문제가 생긴다. 생수를 마셔야 활력이 나고 살아가는 힘을 얻을 수 있다. 사람뿐 아니라 물고기도 쓴 물에서는 살아 갈 수가 없다.

모든 생명체는 생수가 있는 곳에서 살아간다. 눈에 보이지 않는 미물이라도 썩은 물에서는 생존할 수가 없다. 박테리아라 할지라도 완전히 썩은 물에서는 살아가지 못한다. 살아있는 존재는 생수가 절대적으로 필요하다.

하나님은 누구인가?

하나님은 생수의 근원이다. 특히, 사람에게 있어 하나님은 생수의 공급처이다. 하나님의 백성이 하나님을 떠났을 때 그들은 바벨론의 포로가 되었다. 자유를 박탈당하고 감옥의 갇힌 신세가 되었다. 그 잘나고 똑똑하고 잘 살던 이스라엘 백성들이 바벨론의 종이 되다니 있을 수 없는 기막힌 일이 벌어졌다.

이 놀라운 상황이 벌어진 이유를 예레미야 선지는 저들이 죄를 범한 때문이라 했다. 생수의 근원되시는 하나님을 버린 죄와 스스로 웅덩이를 판 죄라 했다. 물을 얻기 위해 웅덩이를 파는 것이 무슨 잘못일까 마는 그 웅덩이가 하나님이 원하는 웅덩이가 아니기에 문제다. 하나님이 허락하지 않은 터진 웅덩이를 잘났다고 파니 문제다.

하나님이 어디 있냐고 하는 요즈음 사람들과 똑같다. 요즘 사람들 하나님의 말씀, 성경을 보지 않는다. 본다고 해도 상고하지 않는다. 열심히 본다고 해도 실천하지 않는다. 건성으로 본다. 성경 속에서 하나님의 음성을 듣지 못한다. 하나님의 아들을 본 적도 없고 그 아들의 음성을 들은 적도 없다.

그런데도 엄청나게 많은 이야기가 쏟아져 나온다. 홍수처럼 부어지는데 문제는 마실 만한 생수가 아니기에 문제다. 마실 물을 마시지 못하니 갈증만 더 한다. 소리들은 요란하고 서로들 만족하지 못하고 의견만 분분하고 싸움질에 바쁘다.

수많은 사상들과 경제 이론들은 세상을 뒤덮고 있는데 사람들은 못살겠다고 아우성이니 이는 바로 예레미야 시대의 이스라엘 백성들과 같이 "하나님이 없다" 하고 스스로 살겠다고 동분서주한 죄의 결과이다.

생수는 하나님의 말씀이다. 하나님의 이름을 이용이나 하려 들고 자신의 사욕 만을 위해 이름이나 팔려 드니 될 일도 안 된다. 하나님보다 돈을 더 사랑한 바리새인들보다 더하면 더했지 못하지 않은 요즈음 족속들이다. 위나 아래나 다 똑같다. 차이가 있다면 많고 적은 정도 차이일 뿐이다. 쓴 물만 마시면서도 그 근본 원인을 찾아 해결하지 않으려 하는 교만 때문이다. 화성도 갔다 오고 우주 여행도 했는데 하나님을 보지 못했다고 주장한다.

하나님은 상상 속에 있으니 종교 광분자들만 하나님, 하나님 하든지 말든 알 바 아니고 잘난 사람들은 먹거리를 찾든지 만들어 내든지 하면 된다고 식식거리고 있다. 만물의 영장인 인간이 못할 일이 무엇이냐고 다 할 수 있다고 연구에 연구를 더하고 있다. 참 잘난 인간이다.

그런데 문제는 바로 그 연구의 웅덩이가 터졌다는 데 있다. 의미 없는 연구에 불과하기에 헛된 것이다. 연구 결과로 얻어지는 사실은 인간의 그 연구결과가 다 무익하다는 데 있다. 영원한 생수가 얻어지지 않는 데 어려움이 있다.

조금은 뭔가 이익이 있을 것 같으나 자세히 들여다보면 거기서 거기에 불과한 결과물 뿐이다. 시간이 지나면 부식하고 썩어질 것들 뿐이다. 헛되고 헛된 웅덩이를 팠을 뿐이다. 영원하신 하나님의 말씀을 연구하고 얻어진 생수가 아니라 한계가 있는 인간의 부패할 수밖에 없는 것을 대상으로 한 결과이기 때문이다. 그러니 영원한 기쁨도 되지 않고 소망도 안 되는 작업만 했을 따름이다. 참으로 부질없는 일이다.

생수는 하나님께만 있다. 하나님이 생수의 근원이기에 그렇다. 하나님의 말씀이 생수다. 하나님의 말씀은 여기저기 많다.

그런데 왜 갈증이 나는가?

그 이유는 딱 하나다. 하나님의 말씀이 깨달아 지지 않고 표면적으로만 보이고 들리고 해석되기 때문이다. 성령이 함께 하셔서 성령이 하시는 말씀으로 깨달아지지 않기에 그렇다.

요리조리 미리를 가지고 따지는 바리새인들의 똑똑함으로는 풀 수 없는 일이다. 예수님의 말씀을 절대적으로 믿는 자에게 일어나는 하늘의 능력의 일이다. 예수님께서 성령으로 된다고 하신 뜻이다.

예수님의 말씀과 성령의 능력으로 행해지는 거룩한 거듭남이다. 거듭남을 체험한 자는 다 아는 일이다. 인격적으로 이해되는 일이다. 빛의 말씀을 체험한 자라면 의심의 여지가 없는 명약관화한 사건이다. 성령의 감동, 감화가 당연히 따름이다. 거듭나는 감격과 거듭나는 능력의 역사가 자신의 일생에서 주어지는 순간이다. 새로운 탄생이다. 전인격적인 태어남이다. 이러한 엄청난 영혼의 거듭남을 하나님만이 하실 수 있는 일이다.

하나님이 생명의 근원이다. 생명의 주관자이시다. 생명을 주시기도 하시고 거두기도 하신다. 생명의 주권에 대해 인간이 할 수 있는 것은 없다. 단지 치료하거나 도움을 줄 수 있는 정도다. 전적으로 태어나고 죽는 일은 하나님의 소관이다. 그러기에 예레미야는 하나님이 생수의 근원이라고 한 이유다.

하나님을 떠나서는 되는 일이 없다. 하나님을 떠난 하나님의 백성들이 잘 보여 주었다. 하나님을 떠나 스스로 웅덩이를 팠지만 생수가 나오지 않았다.

지질학적 연구와 기하학적 계산으로는 당연히 생수가 펑펑 나와야 했는데 나오기는 커녕 다 터져버려 한 모금도 마실 수 없었다. 하나님을 버린 죄를 지었기 때문이다. 똑똑하지 못해서가 아니라 하나님이 기뻐하지 않기 때문이다. 생수는 그 근원에서 흘러나와야 가능하다. 하나님께 돌아가는 길이 생수를 공급받는 유일한 길이다.

하나님의 말씀을 떠나서는 생수의 시원함과 기쁨이 있을 수 없다. 영혼의 갈증이 해소될 수 없다. 하나님의 말씀으로 돌아가야 비로소 영혼에 생수가 흐르고 평안이 넘치는 것이다. 이 좋은 길을 사람들은 무시하고 스스로 살길을 찾겠다고 야단법석이다. 되는 것이라곤 하나도 없는데도 말이다. 온 땅을 헤집어봐도 생수는 흐르지 않는다.

생수는 이 땅이 아니라 하늘에서 내리기 때문이다. 이른 비와 늦은 비로 내리는 생수를 이 땅에서 찾는다고 헤매고 있으니 발견할 리가 없다. 죽었다 깨어나도 생수를 마실 수 없다.

예수님께서도 생수를 찾아 헤매던 사마리아 여인에게 영원히 목마르지 않는 생수를 주시겠다고 말씀하셨다. 무슨 말인지 알아듣지 못하는 여인에게 주님은 그 영원한 생수의 근원이 바로 예수님이심을 말씀하셨다.

생수의 근원이 바로 예수님이다. 바로 내가 죽인 예수가 생수의 근원이다. 간음죄와 율법 아래서 신음하던 사마리안 여인에게 참 자유를 주셨다. 생수를 주시어 영혼의 갈증을 해소시켜 주셨다. 생수를 마신 여인은 기뻐 만나는 모든 사람에게 자신이 생수의 근원이신 메시아를 만났다고 이야기했다. 확실히 생수를 마셨기에 말할 수 있었다.

야곱이 우물의 물을 마셨으나 만족할 수 없었던 생수를, 일 년이 아니고 자기 평생뿐만 아니라 영원히 목마르지 않는 생수를 마셨기에 사람들에게 알릴 수 있었다. 예수님이 여인에게 준 물은 그 물 자체에서 영원히 샘물이 솟듯이 영원히 넘쳐흐르기에 영원하다.

예수님의 말씀은 생수다. 죽은 영혼을 살리는 말씀이다. 썩은 물을 몰아내고 죽어가는 물고기를 살리는 살아있는 물이다. 살아있는 예배를 드리지 못해 신음하던 사마리아 여인에게 살아있는 신령한 예배를 드리게 하신 생수의 말씀이다.

그리심산이나 예루살렘산이 문제가 아니라 시공간을 넘어 이디시나 주님의 말씀이 작동하는 곳에서는 예배드릴 수 있는 생수의 말씀이다. 2000년 전이나 지금이니 상관없이 이 생수를 갈망하는 자들에게는 영원히 거듭나는 능력이 임하는 생수다.

부끄러워 사람들 앞에 감히 나다니지 못하던 그 여인이 당당히 사람들을 모아놓고 "생수의 주인을 만났다"고 선포할 수 있는 능력이다. 죽었다가 살아났음으로 그 놀라운 체험을 말했을 뿐이다.

경험담을 알리는 데 무슨 미사여구가 필요하겠는가?

그냥 사실을 말했을 뿐이다. 생수를 주신 이가 바로 메시아인데 내가 만났다고 했다. 그 생수가 메시아가 주신 생수이므로 영원하리라는 것을 또한, 간증했다. 영원하신 메시아이심으로 그 분이 준 말씀 또한 당연히 영원하다.

쓴 물만 마셨음으로 단물이 어떤지 모르는 현대인들이다. 썩은 물만 가지고 어느 게 더 낫냐고 따질 줄만 아니 참 생수가 어쩐지 모르는 것이다. 성경에서 쓴 물만 마셔대니 생수가 나올 리 없다. 성경 가지고 세상의 교훈이나 논하고 있으니 듣는 심령 가운데 쓴 뿌리만 자란다. 성경 속에 흘러나오는 생수를 마셔야 한다. 그래야 영혼의 갈증이 해소된다. 영혼을 혼탁하게 했던 쓴 물을 생수로 쓸어버리고 영원한 생명수를 마셔야 산다.

세상의 교만한 논리나 이단의 비진리에 중독되어 버려 생수의 말씀이 흘러도 관심이 없다. 죽어가고 있는데 감각이 없다. 어디를 가도 다 썩어 있으니 다 그렇고 그런 줄 안다. 썩은 물인지 인식되는 게 급선무다.

마라의 물이 썩은 줄 알고 마시지 못할 때 비로소 서광이 비추는 것이다. 한 나무를 던져야 한다. 썩은 물을 단물로 바꾸는 나무가 필요하다. 한 나무가 중요하다. 쓴 물을 단물로 바꿀 수 있는 기적의 나무가 있어야 살 길이 열린다. 그렇지 않고는 목말라 죽을 수밖에 없다. 능력의 나무가 중요하다.

그런데 이 나무는 값비싼 고급 나무가 아니라 사람들이 쳐다도 안 보는 나무이다. 쓴 물을 단물로 바꾸는 나무는 시체나 다는 헐값의 나무에 불과하다. 그러니 관심의 대상이 될 수 없다. 그게 십자가다. 생명의 생수가 흐르는 곳이다.

비싼 옷과 가방을 자랑하며 명문을 신뢰하는 세상에서는 버림받는 나무다. 가치가 별로 없는 나무다. 그런데 이 거친 나무에 달리신 예수님에게서 영혼의 갈증을 해소하는 생명의 물이 흘렀고, 지금도 변함없이 흐른다는 사실이다. 이것이 믿어지느냐가 사느냐 죽느냐를 결정하는 영원한 열쇠라는 점이 중요하다.

사람들은 위대하고 눈에 화려한 것이 최고라고 여기고 그러한 화려함에서 절대 능력이 발휘될 것으로 여기지만 실상은 그렇지 않다. 가장 별 볼 일 없는 곳에서 참생명의 물이 흐르는 것이다.

애굽 문명에서는 볼 수 없었던 아니 필요하지 않은 나무가 광야, 마라에서 수백만 명의 목숨을 살리는 능력과 기적의 나무가 되어 단물로 변하게 하였다. 보잘 것이 없고 버려진 나무 위 시체에 불과한 예수님의 몸에서 흐른 물이 죽어가는 영혼을 살리는 능력의 생수가 되리라고 누군들 생각이나 했겠는가. 이같이 성경 속에서 그 의미를 파악하고자 애쓰며 상고할 때 살리는 영의 말씀을 듣게 된다.

그래서 예수님이 주시는 물을 '신령한 음료'라고 하였다. 신령한 생수라는 뜻이다. 광야에서 반석을 쳐서 물을 내게 하고 마셨던 반석을 그리스도라고 규정하였다. 생수를 낸 반석은 광물에 불과했다.

그러나 모세가 하나님의 말씀을 따라 순종했을 때 반석은 그리스도라 일컬음을 받았다. 반석이 그리스도가 되었다. 그 의미가 그렇다는 말이다. 생수가 터져 나오는 반석이다. 기가 막히는 계시이다. 주님만이 하실 수 있는 신령한 계시의 표현이다. 사람을 영원히 살리는 신령한 생수이다.

이 거룩한 생수를 말세가 되면 교회가 더 필요함으로 생명수의 근원이신 주님께서는 물 붓듯 주시겠다고 하셨다. 말세지말의 성도들에게 생명수를 물 붓듯 넘치게 부어주시는 것이다. 그리하여 생명 강수에 심겨진 생명 나무가 다달이 생명 과를 맺듯이 성도들의 영혼에 능력이 넘치게 하사 모든 환란을 이기게 하신다.

이 음란한 쑥물만 넘쳐나는 세상에서 생수를 마시므로 풍성한 은혜를 누리게 하신다. 생명 강수에 흠뻑 젖어 능히 사탄의 흉계를 이기게 하신다. 시냇가에 심은 나무가 과실을 마음껏 맺듯이 말세 성도들에게 성령의 생수를 넘치게 부어 주사 마귀를 이길 수 있는 새 힘을 공급하신다.

성령이 교회들에게 하시는 말씀을 듣고 죽어가던 영혼들이 살아나는 것이다. 이는 성령께서 주님이 하신 말씀들을 생각나게 하시고 기억나게 하심으로 세상의 만사를 깨닫고 승리하는 지혜를 갖게 하신다.

공연히 성경 공부는 하기 싫고 성령은 받고자 하는 자들이 떼를 지어 다니며 소리소리 지르므로 성령을 받는 게 아니라 악령을 받고 난리다. 부질없는 성령 놀음이나 하다 이단의 미혹에 걸려 넘어지는 불쌍한 자들이 부지기수이다. 성령은 요란 법석 떤다고 임하는 게 아니라 진심으로 주의 말씀을 묵상하며 상고할 때 성령이 바람같이 임재해 깨닫게 하신다.

성령이 교회들에게 성경에 기록해 놓으신 보화를 캐내게 하사 세상 악령을 물리치고도 남게 하신다. 주님께서 낙심한 제자들에게 숨을 불어넣으시며 성령을 받으라고 하셨듯이 말세 성도들에게 성령을 바람같이 임하게 하신다. 성령으로 악한 것들을 깨닫게 하사 니골라 당의 교훈을 물리치게 하신다. 음란의 영 이세벨의 교훈도 막아내신다. 후기자본주의의 신인 바람의 교훈에 사로잡히지 않게 하신다. 가식적 거룩함을 헤쳐버리고 능력의 거룩함을 드러나게 하신다.

진리의 말씀으로 혼탁해진 영혼들의 마음을 사로잡아 진리의 영으로 충만케 하신다. 말씀을 구하는 자에게 생수의 말씀을 허락하사 생명수 강가에 머물게 하신다. 그 어떠한 범죄를 행한 자라도 하나님께 속한 자라면 능히 살리는 성령의 능력의 감화로 살려 내신다. 어둠 속에 처해 방황하는 자들을 광명으로 인도하신다. 아버지를 떠났던 탕자같이 하나님을 떠나 어둠 속을 헤매는 자라도 놀라운 능력으로 하나님 아버지께 돌아오게 하신다.

살리는 것은 영 즉, 성령이시다. 육 즉, 인간의 말은 무익하다. 말은 번지르르 하지만 살려내는 능력이 없으므로 어느 한 사람도 살려내지 못하는 무능력의 미사여구에 불과하다.

진리의 말씀으로 난 것은 능력의 진리이고 인간의 비진리로 난 것은 거짓에 불과하다. 무능력이다. 죽은 자를 살릴 수 있는 능력이 없다. 말에 말만 늘어놓을 뿐이다. 이러한 거짓에 미혹된 자들이 넘쳐나고 있다.

문제는 다들 잘나서 더욱 교만만 늘어나고 있다. 영혼에 평안도 없으면서도 아무 부족한 게 없다고 떠들고 있다. 말세 현상이다. '코로나'라는 재앙이 왔는데도 인간의 백신으로 다 해결할 수 있다고 회개하지 않는다.

참으로 교만한 네피림들이다. 허구의 바벨탑을 쌓아 올리는 자들이다 자신들이 모든 것을 다 할 수 있어서 하나님이 필요 없다는 뻔뻔함이다. 노아 홍수 전 그 자들과 다를 바가 없다. 불로 망할 직전인데도 섹스나 하기 바쁜 자들의 모습이다.

그러나 하나님의 생수를 찾는 성도들은 살길이 열린다. 생수의 근원이신 예수님의 말씀에 갈급한 자들은 성령이 교회들에게 하시는 말씀을 조용히 들을 수 있다. 살길이 열린다. 열릴 뿐 아니라 풍성한 은혜를 받아 누리되 넘치게 된다. 주님이 주시는 생수의 강이 자신의 영혼에 넘침을 확인하게 된다. 모든 인간의 살길은 생수의 근원이신 하나님께 돌아가는 일이다. 절망하는 내가 살 수 있는 길은 생수를 주시는 예수님께 나아가는 수밖에는 없다.

성령의 생수를 받아 정신을 차리고 일어남은 생명수 우물 이신 예수님의 말씀을 받아야 한다. 생명의 근원이신 예수님을 믿어 그 분 앞에 나오는 자는 선물로 성령을 받아야 갈급한 갈증을 해결할 수 있다.

쓴 뿌리로 가득 찬 인간 마음 속 깊이 주님의 말씀이 흘러내려 그 부패한 심령을 적실 때 그 영혼은 살아나게 된다. 엉겅퀴와 가시덤불로 덮여 있는 심령에 성령이 교회들에게 하시는 말씀이 생수같이 내릴 때 죽었던 영혼이 생기를 찾게 된다.

생수의 근원이신 하나님께 돌아감으로 생명을 회복하는 일이야말로 거듭나는 절체절명의 급선무의 일이다. 모든 게 생수의 근원이신 하나님께 있음을 깨닫는 일이 가장 시급한 일이다. 하나님이 생수의 근원이심을 깨달아 아는 자는 참으로 가장 복되고 거듭난 사람이다.

3. 이스라엘

삶은 싸움이다. 살아가는 일들은 계속적인 환경과의 싸움이다.
생로병사가 인생을 말한다. 삶의 종착역인 죽음에 이르기까지 온갖 병마와 싸워야 하고 경제적으로나 여러 가지 조건과 싸워 나가야 한다. 어느 하나라도 자신과 맞지 않으면 문제가 발생하게 된다. 부단히 자신의 삶에 합당하게 하도록 애써야 한다. 어찌 보면 평생이 조건들을 자신에 맞추어 나가는 과정인지 모른다.
크던 작던 위대하던 보잘 것 없듯 모든 게 자신과 맞지 않으면 맞도록 하기에 바쁜 싸움의 연속이다. 인생은 생존경쟁이다. 싸움에서 지면 도태된다. 서로 사이 좋게 살면 좋겠지만 냉엄한 현실은 그렇지 않다. 진 자는 영원히 사라지게 된다.
너무 하다고 할지 모르지만 현실은 그렇다. 인간 자체가 싸움에서 지면 종이 되는 걸 당연하게 여긴다. 생존경쟁을 인생 법칙으로 여기기에 그렇다.
하긴 역사를 승자의 기록이라 말한다. 진 자는 말이 없다. 졌으니까 죽어야 하고 사라질 뿐이다. 누가 졌다고 이름만 기록된다. 그게 전부다. 역사는 이긴 자들의 공적을 기록하기도 힘들다.

죽은 자는 침묵한다. 말할 기회조차 없다. 산다는 게 다 그렇지 하는 말이다. 죽으면 모든 게 다 끝이란 걸 안다. 죽음은 모든 걸 한 순간에 침묵시킨다. 살겠다고 요란스럽던 한 마당의 장터도 전쟁의 죽음이 찾아오면 순간 침묵이 된다. 졌기에 그렇다.

처음부터 아담은 마귀에게 졌다. 옛 뱀 마귀의 거짓 술수에 속절없이 패하고 말았다. 아담도 옛 뱀 마귀에게 졌기에 순간 영적 죽음이 찾아왔다. 마귀와의 말싸움에서 패한 인간에게 온 것이 죽음이다. 영적 죽음이며 육적 죽음이다. 영적 죽음은 하나님과의 대화 단절로 즉각적으로 찾아왔다.

이는 죄와 허물로 죽었다는 표현이다. 육적 죽음은 에덴에서 추방되고 후에 목숨이 다하는 것으로 나타났다. 마귀와의 논쟁에서 거짓 교만에 미혹되어 졌기 때문이다. 사람은 마귀의 거짓된 달콤한 말에 속아 넘어갔다. 선악과를 먹으면 하나님 같이 된다는 '꿀 바른 말'에 미혹되고 말았다.

마귀의 거짓은 평범한 사람들의 생각을 훌쩍 넘어 버린다. 당할 도리가 없다. 강령하고도 그럴싸해 보인다. 보통의 거짓에도 사기당하는 사람들이다.

하물며 고도의 사상과 당장이라도 진짜 될 것 같이 말하는 데는 넘어가지 않을 장사가 없다. 속고 속이는 말세에는 더더욱 사기 당하는 게 일상 있는 일이다. 수많은 자가 바리새인같이 이단이나 라오디게아 교회 같은 곳에 빠지는 걸 보면 알 수 있다. 진리보다는 거짓의 감언이설이 더 달콤한 법이다. 꿀 바른 음녀의 미혹에는 배겨 날 재간이 없다. 권력에, 돈에, 여자에 약한 게 남자다. 물론, 사람이라면 다 그렇다. 이 잘난 현대인이라고 하는 자들이 실상은 더 강한 것 같지만 그렇지 않다.

하나님의 음성을 들은 아담도 마귀의 유혹에 참담하게 무너졌는데 하나님의 음성을 들어 본적도 없고 관심도 없는 오늘날 사람들이야 무슨 말이 필요하겠는가. 그저 죄의 늪에 빠질 뿐이다. 죄지은 아담의 후손이니 태어날 때부터 패배자로 출산되었다고 보면 틀림없다.

그래서 인생은 실패의 연속선을 그리는 것이다. 조금 불편한 것을 참지 못하는 인간들의 품성을 보면 겉으로는 그럴 싸 하나 속은 맹탕인 것을 인지할 수 있다. 진 자의 공허함이 드러날 뿐이다. 겉으로는 성공적인 사람들의 삶이지만 속은 죽음의 불안과 공포로 얼룩져 있다.

마귀 속성의 핵심은 교만이다. 하나님이 없다 하는 교만한 사상가들로부터 하나님을 조롱하는 천민들까지 마귀 씨들은 수두룩하다. 교만의 종자들이다. 마귀는 하나님의 보좌를 넘보았다. 지금까지도 호시탐탐 노리고 있다. 이 만물 가운데 하나님이 가장 높다. 만물을 지으신 분이 하나님이다. 그걸 잘 알면서도 마귀 사탄은 북극 집회에 자신의 자리를 하나님같이 맞먹자고 하였다. 참으로 교만이 하늘을 찔렀다.

요사이 성경을 통달했느니 요한계시록을 통째로 먹었느니 걸어 다니는 성경이라느니 교만 떠는 자들이 많다. 성경을 궁구하면 할수록 모르는 게 더 많아짐을 알텐데 되지 않게 뭔가 다 아는 것처럼 으스대는 자들이 넘쳐나는 세상이다. 마귀의 가라지들이다. 하나님께서 제일 싫어하시고 저주하시는 자들이다.

마귀는 북극성 꼭대기에 올라 만물 위에 군림하고자 하는 자이다. 그러기에 예수님을 시험할 때 성전 꼭대기로 끌어올려 뛰어내리라고 교만의 쾌감을 부추겼던 자이다. 되지도 않게 마귀의 하수인이 되어 불순종하던 하나님의 백성들에게 유다의 교만과 이스라엘의 교만을 썩어 버리게 하시겠다고 예레미야를 통해 말씀하셨다.

예나 지금이나 교만은 패망의 선봉이다. 교만한 자들이 잘 될 것 같으나 사탄이 하늘에서 쫓겨났듯이 교만한 자들은 **결국**, 넘어지게 되어 있다. 마귀는 교만한 속성을 져버리지 못하고 말세에도 모든 인간을 지옥의 노예로 삼고자 열방을 휘젓고 있다.

한 사람이라도 수하로 캄캄한 지옥의 종살이를 시키려고 발버둥치고 있다. 예수님께서 최후 심판을 하실 때까지 멈추지 않고 발악할 것이다. 교만한 자들은 죽을 때까지 그 교만을 버리지 못하고 자기주장하기에 바쁠 것이다. 그래야 잘 사는 줄 안다. 변하지 않는 지독한 악질이다.

하긴 그 아비인 사탄은 하나님의 보좌를 넘봤으니 무슨 말이 더 필요하겠는가!

할 말을 잃는다. 교만한 이단 교주 오만한 잘 나가는 목사들 정신 차려야 한다. 예수님이 제일 싫어하는 마귀의 종자들이다. 벼 이삭은 익을수록 고개가 숙여진다. 겸손하지 못하고 까불다가는 제 명에 살지 못하는 법이다. 하늘 높은 줄 모르고 기어오르던 마귀는 영원한 불 못에 떨어지는 것이다.

마귀는 사람들을 어떻게 타락시켜 자신의 밥으로 삼는가 무엇보다 돈으로 매수한다. 경건하다는 발람을 발락 왕이 하수인으로 타락시킨 것은 바로 돈이다. 엄청난 금은보석을 뇌물로 주고 모압의 발락 왕은 선지자 발람에게 하나님의 백성들을 저주하라고 교사했다. 그 잘난 발람도, 명성이 있던 발람도 수 차례의 거절 끝에 **결국**, 돈 앞에 무너지고 말았다. 이처럼 돈의 위력은 대단하다.

대통령을 뽑을 시에도 경제 정책을 잘 펴는 사람이 당선된다. 모든 게 돈으로 해결되는 세상이다. 살인자도 많은 돈을 통해 잘 나가는 일류 변호사 쓰면 감옥에 가지 않는다. 돈의 위력은 죽은 자도 살린다고 할 정도다. 그러니 너도 나도 돈을 벌려고 수단과 방법을 가리지 않는다. 하나님만 위해 산다고 하는 바리새인들을 보시고 예수님께서 저들은 실상 하나님보다 돈을 더 사랑한다고 하셨다. 기가 막힌 말씀이다.

인간의 심령을 통찰하시는 말씀이다. 하나님보다 돈을 더 좋아하는 자들이 종교 지도자들이다. 겉으로는 돈을 가장 멀리하고 하나님을 가까이서 모시는 것처럼 보였지만 종교를 이용해 사익을 추구하던 자들이었다. 여차하면 하나님을 버리고 돈을 취할 자들이었다.

결국, 하나님의 아들을 버리고 권력과 돈을 취한 자들이었다. 매몰차게 버릴 뿐 아니라 직성이 풀리지 않았는지, 죽이기까지 해서 자신들 눈앞에서 영영 지워버리려 했다. 그렇게 해서 자신들의 돈줄인 백성들 앞에서 영원히 사라지게 했다.

착각인 줄 모르고 말이다. 돈이면 무엇이든 할 수 있다. 죽을 자도 살리고 돈 있으면 여자도 산다. 요사이는 돈 있으면 여자도 남자를 산다. 세상 참으로 요지경이다. 타락한 홍수 심판 있기 바로 직전이다. 불이 떨어지는 순간에도 먹고 마시고 장가 가고 동성애를 하던 소돔과 고모라의 상황이다. 죽을 줄 모르고 환락에 빠진 인간들의 모습이다.

의인 열 명은 아니더라도 단 한 명의 의인도 없는 형편이다. 하긴, "의인은 없나니 하나도 없다"고 하셨다. 그런데도 주님의 말씀을 무시하고 자신이 의인이라고 떠드는 자들이 우후죽순같이 많으니 할 말이 없다.

돈에 환장한 세상이다. 돈만 되면 아내도 팔아먹고 자녀도 팔아버린다. 돈만 되는 일이라면 부모도 안면 바꿔 버린다. 돈이 최고다. 돈만 되면 팔

아버리는 정치인들이다.

결국, 망할 나라니 돈이라도 챙기자는 심보다. 나라고 뭐고 내가 먼저 살아야겠다는 생각이다. 그러니 아프카니스탄이라는 나라가 망한 것이다. 망하니까 예수 믿는다고 하는 자들이 자기 살자고 자기 이웃인 자매를 탈레반에게 뇌물로 넘겼다고들 한다. 기가 막힌 현실이다.

자기 산자고 누이를 팔아 버리면서도 교회는 돈 대신 예수님 믿는 이인을 공물로 마쳤다. 사기 살고사 말이냐. 마귀 쪽속이 아니고선 할 수 없는 일이다. 마귀는 재물을 가지고 그 누구도 구워 삶을 수 있다. 영악하게 열방의 군왕들을 시로잡았다. 졸부들은 밀힐 것도 없다. 돈으로 못할 것 없다는 식이다.

마귀는 음란으로 숱한 자들을 부하로 삼는다. 음란의 영의 힘은 대단하다. 수많은 자를 넘어뜨리고 만다. 아담도 여자 하와로 인해 죄를 범했다. 달콤하면서도 지독한 미혹이다. 돈으로 매수된 거짓 선지자 발람이 최후에 하나님 백성을 타락시킨 방법은 여자 공세였다. 모압 평지에 대잔치를 열고 모압 여인들을 진하게 화장시키고선 남자들을 불러들여 상간하였다. 기막힌 미인계로 이스라엘 백성들을 타락시켰다. 모압 여인들과 상관한 남자들이 자신의 아내와 관계를 맺으니 다 간음한 게 되었다.

절묘한 마귀의 계략이었다. 광야에선 보지 못했던 매혹적인 풍만한 여인들 앞에서 거룩한 하나님 백성들의 거룩함은 속절없이 무너지고 말았다.

요사이 경찰 수사 받던 한 처녀가 기가 막혀 밝힌 내용인 즉 성폭행 당해 고소했는데 형사가 취조한답시고 묻는 말이 너도 즐기지 않았느냐고 하여 어이가 없었다고 하였다. 음란의 시대이니 말 다했다.

요셉도 보디발 대신의 아내에게 날마다 동침 하자는 유혹을 받았다. 부귀영화와 평생 영달을 조건으로 한 미혹이었다. 웬만한 남자 노예라면 웬떡이냐 돈도 벌고 출세도 하고 꿩 먹고 알 먹는 '양수겸장'이라고 좋아했을 동침이다. 안 넘어갈 자가 없을 요사이 말로 대박의 유혹이다. 대부분이 얼씨구나 좋아하며 돈도 벌고 권력도 양손에 움켜쥐는 더구나 재미도 볼 수 있는 절호의 기회라고 떠들 것이다.

삼손도 들릴라의 미혹을 받았다. 사랑하게 되었다. 장부는 사랑하는 여인을 위하여는 하늘의 별도 따다 주는 법이다. 들릴라는 블레셋 원로들이 주는 돈을 받고 삼손에게 그 힘의 비결이 뭐냐고 날마다 재촉하였다. 삼손은 그 집요한 날마다 묻는 물음에 죽을 지경이었다.

결국은 삼손이 들릴라의 미혹에 그 거룩한 비밀을 실토하고 말았다. 그 블레셋 천명의 병사들을 때려 눕힌 힘의 비결은 자르지 않은 머리로부터 나온다고 하였다. 힘 빠지는 줄 알았지만 사랑하는 들릴라의 간청에 속수무책 넘어지고 말았다.

나실인이요 모태 신앙인 삼손도 여자에 넘어졌다. 하물며 믿는지 믿지 않는지 잘 모르겠는데 요새 회색 신자들이야 무슨 기대를 할 수 있나 차라리 말을 않는 게 좋을 듯싶다. 음란의 시대 답게 다 음란 해진 군상들이다. 음란에 한 통속이 되어 버렸다. 음녀가 활개치는 말세다. 모든 자가 음녀의 미사여구에 미혹되어 음란 해져 버렸다. 음녀는 짐승 권력가들과 거짓 선지자들을 꼬드겨 세상 모든 자를 음녀의 자식으로 만들고 있다.

마귀는 마귀 자식을 낳는다. 음녀도 음란의 자식을 생산한다. 강물같이 거짓과 이세벨의 교훈으로 교회를 쓸어버리고 있다. 예사롭지 않은 일들이 지구촌을 강타하고 있다.

그런데도 예수님이 평안을 주시니 걱정하지 말라고 설교하고 있다. 하나님이 지켜 주니 예루살렘은 평안하리라고 떠벌렸듯이 말이다. 예수 믿으니 잘 먹고 잘 살자고 평안 하자고 유명한 말씀들을 토해내고 있다.

천국은 맡아 놓은 당상이다. 아무 걱정 말고 평안을 누리라고 권면한다. 빛 좋은 개살구인데 권면이랍시고 늘어 놓고 있다. 참으로 한심한 영적 상태이다. 강대 상에서 폼이나 잡고 내려와서는 음란에 사는 기들이 부끄러운 줄 모르니 한심한 일이다. 음란의 자식들이다.

천국을 맡아 놓은 게 아니라 지옥을 예약한 자들이다. 자기가 갈 곳을 착각하고 있으니 어리석은 자들이다. 천국을 이무니 기는 줄 안다. 자기들이 간다고 하면 가는 줄 아나 보다. 어림없는 일이다. 천국은 거듭난 자만이 가는 거룩한 나라다. 아무나 "썰 좀 푼다"고 가고 안 가는 허접한 곳이 아니다. 음녀에 미혹된 자는 미안하지만 가고 싶어도 어림도 없다. 그들이 갈 영원한 집은 음녀가 마련한 불타는 음란의 지옥일 뿐이다.

정신 차려야 한다. 이는 늘 하는 빈말이 아니다. 생각하고 숙고하고 따져볼 일이다. 백만 금을 줘도 살 수 없는 진리다. 음란은 무서운 중독성이 있다. 한 번 걸리면 빠져나오기 어렵다. 죽어야 나오는 죽음의 늪이다. 그런데 더 큰 문제는 죽고 싶어도 죽을 수 없는 고통만 존재한다는 점이다. 죽을 수 없는 영원한 고통이니 괴롭다. 끊어지지 않고 존속하는 죽음 같은 고통의 지옥이다. 음녀에게 걸려 음란의 죄를 지은 자들이 받을 업보다. 행한대로 받는 게 세상 이치다. 음란죄를 지었으니 음란의 고통을 받는 게 당연한 사실이다.

각성하고 예수님의 도움이 왜 필요한가?

천국 가기 위해서다. 그러기 위해서는 마귀를 이기는 방법을 예수님께로부터 배워야 한다. 그 첫 번째가 예수님 앞에 나아가 겸손히 말씀을 듣는 일이다. 교만 떨지 말고 겸손한 자세로 예수님께 나아가 무릎을 꿇고 천국 말씀을 들어야 한다. 천국을 보고 싶다면 말씀을 듣고 거듭나게 되면 천국이 보이는 법이다. 천국을 가고 싶다면 주님께서 거듭나야 볼 수 있다고 하셨으니 이리저리 헤매며 다니지 말고 마음을 모아 주님의 말씀인 성경을 두렵고 떨리는 심정으로 공부하면 천국이 보이는 법이다. 주님이 앉아계신 주님의 보좌가 보인다.

겸손한 자에게 주시는 예수님의 은혜다. 예수님의 말씀에 순종하는 자가 받는 상급이다. 사람이 복을 받으려면 겸손해야 한다. 주님께서 배우려고 나오는 자는 먼저 주님의 겸손을 배우고 또 배우라고 하셨다. 주님의 겸손은 하나님 우편 보좌에서 땅의 종의 형체를 입기까지 낮아지셨다고 바울은 설파했다.

주님은 온유하고 겸손한 분이다. 주님의 나라를 열망한다면 당연히 주님과 같이 겸손해야 한다. 높은 곳에 올라야 모든 걸 관찰하며 돈과 권력과 행복을 쟁취한다고 세상은 말하지만 진정 행복의 길은 교만에 있지 않고 겸손에 있음을 깨달아야 한다.

낮아졌으니 사람들이 깔보고 천대할 지는 모르지만 예수님만은 오히려 귀히 여기시고 연약하니 품어 안으시는 것이다. 약하니 주님만 바라보는 것이며, 그러니 주님께서 높이시는 것이다. 주님께서 끌어올리시므로 우리가 마귀와 싸울 수 있는 것이고, 물리칠 수 있는 것이다.

마귀의 흉계를 파악하고 마귀의 약점을 쳐야만 승리할 수 있다. 마귀의 약점은 교만이다. 교만해 우쭐거릴 때, 투구를 벗어 약점을 보인 골리앗의 이마에 연약한 소년 다윗의 보잘 것 없는 조약돌이 박혀 쓰러진 것이다.

겸손한 소년 다윗의 용기는 교만한 학식에서 나온 게 아니라 들판 목동이 삶의 현장에서 배운 하나님의 겸손한 싸움법에서 나왔다. 겸손히 주님을 바라보는 자는 반드시 마귀를 물리치고 천국을 소유한다.

마귀를 이기는 길은 돈의 지배를 받지 않고 돈을 지배하는 방법을 배워야 한다. 일만 악의 뿌리인 돈은 세상도 말하기를 모든 자가 돈을 신과 같이 숭배한다고 한다. 신 같은 돈을 다스린다는 일은 웬만해서는 되지 않고 수많은 시행착오와 믿음의 훈련이 필요하다. 좋은 유익은 거저 생기는 게 아니다. 공짜는 약이 아니고 독이다.

돈만 밝히던 세리 마태가 어떻게 착취한 돈의 네 배를 갚겠다고 했는지 조금만 살펴봐도 알 수 있다. 마태는 예수님을 통해 천국을 확신했기 때문이다. 천국의 말씀을 맛보니 가지고 있는 돈보다 몇 배나 귀하다고 믿어졌기에 목숨 같은 돈을 풀 수 있었다.

그렇지 않았다면 어림없는 일이다. 부자 청년같이 율법 준수에 목숨 걸던 사람도 돈 문제에 걸리니 천국을 버리고 근심하며 천국의 주인을 떠나가 버렸다. 돈이 그만큼 무섭다.

그래서, 세상 현자들도 돈을 버는 것도 중요하지만 돈을 어떻게 쓰느냐가 더 중요하다고들 한다. 맞는 말이다. 이보다 더 중요한 것은 '돈을 어떻게 다스리느냐'이다. 돈의 노예가 아니라 돈을 다스리는 삶이 중요하다. 은 삼 십에 예수님을 판 자들이요 은 이십에 동생을 팔아치운 자들이다.

이러한 사람은 윤리 도덕으로는 힘들고 주님의 말씀을 따라 살 때 가능하다. 돈 때문에 얼마나 많은 사람이 쓰러지는 줄 알 수가 없을 정도다. 패가망신하는 경우가 비일비재하다. 돈을 다스린다면 인생의 반은 성공한 것이다.

모든 정신적인 작업까지도 돈으로 그 성과를 측정하려는 후기자본주의 시대에서 돈만 잘 관리할 수 있다면 대단한 삶이다. 이는 인간의 수련으로 이루어지기보다는 예수님의 가르침으로만 가능한 일이다. 왜냐하면, 돈을 마귀가 조종하기 때문이다. 즉, 돈을 다스리려면 돈 마귀를 물리쳐야 가능하기에 그렇다.

돈 마귀의 하수인인 발람이 가는 곳에는 반드시 음란이 따른다. 거짓 선지자 발람이 교훈을 하자 모압 평지에 음란한 대잔치가 벌어졌다. 짙게 화장한 모압 여인들이 사내들을 유혹하는 광란의 음란 향연이 벌어졌다. 수많은 하나님의 사내 백성들이 몰려들었다. 대단한 축제가 펼쳐진 것이다. 발람의 교훈이 있는 곳에는 항상 이세벨의 교훈이 주장한다. 이단 교주의 교훈이 있으면 항상 묘령의 여인들이 따른다. 거짓 복음이 만들어 내는 음란 현상이다.

음란 마귀가 끼어들면 가정은 파탄난다. 하긴 이혼이 뭐 대단한 것도 아닌 세상이 되어 버렸으니 한심한 일이다. 음란한 여인에 미치면 아내도 미워 보이기 마련이다. 개 같이 되어 어미와 교미해도 아무 거리낌이 없는 개 같은 짐승이 되어 버린다.

그러니까 사회 명망가든 촌부든 음란이 씌우면 "윤리 도덕이 대수냐 지금이 어느 시대인데 호랑이 담배 피우던 시절 이야기를 하느냐"고 떠들기 바쁘다. 예나 지금이나 음란은 무서운 마귀의 병기다. 한 번 걸리면 빠져나오기 힘든 올무다. 이 음란의 올무에 걸리지 않는 방법은 요셉같이 도망가는 길이다.

나는 믿음이 있으니까 괜찮다고 생각하면 오산이다. 음란 여인이 꼬드길 때는 인간이 욕망하는 세상 것들이 따라오기 마련이므로 뿌리치기가 쉽지 않다. 무조건 음란 여인이 다가올 때는 줄행랑을 쳐야 한다. 그게 사는 길이다. 그렇지 않으면 믿음의 장부 다윗이라도 자진해서 음란 마귀에 잡히게 된다. 돈 있으면 여자가 끼고 음란 마귀가 틈타게 되어 있다. 넘어가지 않을 장사가 없다.

모태 신앙 삼손도 여지없이 쓰러졌다. 하물며 믿음 같지도 않은 믿음으로, 믿는다 하는 요새 교인쯤이야 음란 마귀가 식은 죽 갖 둘러 먹듯 갖고 놀게 되어 있다. 말세에는 음녀가 하늘 권세를 다 가진 듯 만국의 왕들을 손아귀에 넣고 뒤흔들게 되어 있다. 음녀의 세력이 얼마나 큰 지 세상 모든 권력, 돈 세력을 다 잡고 흔들고 있다. 당할 자 없다.

예수님의 말씀 이외에는 처리할 방도가 없다. 그 위력이 위세가 대단하여 개개인은 티끌에 불과하기에 그렇다. 대통령들이 스캔들 일으키는 뉴스는 애교다. 별별 짐승도 하지 않는 더러운 짓거리들이 지구촌 곳곳에서 버젓이 벌어지고 있다. 소돔과 고모라가 딴 데 있는 게 아니고 바로 자기 손 안에서 일어나고 있다.

그런데도 회개하지 않고 '너희들은 음란한 자들이야'라고 하면서 자기만 깨끗한 척하고 있다. 천벌을 받을 자들이 차고 넘치는 세상이다.

교만하고 돈만 밝히고 음란한 세대가 사는 방법은 오직 예수 앞에 나와 회개하는 길이다. 성령이 교회에 하시는 말씀이다. 죽음의 심판 앞에 설 때 사는 방법은 오직 예수님의 보혈로 깨끗함을 얻어야 한다. 교만 마귀와 돈 마귀와 음란 마귀를 이기는 방법도 예수님의 피 같은 말씀 이외에는 없다.

4. 새 영

생명의 영은 생명을 낳는다. 새 영이 아닌 썩은 영은 생명을 낳을 수 없다. 영혼도 마찬가지이다. 새 영이 새로운 영을 탄생시킨다. 더러운 영은 새 영을 만들어 내지 못한다. 죽은 영혼은 새로운 영을 만들어 내지 못하며 나아가 살아있는 영도 오염시켜 버린다. 맑은 물을 뿌려야 정결하게 되듯 새 영이 우리 마음에 들어와야 새 마음이 생긴다. 더럽고 음란한 영이 들어오면 마음은 금방 더러워진다. 마음은 음란으로 가득 차 버리고 정욕으로 불 타오른다. 순식간에 음란의 종이 되어 버리고 만다.

하나님께서는 모든 자 앞에서 그 이름을 거룩하게 하시고자 하나님의 백성들의 마음에 새 영을 넣으시겠다고 하셨다. 하나님의 백성들이 있는 이스라엘이 바벨론 포로나 되고, 그 이름이 조롱이나 받고 하는 것을 보시고 회개하게 하시고 그 마음에 새 영을 넣으시겠다고 하셨다. 새 영을 불어 넣으시므로 하나님의 백성들을 하나님께서 버리지 않으시고 사랑하고 계심을 보이고자 하셨다.

이 말세에도 그렇다. 패역하고 교만하기 이를 데 없는 소돔과 고모라 같은 자들 앞에서 예수님을 따르는 자들을 불쌍히 여기시고 성령을 보내사 더럽혀진 영들을 새롭게 하신다. 상하고 악해진 영혼을 성령의 새 영을 받으므로 새 마음을 거듭난 영이 되게 하신다.

하나님의 영 즉, 성령의 역사를 통해 음란해진 영이 정결해진다. 더러워진 옷을 맑은 물로 깨끗하게 빨래 하듯 혼탁해진 영혼을 성령으로 거듭나게 하시고 정결하게 하신다. 성령이 아니고는 완악하고 패역한 영혼을 정결케 할 방도가 없다. 더럽혀진 채로 지옥 불구덩이에 떨어지는 것이다.

노아 홍수 때 그리도 많던 자들이 한꺼번에 수장되고 말았듯이 말세 때, 심판 때 지옥에 떨어지게 된다. 살아남을 자가 없다. 이를 불쌍히 여기시고 아들 예수님의 간청으로 마지막 때 성령을 보내시는 바 지금이 이 때다.

우리의 영혼이 새 영이 될 때이다. '새 영이 된다'는 의미는 그 마음이 선한 양심을 갖는다는 뜻이다. 마음의 양심이 화인 맞아 악해진 세상이다, 양심은 악해질대로 악해져 선을 구하는 양심이 하나도 없는 세상이 되었다. 자기 소욕 추구하기에 바빠서 하나님을 찾는 자가 하나도 없다.

온통 흙탕물이 모두 인간의 생각을 뒤덮고 있다. 교만한 생각, 음란한 생각 과 욕심에 가득한 생각들로 하루하루가 바쁘다. 온갖 악한 생각들로 밤새는 줄 모른다. 거룩한 영혼이 육체가 되었기에 그렇다.

이러한 말세에 주님께서 그 자녀들을 불쌍히 여기시고 새 영을 불어넣으시겠다고 했다. 성령을 강같이 그 자녀들에게 넘치게 하사 하나님의 이름이 거룩하심을 드러내신다. 그 방법이 각 성도들 영에 새 영을 보내시는 일이다. 새 영을 받아야 거듭나게 된다. 성령은 더러운 영이 말씀을 따라 회개할 때 거듭나게 하신다.

예수님께서 제자들에게 숨을 불으시며 "성령을 받으라" 하신 이유이다. 성령이 아니고는 악해질대로 사악해진 음란한 영을 깨끗하게 할 길이 없다.

말세 인간들이 하는 짓을 보면 가관이다. 교회에서 들리는 추문은 대수가 아니다. 너무 흔해져 버렸다. 전부 돈과 섹스에 취해 제 정신이 아니다. 돈 마귀, 음란 마귀가 전 세계를 미치게 하고 있다. 날마다 정신없이 공격하는 바람에 모든 자가 비틀거리고 있다. 환각 상태에서 자기가 무슨 말을 하고 있는지도 모르고 떠들고 있다. 평안하고 안전하다고 한다.

인간의 기술과 문명은 찬란하여 바벨탑 이상이라고 주장하고 있다. 하나님 대신 그리스 신들이 사람들의 정신을 선도하고 있다. 스스로 하나님이 필요 없다고 한다. 하나님은 귀찮은 존재가 되어 버린 지 오래다. 하나님 없어도 잘 먹고 잘 살고 있으니 지나간 레코드는 틀지 말라고 한다. 흘러간 물로는 방아를 돌릴 수 없다고 교만을 떤다. 죽기 전의 골리앗 같다.

악한 영이 공중 권세를 잡고 세상을 뒤흔들고 있다. 교만의 이 악한 영은 모든 자를 꼬드겨 한 가지로 바벨탑 문명을 쌓아 올리고 있다. 하나님을 믿지 않는 자들의 영혼을 혼미하게 하여 죄악에 빠뜨리고 있다. 세상의 신이 되어 한 사람이라도 더 지옥의 백성을 삼고자 광분하고 있다.

지옥의 마귀의 영인 악한 영은 그 기교한 마수를 뻗어 현대의 그 잘난 인간들을 부추기며 기고만장해 예수를 죽이는데 몰두하고 있다.

사울이 다윗을 미워하다가 **결국**, 악한 영이 들어와서는 다윗을 죽이고자 혈안이 되어 미쳐갔듯이 현대인들이 제 정신이 아니다. 어디가 길인지도 모르면서 남이 가니까 나도 간다는 식으로 지옥문을 향해 달려가고 있다. 죽는지도 모르고 말이다.

악한 영은 마귀가 보낸 영으로 처음부터 미혹해 밥으로 삼고자 작정하고 달려들고 있다. 한 번 미혹의 영에 걸리면 마수에서 빠져나오지 못하고 패가망신 당해야 끝난다. 타락한 마귀의 영은 그 본질 자체가 거짓 임으로 고단수의 거짓말로 사람들을 유혹해 자신의 하수인으로 종속화 시켜 버린다. 무서운 존재다.

사람들이 교만하여 모를 뿐이다. 악한 영은 사람들을 미혹해 깊은 수렁으로 밀어 던지므로 인간은 어떤 소리도 내지 못하고 정신이 혼돈해져 버리고 만다. 한 번 미혹되고 말면 무슨 선한 소리도 들리지 않는다. 목숨을 다해 거짓에 복종하게 되는 것이다.

무신론 공산주의 이념에 빠진 자들을 보면 쉽게 알 수 있다. 레닌이 마르크스가 무슨 신 인양 떠받들고 산다. 사는 목적이 '하나님이 없다'고 주야장천 떠드는 일이었다. 한심하다 못해 불쌍해 보이기까지 하다. 그 끝은 지옥인데 말이다. 심한 말로 지옥에 못가서 안달이 난 것 같은 것이다. 악령은 고수이기 때문에 인간 이성으로는 파악하기 힘들다. 악한 영의 주인인 마귀는 단수가 높아 인간을 뛰어넘는다.

하나님이 처음에 창조하신 세계가 질서를 잡았을 때부터 혼돈케 했다. 하나님께서 창조의 거룩한 조화를 이루어 나가실 때 악령은 혼돈하게 흔들어 처음부터 거짓말로 세상을 혼미하게 했다.

마지막 때가 가까울수록 마귀는 광란의 춤을 추며 세상 모든 자를 삼켜 먹고자 애쓰고 있다. 붉은 용이, 열 뿔 달린 짐승이 거짓 선지자들을 다 총동원시켜 세상 전체를 집어 삼키고 있다. 이에 당해낼 자가 없을 정도다. 혼돈의 어둠 속에서 인간들은 먹고 마시고 장가들고 시집간다고 난리다. 자신의 미래는 안락하고 평안하다고 주장하고 있다. 아무런 마지막 심판의 경고가 들릴 리가 만무하다. 시끄러운 거짓의 소음으로 진실한 말은 들리지 않는다.

바벨론 포로로 잡혀가는 날이 가까워졌는데도 예레미야 선지자의 외침이 공허한 소리같이 되었던 것과 같다. 악한 영이 사람들의 영혼을 뒤덮고 있으니 눈에 콩깍지가 씌이면 상대방의 거짓이 보이지 않는 것과 같다.

죽음의 심판이 가까이 왔다는 말이 오히려 짜증스러울 뿐이다. 먹고 마시고 흥청망청 사는 게 차라리 낫다고 판단한다. 내일 죽더라도 먹고 죽자는 식이다. 먹고 죽은 귀신이 더 때깔이 나는 법이라고 떠들고 있다. 죽을 줄 모르고 말이다. 악마가 쳐 놓은 덫에 단단히 걸린 상태다. 안타까운 일이다. 이 죽음의 덫에서 벗어나려고 해도 모자를 판인데 아예 무시하고 있으니 기가 막힐 뿐이다. 마귀의 영에게 눌려 벗어나지 못하고 있다.

선을 악하다 하고 악을 선하다 해도 박수를 치며 거짓 선지자를 따라가는 형편이다. 거짓의 영에 완전히 사로잡혀 참을 거짓이라 하고 거짓을 참이라 해도 '옳소'하는 세상이다.

이게 미친 세상이다. 세상이란 바로 나 자신을 말함이다. 나 자신이 거짓의 영에 감염되어 모두가 거짓을 참으로 믿는 세상이 되었음을 입증한다. 악한 영이 판을 치고 있으니 일어나는 현상이다. 참은 필요 없다.

거짓이든 참이든 중요치 않다. 다수가 참이라 하는 게 더 중요하다. 모두가 찬성하면 지옥이라도 좋은 세상이다. 다수가 의결했으니 죽으나 사나 다 함께 하는 것이니 문제없다. 나만 손해 볼 일은 없다. 나만 손해를 보면 문제지만 모두가 손해를 본다면 문제될 게 없다는 식이다.

선이건 진실이건 악이든 거짓이든 너도 나도 하나면 되는 세상이다. 그러한 '나'이다. 나 하나가 중요한 게 아니고 너도 나도 인정하면 그게 다라는 태도이다. 악한 영이 씌워진 결과이다. 악한 영이 지배하는 사회다. 썩어도 하도 썩어서 고칠 수가 없게 되었다.

악령이 완전히 장악한 세상이다. 의인은 없나니 하나도 없다. 모두가 한결같이 악령의 지배 하에 놓여 있다. 하나가 되어 돈과 섹스와 세속 가치를 얻기 위해 전 생애를 바치고 있다. 미래를 준비해 잘 살려고 하는 미명 하에 자신의 상황을 변명하고 있다. 노아 심판 때의 모습을 재연하고 있는데도 그런 게 아니라고 항변하고 있다. 시대가 한참 지났기에 지금은 모든 것을 예측하고 대비하고 있다 한다. 불 심판이니 종말이라는 말도 안 되는 얘기는 정신 나간 기독신자들의 망상이라고 거칠게 몰아친다.

머리는 비상하게 발달되어 우주 만상을 다 본다고 한다. 그러나 이야말로 하나님의 생각과 사람의 생각이 하늘과 땅만큼이나 다른 것을 간과한 착오다.

개가 어찌 주인의 마음을 알겠는가!

단지 먹을 것을 주니 따를 뿐이다. 천지만물을 창조하신 하나님을 인정하지 않으니 하나님을 알 수도 없고 만나보지도 못할 뿐이다. 그러니 마귀가 활개치며 세상을 거대한 어둠의 공동묘지화시키고 있다. 한꺼번에 다 잡아먹겠다는 야욕을 드러내고 있다.

살 수 있는 유일한 길은 새 영이 불어야 한다. 새로운 영이 들어와야 한다. 맑은 물로 썩은 때를 깨끗하게 하듯 새로운 영으로 더러워진 영을 쫓아내야 한다. 완고하고 패역해진 영혼을 부드럽고 정결한 영으로 만들기 위해서는 새 영의 바람이 불어야 한다. 새 영이 불어와야 딱딱해진 마음이 옥토같이 되어 생명의 씨를 뿌릴 수 있게 된다.

예수님의 영을 불어 혼탁해진 마음을 부드럽게 해야 한다. 그래야 혼미하던 영혼이 거듭날 수 있게 되는 것이다. 악령이 가득 찬 영혼으로는 거듭남이란 기대할 수가 없다.

예수님의 겸손한 영으로 교만한 마음을 내버리고 거듭나는 길로 나아갈 수가 있다. 교만한 마음은 거짓에서 온다. 예수님의 영이 와야 부드러운 마음이 되어 거듭나게 된다. 부드러워질 때 선한 양심을 회복하게 된다. 선한 양심을 회복해 거듭나야 살길이 열린다.

더러워진 혼을 물로 씻어 깨끗하게 하듯 새 혼으로 변화시켜야 한다. 썩은 냄새 나는 영을 새 영으로 향기나게 해야 한다. 살리는 것은 성령이시다. 성령이 역사해야 새 영이 불 수 있다. 새로운 마음으로 이 막다른 골목에 처한 세상을 관찰할 수 있다.

어찌 보면 신앙도 싸움의 연속이다. 계속해서 우는 사자 같이 달려드는 마귀의 공격에 어떻게 대처하느냐에 따라 이길 수도 있고 질 수도 있는 매 순간 숨막히는 싸움의 연속이다. 인간의 원조는 처음부터 마귀와의 전투에서 졌다고 말할 수 있다. 그 결과가 바로 생로병사다.

소크라테스는 사람이다. 모든 사람은 죽는다. 그러므로 소크라테스도, 나도 죽는다. 변하지 않는 삼단논법의 원리다. 죽지 않고 사는 방법이 있다. 생명나무의 열매를 먹으면 된다.

그런데 먹을 수 없는 이유는 그 길목에 화영검 즉, 불 칼이 돌며 막고 있다는 점이다. 불칼은 사람의 접근이 불가능하도록 맹렬히 돌며 접근을 차단하고 있다. 불칼의 위력은 요사이로 치면 핵폭탄급이다. 길목을 지키는 형사가 든 칼이 아니다. 접근하면 타버려 죽는 메가톤급 위력이다. 그 어떤 인간이 만든 가공물로는 뚫을 수 없는 천상의 칼이다.

오직 하나, 이 불칼을 이길 수 있는 게 있는데 바로 성령의 불칼이다. 성령의 검으로 만이 화염검을 뚫고 생명나무로 나갈 수 있다. 이는 사람의 지력으로 되는 게 아니라 성령의 힘으로만 가능한 일이다.

예수님이 주실 때 가능한 성령의 검이다. 예수님 이외에 이 검을 가질 방법은 없다. 성령의 검을 받아 사용하는 길이 생명나무의 열매를 먹고 영생하는 방법이다. 이 영생이 죽지 않고 사는 길이다. 사람이 죽음을 맛보지 않고 사는 유일한 방도다. 이를 위해 성경이 우리 앞에 놓여졌다. 성경을 읽고 듣고 유일하신 참 하나님과 그가 보내신 아들을 아는 것이 생명나무의 열매를 먹는 것이다.

　이 믿음의 싸움을 야곱은 실례로 우리가 이해할 수 있도록 보여 주었다. 에서의 수백 개의 죽음의 칼들이 번쩍이는 얍복강 앞에서 야곱은 밤새도록 기도하였다. 공포의 칼날을 피해 살기 위하여 야곱은 하나님의 사자와 싸웠다. 필사의 싸움을 지속하였다. 환도뼈가 부러질 정도로 야곱은 피땀 흘려 사자와 싸워 마침내 이겼다.

　그 결과 야곱은 새 이름을 받았는데 이스라엘 즉, 하나님이 사자와 겨루어 이겼다는 이름을 얻었다. 천사와 싸운 야곱이다. 믿음의 기도로 생명나무의 길을 뚫고 나아가 생명의 열매를 먹었다. 생명의 진검승부에서 이긴 야곱이다. 세상의 방법이 아니라 하나님께서 허락하신 믿음의 기도로 살길을 성취하였다.

　살길을 찾아야 한다. 그 살길은 바로 하나님의 영의 새 영을 갖는 일이다. 마음에 영적 할례를 받아 더러워진 것들을 몰아 내고 내 영으로 충만해져야 한다.

　사람의 계명으로는 한계가 있다. 아니 전적으로 무익하다. 오히려 제 무덤만 팔 뿐이다. 새 영으로 우리의 혼탁해진 영혼의 쓴 뿌리들을 다 치우고 새로운 눈으로 하늘을 응시해야 한다. 이러한 자각이 성령의 바람을 불러오는 시작점이다.

　하나님이 하는 말씀을 들어야 한다. 말씀을 깨닫는다는 일이 바로 하나님의 말씀을 깊이 상고할 때 하나님이 함께하심을 인지하며 내 마음 속에 자각하게 하는 하나님의 영의 음성을 듣는 것이다. 이러할 때 하나님의 말씀을 사람의 교훈이 아니라 하나님의 살아있는 계명으로 듣고 지키게 되는 것이다.

태어날 시부터 아무것도 보지 못하던 소경이 예수님의 말씀을 듣자 모든 사물을 보았던 것처럼 새 영이 우리 영혼을 비추면 모든 영적 세계를 보게 된다. 기적같이 말이다. 이는 사람으로 되는 게 아니라 전능하신 하나님으로부터 오는 신적 은혜이다. 똑똑한 현대인들은 믿지 않겠지만 말이다. 소돔의 똑똑한 지성인들은 롯을 찾아온 천사들이 예언한 불 심판을 농담으로 여겼 듯이 말이다.

마른 하늘에 무슨 불이 내려온다고 미친 소리라고 단언했듯 이 찬란한 과학문명시대에 무슨 헛소리 하냐고 희희낙락하고 있다. 하나님을 세상 법정에 고소하는 시대니 무엇을 기대했겠느냐마는 해도 너무 어이없는 헛똑똑이들이다. 하나만 알고 둘은 모르는 소치다.

하나님의 영의 만짐을 경험해 보지 못한 자들에게 거듭나는 역사를 체험할 수 있도록 자세히 말씀을 증거함이 중요하다. 그래야 모두가 살 수 있기에 그렇다.

하나님께서 주시는 새 영을 입음으로 강퍅했던 마음이 부드러워져서 예수님의 말씀을 청종할 수가 있다. 돌같이 굳어진 마음이 경작할 수 있는 옥토로 변모된다.

새 영은 하나님이 주는 하나님의 영이다. 하나님께서 허락하시는 영만이 말씀을 분별할 수가 있다. 시공간을 초월하시는 하나님만이 해 같이 날마다 새 영을 분출하실 수 있다. 태양이 스스로 빛을 산출하듯이 하나님만이 거룩한 새 영을 보내 시사 우리로 하여금 새롭게 할 수 있다.

다른 영은 다 악한 영들이다. 믿을 수 없는 거짓 영들이다. 오늘날 만연해 있는 악한 영들이다. 믿을 수 없는 아니 지옥으로 끌고 가는 미혹의 영이다. 하나님께로부터 오는 새 영으로 살 수 있고 거듭나는 것이다.

예수님께서 지상에 계실 때 제자들에게 숨을 불어넣으시며 성령을 받으라고 하신 새 영이다. 의기소침에 있던 제자들을 살리고 일어나 전진하게 하신 주님의 영이다. 오늘날 말세 교회에 주시는 성령이 교회들에게 하시는 말씀이다.

소경이 되고 벙어리가 되어버린 종말 교회를 향하여 주시는 말씀이다. 주님의 경건한 파수꾼들에게 쥬 예수님의 영의 말씀이다. 새 영을 우리 속에 두시며 새 마음을 주사 우리의 영혼이 중심으로 듣고 일어서게 하신다.

거듭난 마음으로 분별하여 죽음을 불사하고 떨쳐 일어나 마귀와 마지막 싸움에서 성령의 검으로 승리하게 하신다.

5. 생기

사람이 생기가 없으면 죽은 거나 마찬가지다. 힘이 없어지고 나중에는 숨이 멈춘다. 생기는 살아감에 있어 가장 중요한 요소다.

하나님께서도 이를 잘 아시므로 아담을 만들 때도 두 가지 과정으로 만드셨다. 처음에는 흙으로 빚으셨다. 나중에는 그 코에 생기를 불어넣으셨다. 흙으로 외모를 만드시고 움직일 수 있도록 숨을 불어넣어 주셨다. 사람의 외형과 속 중심을 잡아 주셨다. 흙에 불과한 사람이 생기가 들어감으로 사람 구실을 하게 되었다. 흙의 티끌에 불과했던 존재가 하나님의 형상을 닮아갈 수 있는 귀한 존재가 되었다.

겉은 흙에 불과하지만 속은 하나님을 닮아 갈 수 있는 거룩한 존재가 되었다. 개나 소와 별반 다르지 않은 육체에 불과한 존재가 하늘의 거룩한 영혼의 존재로 변화되는 길이 열렸다.

세상은 목소리 큰 자가 이기는 구조다. 가장 공평해야 할 법정도 돈 많은 자가 일류변호사를 쓰면 이긴다. 작은 자는 패할 수밖에 없는 사회가 민주자유사회다. 큰 자가 이긴다. 많은 사람들이 크게 되려고 애쓰는 이유다. 꼴등의 의견보다는 일등의 주장이 더 잘 먹힌다. 너나 할 것 없이 이기려고 소리소리를 지른다. 정글같이 큰 자가 강한 자만이 살아남는다. 약한 자들은 도태된다. 힘이 없으면 잡혀 먹힌다. 세상에서는 커야 살아남을 수 있다. 모두가 크게 되려는 이유다.

힘없는 자들은 현대 사회에서는 자동차의 한 부품에 지나지 않는다. 없으면 새 부품으로 대체해 버리면 그만이다. 낡으면 바꾸면 된다. 없으면 새 것을 사서 바꾸면 된다. 꼭 필요한 게 아니라는 말이다.

사람이 사회에서 필요한 존재가 아님을 느낄 경우 극심한 외로움이 온다. 나중에는 자포자기하는 지경에 이를 수도 있다. 늙어 필요 없게 되거나 아파서 아무데도 쓰일 데가 없으면 더욱 그렇다. 세상 살아가는 가치를 상실하게 된다.

생기를 잃어버리는 경우 사람은 의기소침하게 된다. 기운을 상실한다. 살아갈 의미를 잃어버리게 된다. 기운이 떨어지면 아무것도 하고 싶지 않고 삶의 의욕이 떨어지고 만다. 살아가는 목적을 잃게 되고 만다. 생기가 없는 자들을 향하여 에스겔은 마른 뼈들이라 하였다. 살도 없고 힘줄도 없어 죽은 것이나 마찬가지인 자들을 마른 뼈라 묘사하였다.

한심하게 나라도 지키지 못해 포로가 된 신세에 처한 시온의 백성이라 잘난 체하던 자칭 선민 이스라엘 백성을 말하였다. 죽음의 골짜기에 가득 가득 차 있는 게 마른 뼈들이었다. 길을 가다 걸어차이는 게 죽음의 골짜기의 마른 뼈들이었다.

　오늘날 하나님을 고소나 하는 잘난 체하는 군상들과 별반 다를 게 없다. 마른 뼈, 쉽게 말해 개 뼈다귀이다. 아무데도 쓸데없는 존재라는 뜻이다. 처음에 만들어질 때의 모습인 티끌에 불과한 존재가 되었다는 말이다. 아무도 거들 떠 보지도 않고 관심 두지 않는 티끌 말이다. 그 잘난 체하며 목소리를 높여 소리소리 지르던 자들은 어디 가고 길가에 버려진 뼈다귀가 되고 말았다. 발에 차이는 귀찮은 뼈다귀가 되고 말았다.

　하나님을 우습게 여기며 바알을 따라갔던 자들의 말로를 가감 없이 보여준 죽음 골짜기의 뼈다귀들이다. 속도 텅텅 비어서 사골로 끓일 수도 없어 한 푼어치의 값도 나가지 않는 티끌에 불과한 존재가 되었다.

　말세를 향해 달리는 이 세상에 윤리 도덕은 이미 땅에 떨어졌다. 윤리 도덕은 바라지도 않고 미풍양속이라도 지키면 좋겠지만 이것마저도 싸구려 말초적 이미지들로 대체되어 버렸다. 양식 있는 사람들은 개탄한다. 다 된 세상이라고 말이다. 사람을 살리는 생기는 사라진 지 오래고 사람들의 영혼을 죽이는 음기만 난무하고 있다.

　마귀는 제 세상을 만난 듯 죽음의 음기를 끝없이 품어내고 있다. 영혼을 죽이는 음란한 냉기를 온통 뿌려대고 있다. 모두가 마귀의 사상에 마취되어 광란의 냉기를 품어내고 있다.

　남자가 남자가 아니다. 여자가 여자가 아니다. 남자 여자의 성이 52가지나 되는 세상에 살고 있다. 여자인 남자 남자인 여자가 있다. 남자가 여자로 변해가든가 여자가 남자로 변해가는 사람도 있다. 여자가 남자로 그러다가 여자로 변하는 괴상한 성도 있다.

　일곱 머리 열 뿔 짐승을 닮아가는 중이다. 요상한 짓거리들이 아무것도 아닌 양 자행되는 시절이다. 스스럼없이 인권 자유라는 미명 아래 스스럼없이 만들어 내고 있다. 별의별 일들이 양산되고 있다. 온통 고아와 과부로만 세상이 채워지고 있다.

아버지 없는 고아들이 거리를 활보하고 있다. 스스로 아버지를 버리고 자유롭게 살기 위해서 그랬단다. 간섭하는 꼴통 아버지가 없어야 자유롭게 창의성을 발휘할 수 있단다. 돈줄을 꽉 쥐고 있는 아버지의 경제권을 뺏어야 더 큰 이익을 낼 수 있다고 한다. 보다 자유롭게 경제활동을 해야 더 큰 부를 창출할 수 있다는 것이다.

탕자는 자기 몫이라며 아버지의 재산을 앞당겨 챙기어 집을 나가 버렸다. 보다 큰 부자가 되겠다는 야망을 가지고 말이다. 문제는 망했으니 탈이다. 돼지우리에서 쥐엄 열매를 먹는 신세가 되었다. 아버지를 버린 자칭 고아가 되어 버렸다.

오늘날 현대인들이 이와 같다. 하나님 아버지를 스스로 버리고 자립하겠다는 미명 하에 파라다이스를 건설한다고 하는데 삶은 더욱 더 피곤하고 소망은 사라지니 안타까운 일이다. 아버지의 간섭을 받지 않겠다고 아버지를 떠났는데 마귀의 말을 듣게 된 게 비극이다.

마귀가 아버지가 되어 탕자를 거지로 만들어 버렸다. 주색잡기로 모든 재산을 탕진하고 겨우 목숨만 부지했는데 돼지 우리 간 신세가 되고 말았다. 아버지의 참된 말씀을 듣지 않고 스스로 마귀의 거짓말을 좇게 된 결과가 되었다.

하나님 아버지의 음성을 거절하고 최고의 학식을 추구하는 똑똑한 현대인들의 신세도 마찬가지다. 물질은 많아지는 것 같은데 더 기막힌 범죄만 늘어 가고 인간들은 만족하지 못하고 서로를 못 잡아먹어 난리다. 서로 미위하고 쌍욕을 해댄다. 제멋대로 자란 고아와 같다. 버릇없는 고아와 결혼하지 않으려는 이유다. 부모의 사랑을 받아 보지 못한 고아는 외로움과 버려졌다는 자괴감으로 사회를 정상적으로 보지 않는다. 다 그렇다는 게 아니라 대부분 고아를 기피하는 까닭이다.

하나님 말씀을 버린 인생들이 오늘날 보여 주는 이상한 병리 현상들이다. 겪어보지 못한 괴상한 현대 현상들을 보고도 깨닫지 못하니 걱정이다. 말기 현상들 말이다. 하늘의 하나님 아버지를 버린 결과인데 아버지께 들어갈 생각은 전혀 하지 않는다. 오히려 자신이 해결하겠다고 웅덩이를 더 깊이 파고 있는데 어려움이 더 큰 이유는 터진 웅덩이이기 때문이다.

수고는 하고 피땀 흘린다고 아우성인데 터져 버려 저축이 안되니 파는 게 헛수고가 되고 마니 문제다. 아버지를 떠난 탕자 스스로 고아가 되었기에 그렇다.

한편으론 과부들이 넘쳐나고 있다. 남편을 떠나 새 남편을 찾는다고 하는데 입맛에 맞는 남편 찾기가 하늘에 별 따기보다 힘드니 문제다. 할 수 없이 살고 있는 남자는 남편이 아니고 언제든 헤어질 수 있는 기둥사내니 안정감이 없다. 참 남편이신 하나님을 떠나 이 남자 저 남자 품에 안겨 보았으나 가지고 있던 돈은 다 써 버리고 몸도 늙어 가니 앞날이 걱정이다.

참 남편이신 하나님을 버리고 제멋대로 살아가는 현대인들의 모습이다. 참 행복과 기쁨은 온데 간데없고 기둥서방의 폭력에 시달리고 자기가 벌여 먹이는 딱한 처지가 되고 말았다. 남편을 버리고 도망친 결과다. 따스하고 정겹던 남편의 품을 떠난 과부의 한탄이 절로 나오는 모습이다.

하나님의 거룩한 말씀을 떠나 기둥서방의 천한 속임수에 빠진 과부의 신세한탄이다. 하나님의 영생의 행복한 말씀을 버리고 기둥서방을 따라간

과부의 현재 모습이다. 하나님을 믿는다고 하지만 율법적 행위에 매몰된 자들이다. 참 남편 되시는 하나님의 참 사랑을 체험하지 못하고 율법에 매어 있는 사람들을 말한다.

노처녀들도 넘쳐나고 있다. 잔소리하는 신랑이 싫다고 결혼 안하고 혼자 살겠다고 했으나 막상 나이가 드니 짝을 못 찾아 안달이다. 공동묘지에 가면 "핑계 없는 무덤 없다"는 속담이 있다. 신랑 되시는 예수님을 우습게 알고 시집을 안 가다 나이가 드니 신랑을 찾는데, 실속 있는 총각들은 노처녀에게 장가들지 않아 시집 못 가 울상이다.

그렇게 오라고 오기만 하면 금 방석에 앉혀 주겠다고 했을 때 오지 콧대만 세우고 거절하다가 아무도 거들떠 보지 않는 노처녀가 되고 말았다. 얼굴도 늙어버리고 돈도 없는 노처녀에게는 아무도 장가들지 않으니 울고 있는 것이다. 예수님은 믿는다고 했지만 종교 행위로 믿는 자들을 일컬음이다. 성전 뜰만 밟고 다니는 자들이다.

생기는 없고 피골이 상접된 자들로 현대 거리는 넘실거리고 있다. 겉은 살기가 넘치고 속은 정욕으로 가득 찬 세상이다. 고아와 과부들의 광기로 넘쳐나고 있다. 고아와 과부는 배고프고 외롭다.

노처녀는 결혼 한 번 해 보지 못하고 늙어 가나 걱정만 하니 불안하다. 온통 거리는 세상이 끝나 가는 것 아니냐며 설왕설래하고 있다. 어디 가서 만족할까 하고 여기저기 두리번거리나 마땅한 게 없다. 하나님은 존재하지 않는 거라며 똑똑한 척한다. 고급 사상이라며 보이지 않는 하나님에 대해서 논하는 것은 무의미하며 시간 낭비라고 훈수 둔다.

사실을 논하는 자기들끼리 서로 말하는 게 다르다. 무의식의 세계가 의식하는 부분보다 더 크니 연구해야 한다고 하는데도 눈에 하나님은 보이지 않으니 논하지 말라고 한다.

그러니 하나님의 아들이 왔다고 하여도 믿지 않는다. 하나님의 아들이라는 건 예수 자기 말에 불과하고 눈에 보이지 않는 하나님의 아들은 볼 수 없는 것이란다. 자기 이름 높이는 데만 욕심이 가득 차서 보지 못할 뿐인데도 이는 인정하지 않는다. 생각하고 궁구한다고 피골이 상접할 대로 생각하지만 전제가 잘못되었으므로 아무런 좋은 해답은 나오지 않는다. 헛된 망상 뿐이다. 생기는 없고 피곤한 논쟁 뿐이다.

고아는 아버지를 만나야 기쁨이 있다. 과부는 남편을 만나야 살 기분이 든다. 노처녀는 신랑을 만나야 삶의 생기기 도는 법이다. 하나님 없다는 사상에 물들어 헤매는 고아는 하나님 아버지를 만나야 평안을 누린다.

삶에 생기가 돌게 된다. 생기를 얻는 방법은 하나님의 말씀을 들으면 된다. 큰 돈 들 쓸 이유도 없다. 주의를 기울여 듣다 보면 생기의 바람을 느끼게 된다. 아버지가 부르는 음성을 듣게 된다. 탕자가 그저 아버지 집의 품꾼만 되어도 감지 덕분이라 생각하여 돌아왔지만 놀랍게도 아들의 신분을 회복하고 금가락지를 끼었다.

하나님 앞에 나가기만 하면 된다. 돈을 싸서 집문서를 들고 갈 필요가 없다. 그저 하나님 말씀을 듣고자 하나님 앞에 나가면 고아 신세를 면하게 된다. 바람이 불어와 시원함을 느끼고 살 용기를 얻듯이 영혼의 생기를 체험하게 된다. 살아나는 것이다.

과부도 남편을 만나야 생기가 도는 법이다. 남편 없던 사마리아 여인이 하나님의 아들을 만나자 생기가 솟아 사람을 피해 다니던 자리에서 일어나 사람들에게 하나님의 아들을 만났다고 외치기 시작했다. 남편을 떠나 방황하던 바람나 헤매던 고멜도 끝내는 남편의 품에 안기었을 때 휴식을 취했다. 고멜의 피곤하고 지쳤던 영혼이 남편의 사랑을 느꼈을 때에 쉼을 얻을 수 있었다.

오늘날 이기적이고 자기 밖에는 모르는 현대인들은 고독하고 피곤하다. 치유 한다고 이것저것 다 해 보지만 소용이 없다. 육신과 영혼을 더 피곤하게 할 따름이다.

남편 되시는 하나님의 품에 안겨야 만족함을 얻는다. 남편의 손을 잡아야 물에 빠지지 않는다. 남편이 없으면 팥소 없는 찐빵에 불과하다. 남편이 있어야 한다. 과부에게 남편이 절대적이다. 하나님께서는 자기 백성들을 향하여 내가 너희 남편이라 하신 이유이다. 남편이 없으면 독수공방할 수밖에 없다.

하긴 요사이엔 데이트하러 가지만 말이다. 그렇다고 불만족이 다 해결되지는 않는다. 오히려 더 외롭고 쓸쓸할 뿐이다. 과부의 상한 심정을 달래 주고 충분한 음식과 거처를 제공하는 남편이 있을 때 과부는 안식을 누리게 된다.

여자는 밥보다 사랑이 있어야 산다고 한다. 사랑 중에서도 남편의 사랑을 갈망한다. 남편의 거짓 없는 사랑을 받을 때 과부는 다시 살아나는 것이다. 죽음의 고통에서 벗어나 인생의 환희를 만끽하게 된다. 과부는 참 남편 되시는 하나님의 음성을 들을 때에야 비로소 살아나게 되는 것이다.

노처녀가 신나는 일은 신랑을 얻는 일이다. 나이만 들어가는 자신을 보면 한숨만 나올 뿐이다. 거울을 보고 있자면 주름은 늘어나고 예쁜 얼굴은 삭아져 가기만 하니 처량할 따름이다. 더욱 신랑을 그리워할 수밖에 없다.

다 도둑놈들이라 아무나 하고 결혼할 수는 없다. 제대로 된 신랑을 골라야 하는데 눈 씻고 봐도 만족할 남자는 보이지 않으니 괴로울 따름이다.

남자는 많은데 결혼할 만한 상대가 없으니 답답하다.

고아는 사는 게 사는 게 아니다. 부모가 없기 때문이다. 과부도 사는 게 억지로 사는 거다. 참 남편의 평안한 품이 없기에 그렇다. 노처녀도 사는 게 속절없이 늙어가니 안달일 뿐이다. 참 신랑을 만나지 못했기에 그렇다. 현대인들의 모습이다. 참 만족이 없으니 마른 뼈같이 거닐 뿐이다. 겉은 바쁘고 할 일이 많아 분주한 것 같은데 속은 허하다, 공허하다.

노아 시절 사람들은 먹고 마시고 즐기기에 바빴다. 노아가 홍수를 밀릴 때 늙은이가 곱게 미치지 하며 조롱했다. 마른 하늘에 무슨 홍수냐고 헛소리한다고 놀렸다.

오늘날도 마찬가지다. 우리가 무슨 마른 뼈 같으냐고 웃는다. 살이 포동포동 쪄 다이어트 하기 바쁜데 살이 하나도 없는 마른 뼈라니 정신 나간 소리한다고 거들 떠 보지도 않는다. 영혼은 다 죽어가는데도 관심이 없고 빌딩에 빌딩 짓기 바쁘다. 돈방석 위에 앉아 죽기를 소망한다.

이 세상 전체가 마른 뼈들이다. 영혼이 공허하고 허무하고 그러니 허한 속을 채워보려고 광기가 난무한다. 모두가 미쳐 날뛰는 아수라장이다. 참 생기는 없고 죽음의 기운이 꽉 차있다. 독 오른 냉기가 차고 넘쳐 흐른다. 악한 종자들이다. 극상품 포도가 아니라 써서 먹을 수 없는 들 포도이다. 귀한 열매가 아니라 못 먹을 썩은 쭉정이들이다.

죽어가는 이들을 살리는 길은 생기가 부는 일이다. 하나님께서 불쌍히 여기시고 예수님의 숨을 불어넣어 살리는 방법 이외는 없다. 그나마 숨가빠 헐떡이는 자들을 불쌍히 여기시고 아들의 사람을 베푸실 때 생기는 부는 것이다.

고아에게 하나님 아버지의 생기가 불어야 살 수 있다. 과부에게 남편의 생기가 불어야 활력을 얻는다. 노처녀에게는 신랑의 생기가 절대 필요하다. 죽어가는 탕자에게 아버지가 잔치를 베풀어 준 것과 같이 예수님께서 성령의 생기를 허락하시면 살 수 있다. 살리는 것은 영이라 하셨다.

마른 뼈가 살이 붙고 힘줄이 생기는 일은 영혼을 살리시는 예수님의 생기 있는 말씀이다. 낡고 헐고 비참한 거짓을 버리고 새롭고 싱싱한 예수님의 말씀을 받으면 살아나는 것이다.

온통 고아와 과부들은 짐승이 주는 거짓 교훈이 살길인 줄 착각하고 두 손 들고 찬양하고 있다. 아니다. 그것은 지옥의 영벌로 이끌어 가는 음기이다. 사람들을 미혹한 사악한 거짓들이다. 겉 포장은 그럴싸하나 속은 죽이는 독이 숨겨 있는 무서운 맹독이다.

오직 예수님의 말씀만이 참이요 영원히 살리는 생기이다. 우리의 영혼을 살리며 평안을 주는 생명의 말씀이다. 예수님 말씀이 생기의 바람이다. 살기를 바라는 자는 예수님의 말씀을 기대하면 살길이 열린다. 영원한 생기를 얻은 것이다. 예수님 말씀이 생기의 원천이기에 그렇다.

6. 요단강

요단강을 건너야 가나안에 들어 간다. 가나안에 들어 가려면 반드시 요단강을 건너야 한다. 요단강을 건너면 젖과 꿀이 흐르는 가나안에 들어 갈 수 있다. 젖과 꿀이 넘치는 가나안은 노예로 살던 배고픈 백성에게는 천국이다. 가나안은 천국을 상징한다.

가나안에 가려면 두 개의 강을 건너야 한다.

첫째, 홍해이다.

애굽에서 탈출한 이스라엘 백성들은 급격히 뒤쫓아오는 바로의 군마를 피해 갈 수 있는 막다른 골목에서 홍해가 앞에 떡 버티고 있었다. 절체절명의 위기에 맞닥트리게 되었다. 할 수 있는 일이라곤 없었다. 도망가다 홍해에 빠져 죽는 길 이외는 아무것도 할 수 있는 게 없었다.

사백 년 종살이도 모자라 종국에는 바다에 빠져 죽는 게 모세의 하나님이 인도하는 거룩한 길이었던가?

기가 막힐 지경이었다. 이러한 위기의 순간에 모세가 한마디 한다. 우왕좌왕하지 말고 하나님께서 어떻게 하시는지 잠잠히 지켜보자고 말이다. 모세가 떨리는 심정으로 하나님께 기도한 후 지팡이를 들어 홍해를 쳤다. 그러자 놀랍게도 홍해는 순식간에 갈라지고 마른 길이 열렸다. 모든 하나님의 백성들이 경이로워 하며 황급히 바다를 건넜다.

바울도 이 놀라운 기적을 해석하기를 바다에서 세례를 받았다고 했다. 거룩한 세례 이외에는 표현할 말이 없었다. 바다에서 세례를 받고 저들은 광야로 들어가 신령한 음식을 먹고 신령한 음료를 마셨다.

홍해 사건을 세례 받음으로 그 상징을 해석함으로 영혼의 지평을 거룩하게 하였다. 단순히 기적을 베푸신 게 아니고 이는 천국 가는 반드시 거쳐야 할 거룩한 길임을 묘사하였다.

가나안, 즉 천국에 가려면 홍해를 건너야 하듯 세례를 받아야 한다는 의미이다. 가나안에 입성하려면 첫 번째로 홍해를 건너듯 세례를 받아야 한다. 세례를 받아야 애굽의 우상에 물들었던 더러운 습성들을 버릴 수 있다.

애굽 같은 세속의 더러운 습관들을 물로 깨끗이 씻어 내야 천국 길이 열린다. 애굽의 금송아지에 붙잡혀 영육 간의 모든 삶이 우상 사상에 젖은 모습으로는 가나안은 말도 안 된다. 거룩한 땅에 들어 가려면 적어도 더럽고 추한 애굽의 추잡한 옷은 집어던져야 한다. 울긋불긋 요란한 옷은 태워 버리고 세마포로 단장해야 한다.

하나님의 백성이 입는 옷은 단정히 물로 빤 세마포다. 음녀가 입던 우상의 옷을 물로 깨끗이 빨듯이 우리 영혼을 하나님의 말씀으로 회개하고 씻어야 한다.

그래야 적어도 천국 가는 길에 들어 설 수 있다. 세속의 욕심에 젖은 생각을 가지고서는 거룩한 길로 나설 수 없다. 거룩한 생각으로 변해야 천국을 바라보며 걸어갈 수가 있다.

광야에서 겪어 내야 할 수많은 난관을 이겨내려면 거룩한 생각으로 싸우며 나아가야 한다. 물도 부족하고 양식도 없는 광야 생각만 해도 춥고 떨리는 이유이다. 광야는 이리와 전갈이 수두룩하며 늑대에 물려 죽을 수 있는 무서운 전쟁터이다.

이러한 고생길을 가려면 애굽의 사고로는 참아 낼 수가 없다. 홍해 사건에서 하나님의 하신 일을 보고 얻은 거룩한 생각으로 나가야 광야를 통과할 수 있다는 신념이라도 갖게 되는 것이다.

그렇지 않으면 요행으로 홍해를 건넌다 해도 더 무서운 물과 양식의 부족 앞에 자멸할 수밖에 없는 법이다. 수만 가지 인생의 고통에 직면하는 오늘날 우리들도 똑같은 현실을 마주하고 있다. 세례 받지 않고는 경건의 삶을 이어 나갈 수 없다. 살아가야만 하는 현실도 힘든데 거기에 거룩한 일을 해야만 하는 신앙생활은 버거운 일이 될 수 있다. 어려운 현실을 타개하고 거룩한 생활을 해 나가는 일은 세례 받고 주 예수님을 믿는 믿음으로 가능하다.

이 냉정한 현실에 부과되는 무거운 짐들은 참으로 힘겨운 무게이다. 이러한 고행을 이기고 천국을 향해 전진하려면 홍해를 건너는 기적을 체험해 봐야 가능하다.

그럼에도 홍해가 갈라지는 기적을 체험했던 세례를 받았다는 하나님의 백성들은 광야에서 쓰러지고 말았다. 심한 기갈과 무서운 양식의 고갈 앞에 애굽을 그리워하다 광야에서 이름 없이 모래 가운데 파묻히고 말았다. 고기 냄새와 채소를 추억하다가 하나님과 모세를 원망하다 **결국에는** 비참한 죽음에 다다르게 되었다. 애굽에서 출발한 1세대들은 광야에서의 훈련과정을 통과하지 못했다.

아쉽게도 광야에서 여호수아와 갈렙을 빼고는 다 죽었다. 이는 홍해를 건너는 것만으로는 가나안에 들어갈 수 없음을 시사한다. 1세대들은 세례를 받은 자들이다.

바울은 홍해를 건너며 바다에서 거룩한 세례를 받았다고 하였다. 그런데도 가나안에 들어가지 못했다. 홍해를 건너는 기적을 갖고는 부족하다는 이야기이다. 광야의 교회생활이 필요하기에 그렇다. 바울은 광야를 광야 교회라고 해석하였다. 육신을 가진 인간은 육체를 교회를 통하여 훈련시켜야 한다.

하나님 나라에 들어갈 적격자로 만들기 위해서다. 아무나 천국에 가는 게 아니다. 거듭나야 갈 수 있다. 거듭나기 위해서는 반드시 훈련이 필요하다. 그게 광야 훈련이다. 광야의 혹독한 훈련이다.

장교가 되기 위해서도 극기 훈련이 요구된다. 하물며 천국 군사가 되려 하는데 거저 먹기 식으로는 어림없다. 철저한 광야의 훈련이 요청된다. 이 광야 훈련에서 1세대들은 불평 원망함으로 탈락되었다. 거듭난 용사로 채용되지 못했다.

출애굽기는 거듭나는 일에 영적으로 많은 시사를 해 주고 있다. 홍해를 건넘이 세례를 의미한다. 홍해 사건에서의 세례는 물세례이다. 세례 요한이 베풀었던 물세례를 의미한다. 세례 요한은 율법의 마지막 주자이다. 율법으로는 온전한 구원에 이르지 못했다.

바울과 니고데모가 잘 보여 주었다. 철저한 율법 준수자며 연구가들이었지만 저들의 영혼은 피폐하였다. 자유함이 없었다. 거듭나지 못했다. 예수님의 말씀을 깨닫고서 비로소 거듭날 수 있었다. 이는 세례 요한의 세례가 불충분했음을 시사한다. 이유는 물세례는 표면적 세례였기에 그렇다. 물은 그저 육신의 때를 깨끗하게 할 뿐이다. 옷을 빨아 깨끗하기 할 뿐이지 우리의 영혼을 거룩하게 할 수는 없다. 그게 물세례의 한계다.

주님께서 세례 요한에게 물세례를 받은 이유는 세례 요한의 세례가 율법의 완전함을 보였다 기보다는 율법도 중요하고 더군다나 율법을 폐하는 게 아니고 완성함이라는 것을 보여 주시기 위함이다. 예수님께서 겸손히 세례 요한의 물세례를 받으심으로 거듭나는 세례인 불세례를 온전하게 하심이다.

물세례는 율법으로 세례를 받음을 의미한다. 할례와 같다. 팔 일만에 유대인들은 할례를 의무적으로 받았고 할례를 받음으로 하나님의 구원받은 선민 임을 자랑했다. 바울도 이 모든 행위는 율법을 온전히 준수하기에 일어난 일들임을 설명했다.

그런데 바울은 어찌했는가?

예수님을 핍박하고 믿는 성도들을 잡아 죽이려고 날뛴 것을 볼 수 있다.

거듭나지 못했기 때문이다. 표면적으로만 율법에 정통한 자였지 율법의 주인이신 예수님을 알아보지 못했다. 오히려 죽이려 했다. 물세례만으로는 안 된다. 우리의 겉만 씻어서는 안 된다. 겉도 씻고 속도 씻어야 한다. 다시 말해, 가나안에 들어가려면 홍해도 건너야 하고 요단강도 건너야 한다.

둘째, 요단강이다.

결국, 가나안에 들어가기 위해서는 두 번째로 요단강을 건너야 한다. 홍해를 건너지 않고 요단강만 건널 수는 없다. 또한, 홍해만 건너고 요단강은 건너지 않은 채 가나안에 입성할 수도 없다.

홍해도 건너야 하고 요단강도 건너야 한다. 물세례도 받아야 하고 불세례도 받아야 하는 이유다. 겉과 속을 깨끗이 해야 한다. 안과 밖을 깨끗이 씻어 내야 온전하다 할 수 있다.

여호수아와 갈렙은 홍해도 건넜고 요단강도 건넜다. 여호수아나 갈렙은 큰 강을 두 번이나 건넜다. 거듭난 것이다. 요단을 건넘으로 거듭났다. 거듭났음으로 다시는 애굽으로 가지 않게 되었다. 요단강을 건넘은 거듭남을 상징한다. 광야에서 애굽을 그리워하다 죽은 물세례만 받았던 1세대와는 달리 젖과 꿀이 흐르는 가나안 만을 바라본 거듭난 자들이었다. 애굽의 고기와 채소를 뒤돌아보는 게 아니라 하나님께서 약속하신 젖과 꿀을 사모한 자들의 삶이었다. 요단을 건너면 다시는 애굽을 그리워할 짬도 없다. 가나안을 정복할 시간도 없기 때문이다.

새로운 목표와 목적이 설정되었다. 앞만 향해 나아가야 한다. 요단을 넘음은 불세례를 받았다는 의미이다. 불세례를 받음으로 속에 있던 모든 더러운 것을 불태워 버리는 것이다. 속된 모든 부정한 것을 불태움으로 새롭게 태어났다.

요단을 건넘으로 다시는 애굽에 돌아갈 생각을 하지 않음 같이 거듭남으로 다시는 세속의 욕망에 흔들리지 않는 것이다. 불 같은 성령으로 세례를 받았기에 다시는 마귀 생각에 흔들리지 않는 것이다. 요단강을 건넜다는 의미가 바로 거듭남을 상징하는 까닭이다.

광야 교회에서 모든 훈련을 받은 2세대들은 거듭난 믿음으로 가나안을 정복하였다. 애굽을 뒤돌아 보는 자들로는 강력한 가나안 족속들을 정복할 수 없다. 애굽을 모르는 2세대만이 가나안을 정복할 수 있다. 광야에서 태어난 2세대는 이방 애굽의 찬란한 문명을 알지 못한다. 애굽의 값비싼 고기와 채소 만찬을 알지 못한다. 고기와 채소 보다 더 맛있는 젖과 꿀이 흐르는 가나안의 식탁을 바라보았다.

광야 교회에서 태어난 세대는 과거보다는 미래에 꿈을 둔 사람들이다. 광야의 고된 훈련을 통하여 더 단단해지고 미래의 소망에 목말라 하였다. 꿈이 있는 자는 주저 앉지 않는다. 꿈은 사람을 전진하게 만든다.

요셉을 보아도 억울하게 감옥에 갇혔지만 하나님께서 주신 꿈을 확신했다. 모든 어려움을 이기고 승리한 요셉은 꿈꾸는 자였다. 광야에서 태어난 2세대는 요셉같이 가나안이라는 꿈의 땅을 소망하였다. 광야 교회에서 태어난 자들은 애굽과 세상에 물들지 않았다. 이들은 요단강만 건너면 되었다. 지긋지긋한 전갈과 뱀과 싸우며 연단되어 드디어 요단을 건널 수 있었다. 광야의 시련을 통과하며 홍해를 건너는 기적을 체험했다. 반석에서 물이 차고 넘치게 흘렀다.

놀랍게도 만나가 내리는 기적을 체험했다. 홍해가 갈라지는 기적을 체험한 것이다. 물세례를 체험했다 할 것이다. 반석에서 나오는 물로 목을 축이고 만나로 허기진 배를 채웠다. 홍해를 건너지는 않았지만 건넌 것과 같은 기적을 체험했으니 물세례를 받은 것과 동일하다.

그러니 2세대들은 광야 교회에서 태어난 자들로 요단을 건넘으로 거듭난 자들이다. 광야에서의 불시험을 극복하고 가나안에 입성하게 되었다. 홍해를 건넌 여호수아와 같이 2세대들은 광야를 거치며 거듭나는 여정을 지난 것이다.

홍해를 건넌 것으로는 가나안에 들어갈 수가 없다. 당연히 요단강을 건너야 한다. 홍해도 요단도 건너야 한다. 광야에서 태어난 자들은 요단강만 건너도 된다.

그렇디고 홍해를 건너지 않아도 된다는 말이 아니다. 광야의 시련은 홍해를 포함한다는 이야기이다. 광야의 시련이 그만큼 힘들다는 뜻이다. 시시각각 다가오는 죽음의 공포를 이겨냈다는 말이다.

아무것도 없는 상태에서 저들이 할 수 있었던 일은 하나님께 긍휼을 바라는 일뿐이었다. 그런데 출애굽기는 말하기를 이 간구함이 오히려 하나님의 긍휼을 받는 길이었다고 증거하고 있다. 할 수 있는 게 없으므로 하나님께 간구할 뿐이었는데 이것이 오히려 하나님의 은총을 받는 일이었음을 말하고 있다.

이 출애굽 사건은 물세례만으로는 온전한 구원이라 할 수 없고 불세례까지 받아야 광야 같은 인생의 모든 시험을 이기고 거듭나는 구원을 이룰 수 있음을 설명하고 있다. 거듭남이란 물세례를 통과하고 불세례까지 받은 상태를 이르고 있다. 불세례는 성령으로 세례를 받음을 뜻하고 있다. 성령으로 예수님의 자녀 되었음을 인 치는 증표이다.

성령은 불이다. 마가 다락방에 임하신 성령은 혀가 불같이 갈라지듯 임하셨다. 성령을 받았을 때 초대 성도들은 죽음의 두려움을 떨치고 뛰어나가 복음을 외칠 수 있었다.

　마음 속에 독버섯같이 뿌리 내렸던 두려움과 의기소침을 떨치고 일어날 수 있었다. 놀랍고도 강력한 불 같은 성령이 임하여 모든 더러운 것을 태워버리자 두려운 게 하나도 없이 사라져 버렸다.

　오히려 거룩한 능력이 임하여 세상, 곧 로마를 향하여 하나님 살아 계심을 전파하였다. 성령으로 거듭나는 모습을 기록하기를 저들은 예수님 말씀을 자신 넘치게 증거하였다고 하였다. 요단강을 건너 가나안에 들어갔던 자들이 과감히 가나안 이방 족속들을 정복하였듯이 말이다.

　출애굽은 거듭나는 데 두 가지가 있음을 알려 주고 있다.

　첫째, 믿음으로 거듭나는 일이다.

　출애굽은 여호수아와 갈렙같이 홍해와 요단을 모두 믿음으로 건너야 한다는 것을 말해 주는데, 이 두 사람은 변함없는 마음으로 하나님께서 약속하신 땅을 향해 전진했다. 숱한 오해와 조롱 가운데서도 굴하지 않고 약속을 믿고 모든 난관을 헤쳐나갔다.

　또한, 거듭남 성도의 태도를 잘 보여주었다. 거듭나는 믿음이 어떠한지를 구체적으로 보여준 여정이었다. 물세례를 받았으면 당연히 성령의 인도하심을 받아 불세례를 받음은 당연하다.

　그런데 아쉽게도 많은 자들이 중간에 마귀의 시험을 이겨내지 못하고 자멸하니 안타까운 일이다. 그러나 여호수아와 갈렙은 마귀의 온갖 시험을 이겨내고 거듭난 자로 가나안에 입성하였다. 거듭난 성도가 천국에 들어감은 마땅한 일이다.

　둘째, 2세대들과 같이 요단을 건넜음에도 거듭나는 일이다.

광야에서 태어난 2세대는 홍해를 건너지 않았어도 전해지는 조상들의 증언을 통하여 간접적으로 전해들은 홍해를 건넌 것과 같은 경험을 가졌다. 광야 훈련을 통하여 홍해를 건넌 것과 같은 반석의 물과 만나의 기적을 체험하였다. 광야에서 벌이는 조상들의 원망과 불평을 따르지 않고 여호수아의 믿음을 따라 요단을 넘어 가나안에 들어갔다.

이에 순종하는 믿음으로 거듭난 자들이다. 광야 훈련을 통하여 하나님의 말씀을 믿고 진진하였다. 성령이 베푸시는 불기둥을 보며 나아갔으며 구름 기둥의 인도함을 따라 나아갔을 따름이다. 더위와 추위와 배고픔과 갈증을 믿음으로 이겨내며 오히려 하나님께서 베푸시는 은혜에 감사하며 더욱 더 은총을 소망하였다. 가나안에서 받을 젖과 꿀을 꿈꾸며 뒤를 돌아보지 않고 앞만 보고 나아갔다.

2세대는 애굽의 고기와 채소보다 약속하신 가나안의 젖과 꿀을 더 소망했다. 하나님께서 주시는 양식으로 감사했고 주시고자 하시는 양식을 더욱 소망했다. 그 소망이 기쁨이고 즐거움이었고 사는 모든 것이었다. 삶의 목적 자체였다. 광야에서 죽는다 해도 두려워하지 않음은 천국이 기다리고 있음을 믿었기 때문이다.

성령의 불로 더러운 욕망들을 불태운 거듭난 성도들을 막을 어떠한 것도 없다. 불세례 받은 거듭난 자들의 삶의 가치는 더 이상 땅에 있지 않고 하늘에 있음이다. 죽음을 불사하는 믿음의 사람들이다. 성령세례를 받음으로 밖과 안을 모두 깨끗하게 하여 전진하는 자들의 모습이다. 가나안을 향하여 전진하는 용사들이다. 거듭난 자들만이 하나님 나라를 보고 들어감을 보여 주는 사건이다.

애굽의 노예였던 이스라엘 백성들에게 가나안은 그야말로 천국이었다.

흥분하여 저들은 모세를 따라 가나안으로의 행군을 시작했다. 그런데 많은 자들이 중간에 넘어졌다. 넘어진 것으로 끝난 게 아니라 요단을 건너지 못하고 광야에서 매장되었다.

예수님을 믿고 많은 자들이 홍해를 건넌다. 물세례를 받는다. 그런데 안타깝게 많은 자들이 성령세례를 받지 못한 채 시들해진다. 나중에는 그 영혼이 피곤하여 넘어지고 만다. 심령이 죽기까지 한다. 요단을 넘지 못하고 가나안을 보지 못한 채 쓰러지고 만다.

원망과 불평 마귀의 궤사 때문이다. 참으로 우는 사자같이 마귀는 시시각각 원망과 불평을 우리 마음에 주입시킨다. 마귀와 싸워 이기기 위해서는 거듭나야 한다.

성령의 세례를 받아 거룩한 마음으로 싸워 물리쳐야 한다. 호시탐탐 노리는 마귀의 간계를 파악하여 대책을 세우고 적의 약점을 쳐서 쓰려뜨려야 한다. 성령의 세례를 받고 성령의 검으로 적의 급소를 찔러야 한다. 단번에 쓰러뜨려야 끝이 난다. 엉거주춤할 때가 아니다. 애굽의 고기에 흔들릴 때가 아니다. 하나님께서 주시고자 하신 젖의 양식을 사모하여 초개같이 애굽의 진미에 대한 미련을 버려야 한다.

그래야만 요단강을 건널 수 있다. 가나안을 사모해야 요단강을 건널 수 있다. 그게 영원히 사는 길이다.

7. 지성소

지성소는 성막의 제일 안쪽에 있다. 거룩한 성소 안쪽에 있다. 더욱 거룩 거룩한 곳이다. 성막은 뜰 성소 지성소로 구분된다. 뜰을 지나야 성소로, 성소를 지나야 지성소로 들어갈 수 있다.

이는 인간에게도 똑같이 적용될 수 있다. 겉인 육체와 속은 혼과 영으로 구분 할 수 있다.

뜰에는 번제단과 물두멍이 있다. 성막에 들어오는 자는 깨끗해야 한다. 육체의 더러운 때를 씻듯이 희생의 제물을 잡아 자신이 지은 죄를 깨끗이 씻어야 했다. 번제단에서 양을 잡아 죽이고 그 피 값으로 자신의 죄를 씻어야 한다. 성소에 들어가려면 거룩한 자만 들어갈 수 있는 바 더러워진 죄인이 깨끗해지기 위해 대속물을 하나님께 드려야 했다. 대속해 죽은 희생양에 자신의 죄를 전가시킴으로써 죽임당함을 피하고 죄인은 하나님께 나아가 소원을 간구할 수 있었다. 번제단에서 양을 잡을 때 묻었던 피를 물두멍에서 깨끗이 씻고 성소로 나가는 것이다.

뜰은 성소로 나아가 하나님과 만나기 위해 준비하는 곳이다. 뜰도 거룩한 성소로 나가는 첫 단계의 장소이므로 거룩해야 한다. 자신을 성별하고 하나님께 나가는 뜰이 형식만 있고 진정 죄를 사함 받지 못하는 데 있다. 희생제물을 잡는 시늉만 냈지 희생의 결과로 심령이 사함 받지 못하는 데에 있다.

인간 영혼은 거듭남에 목마르다. 거듭나지 못한 영혼은 온전한 자리를 잡지 못하고 항상 불안하고 위태롭다. 방황하다가 마귀의 밥이 되고 만다. 죄에 사로잡혀 죄의 노예가 된다. 애굽의 종으로 전락한 이스라엘 백성들의 처참한 모습이 바로 우리들이다.

예수님께서 "어찌 이방인과 같이 성전의 뜰만 밟으려 하느냐"고 질책하셨다. 말세에 교회 다니는 많은 사람이 심령의 죄를 사함 받지 못하고 번제단에서 양만 잡고 있으니 그 양의 핏물이 성전을 넘쳐나기만 하고 있다.

교회는 다니면서 예수 이름은 부르는데 심령의 죄는 더욱 쌓여만 가고 있으니 큰 일이다. 여러 행사로 분주하긴 한데 심령이 허전하고 참 기쁨이 없으니 어려운 일이다. 교인 교적부에는 이름이 올라가 있는데 정작 하늘의 생명책에는 이름이 또렷이 기록되어 있지 않으니 문제다. 겉으로는 살았다고 행사에 바쁜데 예수님은 죽었다고 하시니 그 점을 깨달아야 한다(계 3:1).

하나님께 제사 드린다고 성막에는 갔는데 헛된 제사를 드리고 오니 걱정이다. 교회 행사에 참여하려 이리 뛰고 저리 뛰고 바쁘긴 한데 심령에 넘치는 평안을 누리지 못하는 게 탈이다. 표면적 유대인들이 보이는 행태라고 예수님이 지적했다. 표면적 종교 활동만 하는 무늬만 교인인 행세를 하기에 그렇다. 인적 사항에서 종교란에 기독교라고 적어 놓은 사람들이다. 이들을 향해 "이방인들과 같다"고 하였다.

시온의 백성이 아닌 여호와 하나님을 모르는 경멸의 대상 이방인들이다. 세상 표현을 빌리면 야만인이다.

성전 뜰 마당만 밟고 다니는 사람들이다. 한 발은 뜰에 다른 발은 세상에 딛고 사는 자들이다. 성전 뜰에 들어왔으나 생각은 세상 욕망에 가득 차 있음이다. 속세의 욕구를 떨쳐 버려야 하나님의 음성이라도 들을 수 있을 텐데 세상 걱정 근심으로 꽉 차 있으니 하나님이 보일 리 없다. 성전에 와 예배 드리는 의무를 이행했을 뿐이다. 예배드렸으니 막연하게 '지옥에는 가지 않고 천국에는 미달이라도 추첨으로는 들어갈 수 있겠지'라고 스스로를 위로한다. 일생을 통해 이러한 행위를 끈질기게 반복 계속하며 자위한다.

홍해 앞에서 뒤따라오는 애굽의 병마를 보며 불안해하며 원망하던 이스라엘 백성들의 모습이다. 못난 자신들을 위해 무서운 열 가지 재앙을 내리시던 하나님의 권능을 믿고 분연히 일어나 싸울 생각은커녕 죽겠다고 아우성 치던 자들과 같이 매번 세상 걱정에 뜰 마당만 밟는 자들이다. 뜰 문만 벗어나면 세상이다.

오늘날도 사대 교회 교인들 같이 이름은 기독교인인데 저들의 생각은 세상 욕정으로 물들어 있는 자들이 교회를 뒤덮고 있다. 예배 드리고 헌금하고 행사에 참석했으니 다 됐다고 생각하는 많은 교인들이다. 교회에 모이는 게 장사를 위해 출세를 위해 뛰는 자들이 바쁘게 움직이는 현대 교회다.

그러니 교회는 세상 돈에 팔려 술집으로 카페로 변해 가고 있다. 뜰을 지나야 성소로 들어갈 수 있다. 물세례만 받고서는 뜰만 밟는 형식상의 신앙에 머무는 것과 동일하다. 번제단에서 죄악을 씻고 성소로 들어가 하나님께 기도하며 말씀의 떡을 먹어야 하나님의 음성을 듣게 되는 것이다.

성소는 거룩한 곳이다. 뜰에서 죄를 씻고 경건의 훈련을 받기 위해 성소에 들어 감이 필요하다. 성소는 제대로 된 신앙생활을 어떻게 해야 하는가를 잘 보여 주고 있다.

교회생활의 핵심은 말씀과 기도생활이다. 떡 상에서 거룩한 떡을 떼고 향로의 향을 피우듯 기도해야 한다. 예수님의 말씀을 듣고 그 말씀을 이루기 위해서 기도에 힘써야 한다. 이는 광야에서 숱한 훈련을 받았던 여호수아와 갈렙과 같이 믿음으로 영적 훈련을 통과하는 연습을 해야 했다. 거듭나기 위해 엄청난 고뇌를 했던 니고데모와 같이 세상적 애굽 사상을 죽이고 예수님의 말씀사상으로 변화시켜 나가야 한다.

이는 평생을 통해 해 나가는 경건 훈련이다.

성소 안에 있는 떡은 앞에 있는 촛대에서 빛을 내야 먹을 수 있다. 촛대의 빛이 없으면 깜깜하여 떡을 자를 수도 먹을 수도 없다. 하나님의 말씀도 성령의 조명이 없으면 이해하고 믿고 행할 수 없다. 생명의 떡이신 예수님께서 성령을 보내신 이유이다. 성령이 임할 때 비로소 말씀이 보이며 말씀의 진정한 뜻이 깨달아 진다. 성령이 오시면 주님의 말씀이 기억되고 생각나게 되어 있다.

성소는 촛대가 없으면 사방이 꽉 막혀 아무것도 볼 수 없다. 성령이 조명 되지 않으면 인간의 타락한 이성으로는 말씀을 깊이 이해할 수 없다. 예수님께서 성령을 받으라고 하신 까닭이다. 성소에서 거룩한 예배 생활과 기도생활을 통하여 지성소로 나아갈 훈련을 하는 것이다.

그런데 성소에서 경건 훈련을 하는 자들은 두 가지 종류가 있다.

첫째, 말씀을 깊이 이해하고 말씀대로 살아 지성소로 나아가는 성도들이다.

성도들은 성령의 감동으로 자신이 거룩한 성령이 내주하심을 따라 경건의 능력을 체험해 가는 사람들이다. 광야 훈련을 통하여 더욱 하나님의 말씀을 믿고 확신 가운데서 가나안을 향하여 전진하는 자들이다.

홍해를 건넜으니 반드시 요단을 건너야 함을 깨닫고 주저 없이 여리고를 격파하고 가나안으로 입성하는 것이다. 물세례를 받고 광야의 모진 고

난을 말씀을 믿고 온갖 시련을 이겨내어 나가는 것이다. 일사각오의 정신으로 예수님을 따라 지성소로 나가간다. 예수님께서 찢어 놓으신 둘째 휘장을 통과하는 자들이다. 성령의 빛을 따라 생명의 떡을 떼며 거룩한 기도로 두려움 없이 지성소를 향하는 성도들이다.

둘째, 첫째 교인들과는 다른 부류의 교인들로 이들과는 다른 편에 서 있는 큰 문제가 되는 자들이다.

왜냐하면, 본인들은 잘 믿는다고 하지만 실상 예수님께서 책망하는 자들이기 때문이다. 표면적으로 보면 온전한 성도들로 보이는데 이면적으로는 아니다. 경건의 모양은 있으나 경건의 능력이 없기 때문이다.

이들은 바리새인 같은 교인들이다. 기도도 길게 잘하고 성경도 턱턱 암기함으로 믿음이 좋아 보이는데 사실은 그 행위들이 악한 게 문제다. 겉은 예수를 잘 섬기는 것 같으나 속은 하나님보다 돈을 더 사랑하는 자들이다. 겉은 회고 깨끗해 보이나 속은 썩은 냄새가 펄펄 나는 회 칠한 무덤이다.

현대 교인들과 흡사하여 겉은 번지르르한 교인인데 속은 온통 세상 욕망으로 넘쳐나는 자들이다. 대부분의 교인들이 기복신앙을 믿음 좋은 것으로 교회생활을 착각하고 있다. 성막을 따라 가나안을 향해 갔지만 하나님을 원망했던 조상들과 같다.

겉으로는 구름기둥과 불기둥의 인도를 받으며 하나님의 신실한 백성으로 비춰졌지만 광야에서 죽어 간 1세대와 같다. 속은 불평과 불신앙으로 원망하며 걸었던 조상들과 같다.

돈 잘 벌게 되면 축복받았다 좋아하며 조금 힘든 일이 닥치면 언제 그랬냐며 원망하는 교인들이다. 편리하고 안락한 기술 사회에 진입하게 되면서 사람들은 스스로 파라다이스를 만들 수 있다는 욕망에 사로잡혀 더욱 예수님 보다는 안락함을 줄 수 있다고 확신하는 돈과 마귀를 따라 가고 있다. 돈이면 모든 것의 가치를 매기고 뭐든지 돈으로 안 되는 게 없다고 믿는 세상 풍조가 교회에 들어와 자리를 잡았다.

　세상에서도 권력은 '화무십일홍'이라고 하는데도 교회는 세상 권력과 짝하는 게 성공이라고 꼬리치고 있다. 돈과 권력을 가지면 믿음으로 '운수대통'이라 하니 진정한 예수님의 가르침은 실종된 지 오래다. 그러니 교회가 거룩한 힘을 상실하고 비실대고 있다.

　성소에서 밤낮 말씀 상고하고 기도해도 될까 말까 한데 매일 생각은 세상 욕망에 가 있으니 경건의 능력은 나올 리가 없다. 큰 소리 내며 목소리 크기 자랑이나 하고 능력은 상실한 헛소리만 나올 따름이다. 성령이 떠난 교회가 되다 보니 기도는 주절거리며 말씀은 소리만 요란하지 감동이 설렘이 사라진 지 오래다. 강단은 메말라 가고 청중들은 목이 마르다.

　교인은 많으나 성도는 찾아보기 힘들다. 강단에서 경건생활을 가르치지 않고 세상 교훈으로 가르친 결과다. 세상 복들을 하나님이 주신 것처럼 세속적 성장만을 외친 결과다. 겉은 화려한 교회인데 주님의 능력이 사라진 현대교회이다. 안식일에 앉은뱅이를 일으켰다고 율법을 어겼다고 정죄한 바리새인들이다. 앉은뱅이를 일으킬 능력은 없으나 따지기는 잘하던 자들과 같이 말만 많은 현대 라오디게아 교인들이다. 부자라 잘 먹고 '푸르딩딩' 살은 쪘지만 예수님의 거룩한 능력은 없어 속은 기쁨이 상실된 속 빈 강정들이다. 성소에서 제대로 훈련받지 못한 결과다.

　잘된다는 거룩한 축복은 예수님께서 하나님 나라를 위하여 필요하기에 주시는 형통이다.

다섯 달란트 받은 자가 열심히 일해 벌은 다섯 달란트가 예수님이 주시는 축복이다. 예수님이 인정하는 형통이다. 오병이어의 기적을 말하며 만사형통이라며 그저 쭉쭉 성장만을 외치는 자들은 거짓선지자들이다. 오병이어는 물질이 아닌 말씀의 풍성함을 말씀하시는 의미가 더 정확한 표현이다.

하나님께서 허락하시는 하나님 나라에의 소망이 성소 생활이 능력이다. 어떠한 상황을 만난다 해도 흔들림 없이 지성소를 향한 훈련이다. 그렇지 않으면 쉽사리 타락하는 게 아담의 자손들이다. 대제사장 엘리의 두 아들들과 같이 된다. 홉니와 비느하스는 제사장이라는 직분을 이용하여 자신의 배를 불리기에 바빴다.

하나님께 드리기 전 고기를 가마솥에서 꺼내 먹기 바빴다. 배를 채우니 여자가 생각나 성막에서 수종 드는 여인들을 강간했다. 그것도 성막에서 말이다. 거룩한 성소를 더럽혔다.

거룩한 교회를 난장판으로 만드는 사이비들이다. 성소의 훈련은 자신을 말씀과 기도로 극복하는 고되지만 주님 주시는 기쁨이 충만한 훈련의 장소요 시간이다.

자기생각대로 하는 개인의 훈련 장소가 아니다. 주님이 가르친 말씀대로 영적 훈련을 통하여 천국에 들어가는 삶을 연습하는 곳이다. 드리는 기도가 거룩하고 상고하는 말씀이 거룩한 능력을 드러내도록 연마해야 한다. 성령의 불세례를 체험하며 하나님 나라의 입성을 위해 세마포를 입기 위해 준비하는 거룩한 과정이다. 성도를 거룩한 하나님의 제사장 된 자들이라 하신 이유다.

너희는 하나님의 영이신 성령이 거하는 '성전'이라 하셨다. 그만큼 경건해야 한다. 형식에만 치우친 훈련이 아니라 심령이 감동하여 주님을 따르는 군사로 서의 경건 훈련이여야 한다. 그리할 때 지성소의 휘장이 걷히며 하나님의 보좌 앞으로 나아가는 것이다. 교회에 모이는 기쁨과 소망이 넘쳐 성령의 운행하심을 체험하게 되는 것이다.

지성소는 가장 내부에 속한 거룩함의 거룩함이다. 가장 거룩한 지성소에는 법궤가 있다. 법궤 안에는 두 돌 판이 있다. 돌 판에는 십계명이 적혀 있다. 거룩한 하나님의 말씀을 상징한다. 지성소에는 하나님의 말씀으로 충만해 있다. 하나님의 말씀은 거룩 자체이다. 더러운 불순물이 있으면 안 된다. 정금 같은 말씀이 거하는 가장 거룩한 곳이다. 불순물을 다 제거한 정금같이 거룩한 말씀이 있는 지성소이다.

광야를 거치면서 숱한 시련을 통해 연단을 받았다. 요단을 건널 때는 정금 같은 믿음으로 건넜다. 광야에서 성령의 불로 부정한 것을 다 태워 버리고 요단을 도하했다. 불세례를 받고 가나안의 정복을 위해 전진했다. 거듭나는 감동을 누렸다. 육체가 깨끗해졌 듯 심령이 거룩함으로 다시 태어났다. 광야의 시험을 이겨내는 노력이 하나님의 은혜와 합하여 거듭남으로 요단을 건넜다.

많은 고뇌 후에 예수님의 말씀이 성령의 감동함으로 장대에 달린 주님을 깨닫는 거듭남이다. 장대에 달린 놋뱀을 쳐다본즉 살았듯이 성령의 바람이 불어 오자 출애굽기가 요한복음이 보이게 되었다. 장대에 달린 놋뱀이 예수님인 줄 보이는 거듭남의 은혜가 임하게 되었다.

지성소에 들어가야 보이는 것이다. 거룩한 바람이 우리의 심령을 에워쌈으로 하나님의 말씀을 깨닫는 거듭나는 순간이 오는 것이다. 지성소에는 제사장도 들어가지 못하고, 오직 대제사장만 들어갈 수 있다. 우리 같은 죄인들은 들어가 봐야 죽을 뿐이다.

그럼 아무도 지성소에는 들어가지 못하는가?

아니다. 우리로서는 죽었다 깨도 거듭나지 못한다. 그래서 예수님이 필요하다. 예수님이 휘장을 여심으로 주님을 따라 거룩한 지성소로 들어갈 수 있게 되었다. 이야말로 주께서 우리 집인에게 베푸신 최대의 은혜이다. 사람의 힘으로는 안 된다는 이야기이다.

나는 누구인가?

티끌이다. 무가치하다는 의미이다. 반박할 자들도 많겠지만 사실이다.

하나님은 누구인가?

티끌 같은 죄인에게 하나님 나라를 알게 하신 분이다.

그 나라들을 통하여 거듭나게 하심으로 하늘의 가치와 소망을 주셨다. 이 모든 놀라움은 지성소에 감추어 둔 말씀을 상고하면 알 수 있다. 거듭난 성도들을 향하여 거룩한 제사장들이라 하신 이유다. 아무도 들어갈 수 없는 지성소에 들어가는 특권을 거듭난 자들에게는 주셨다. 단지 예수님 말씀을 믿으므로 주시는 하나님의 크신 은혜이다.

말씀을 상고하여 거듭난다는 일은 쉬운 일이 아니다. 여기저기 거듭났다는 사람들이 많지만 살펴보면 우스운 일도 많다. 거듭나는 일은 속죄소에 피를 뿌리는 일이다. "일곱 번이나 피를 뿌린다"는 이야기는 일곱 번 죽었다는 말이다. 어영부영 거듭나는 게 아니라 상고하고 고민하고 또 상고하고 죽기를 각오한 것같이 깊이 상고해 얻어지는 게 거듭남이란 뜻이다. 자신의 근본적인 인간됨을 살피고 그 깊고 깊은 죄악과 무지를 깨닫고 얻어지는 산통의 결과가 거듭나는 일이다.

모세가 두 번째에 비로소 하나님의 말씀을 받았던 것과 같다. 스스로 자신을 정제하고 다듬은 돌판을 준비한 후에 하나님의 말씀을 받았다. 죄악된 인간이 그 죄성을 살피고 살기 위해 몸부림 친후에 비로소 예수님의 발 앞에 두 손 들고 나아가 주님이라 영접할 때 얻는 거듭남이다. 온전히 십자가를 지고 철철 흐르는 자신의 피 값을 대신 갚아 주신 그 은혜에 감격하는 깊은 겸손의 깨달음이다.

단지 머리로 인정하는 학습이 아니라 인격적으로 예수님을 나의 구주로 인정하고 받아들이는 절대 순종이다. 가장 거룩한 심정으로 지성소에 나아가 하나님의 말씀을 받고 절대 복종하는 인격적 결단이다. 지성소 법궤 앞에서 행하는 절대 순명의 거룩한 예식이다.

제3장

신약의 거듭남

1. 새사람

거듭난 사람이란 새사람이다. 새사람은 예수님의 의와 진리로 다시 태어나는 사람이다. 육체가 다시 태어나는 게 아니라 육체 속에 깊이 감추어져 있는 영혼이 새로워지는 새 창조이다. 한 번 태어난 육체의 키를 한 자나 더 크게 할 수는 없지만 우리의 속사람은 새롭게 태어날 수 있는 게 거듭남의 비밀이다.

거듭나 본 자는 잘 아는 사실이다. 거듭남은 세상 창조와 같이 하나님의 은혜가 아니면 이루어질 수 없는 신비로운 하나님의 축복이다. 이를 잘 설명하는 말씀이 눈으로 인지할 수 있는 상황으로 보여주신 바 예수님께서는 다시 오실 마지막 때에 세상이 새롭게 되리라고 하셨다(마 19:28).

주님께서 다시 오실 때를 사도 요한을 통하여 자세히 설명하시기를 새 하늘과 새 땅이 되리라고 하셨다. 타락하고 더러워진 세상을 원래대로 거룩하고 정결하게 하시는 것이다. 오래되고 썩은 세상을 재창조하심으로 원래대로 하나님의 거룩하신 뜻인 새 하늘과 새 땅을 이루신다. 세상이 새롭게 되되 영원히 새롭게 됨을 말씀하셨다.

그 영광의 때에 성도들은 예수님 보좌 옆에 나란히 앉아 세상을 다스리게 되리라 하셨다. 하늘과 땅이 본질적으로 새로운 형질로 변화되는 것이다. 썩거나 변질되는 땅이 아니라 영원히 새롭게 존재하는 새 땅이 되는 것이다.

이 새 하늘과 새 땅에서 영생을 상속받으리라고 하셨다. 새롭게 된 세상에서 영원히 축복된 삶을 살게 되는 영화로운 축복이다. 이와 같이 거듭남은 사람의 상태를 본질적으로 변화되어 새사람이 되는 것이다.

이러한 변화는 예수님의 의와 진리의 말씀으로만 가능하다. 육체의 모습이 변하는 게 아니라 심령이 새롭게 됨을 뜻한다. 교만하던 생각이 겸손의 자세로 음란하던 마음이 거룩한 심령으로 변하는 새롭게 됨이다. 이는 세상이 변하는 만큼이나 어려운 일이다.

이 일은 오직 예수님의 의의 말씀이 역사할 때만 가능하다. 인간은 변하지 않는다. 완고하기가 벽돌보다 강한 게 인간 고집이다. 한 번 악해진 성품이 부드러운 옥토같이 변하는 일이란 천지개벽만큼이나 힘든 일이다.

그만큼 마귀의 악습은 속 깊이 죄인들의 심령에 인을 쳐 놓았다. 거미줄에 걸린 파리가 발버둥치지만 헤어나지 못하고 죽어가 듯 한 번 마귀의 악습에 걸린 자는 죽어갈 수 밖에 없다. 운명처럼 말이다.

죽음 뿐이다. 마귀의 구습을 따라 죽어가는 심령이 살 수 있는 길은 의와 진리의 말씀으로 불의를 벗어나고 거짓의 아비인 마귀를 죽여야 한다.

진리의 싸움은 광야 교회에서 숱한 시련을 이기고서야 요단을 건널 수 있었던 하나님의 백성들과 같이 고되고 힘든 일이다. 성경 몇 번 보고 말씀 몇 번 듣고 눈물 흘렸다 하여 거듭났다고 하는 정도의 감정적 거듭남이 아니다. 인생의 깊은 고뇌의 깊은 회한의 순간들을 지나고서야 깨달아 지는 인생에 한 번 있는 싶은 주님의 음성을 듣는 깨달음이다. 오랜 세월 현저하게 육체에 머물러 있던 구습을 벗어 버리고 새사람이 되는 일은 결코 쉽지는 않다.

육체의 일은 한두 가지가 아니다, 더러운 음행과 우상 숭배와 이단 등등 차고 넘치는 게 육체를 따르는 인간들의 행태다. 죄를 짓고도 뻔뻔하게 얼굴 들고 다닐 뿐 아니라 변명을 넘어 자기합리화에 당당히 자기 주장하기에 여념 없는 인간들이다. 더러운 음행을 하면서도 깨끗한 척하며 거리를 활보하는 군상들이다.

인두겁을 썼을 뿐 짐승과 하나도 다를 바 없는 현대인들이다. 양심은 이미 화인 맞아 느낌조차 없고 오직 자기 욕구를 채우기에 급급할 뿐이다. 육체의 욕망을 따라 줄달음질치는 송사리 떼들이다. 자기가 죽는 줄도 모르고 눈앞의 이익을 위해 구렁텅이에 빠져 드는 군상들이다. 하룻강아지 범 무서운 줄 모르고 달려들 듯이 하나님이 없다며 스스로 파라다이스를 만들겠다고 나대는 무리들이다.

벽돌만 쌓아 올리면 그 어떤 홍수도 막아낼 수 있다던 바벨탑 백성들처럼 우주과학의 위성이면 그 어떤 것도 다 해결할 수 있다는 육체적 인간들의 아우성이다.

육체의 일은 인간으로 하여금 생각이란 걸 무시하고 눈에 보이는 육감적인 것에 현혹되도록 인간 이성을 마비시키고 있다. 고귀한 인성은 무시한 채 한껏 시각적인 유치함에 모든 신경을 쓰도록 몰두하고 있다. 참으로 유치찬란한 현대사회다.

생각이라는 귀중한 유산을 집어 던져 버리고 말초신경적인 치장에 여념 없는 사회다. 미래는 생각조차 않고 돈이 되는 일에만 모든 자산과 사상과 지식이 사용되고 있다. 정욕만 난무하는 세상이다. 헛된 정욕으로 사람을 판단하고 조종하는 기술이 판치고 있다. 모든 걸 다 볼 수 있다고 자랑하는 현대인들이다. 현미경을 통해 육안으로 보지 못하던 미생물도 보고 망원경을 통해서는 우주의 별들도 다 볼 수 있다고 주장한다.

그런데 예수님은 말씀하시길 본다고 하니 죄는 그대로 있다고 하신다. 본다고 하는데 실상 가장 무서운 죄는 보지 못하니 큰 일이다. 죄는 보지 못하니 안목의 정욕만 커질 따름이다. 눈에 죄가 보이지 않으니 눈에 보이지 않는다는 이유로 안목의 정욕만 늘어날 뿐이다. 육은 잘 보이는데 비례하여 영혼의 양심은 더욱 보이지 않으니 문제이다.

실상 육은 죽이는 것이요 영은 살리는 것인데 영이 죽는 것은 보이지 않으니 걱정을 넘어 죽음이다. 자신이 소경이 된 줄 모르고 아무 걱정 없다고 활보하며 안목의 정욕만 키우고 있다. 온통 거리는 음란의 눈들로 번뜩이고 있다.

자신의 눈은 점점 시력을 잃어가는데도 정욕을 채우기만 급급하다. 자신의 욕구만 채우면 인생의 목적을 이룬 것인 양 의기양양하여 돌아다니고 있다.

곧 죽을지도 모르고 세상 다 산 것처럼 죄를 범하며 악을 더욱 쌓아 가고 있다. 눈 뜬 장님이다. 하나님을 떠나니 뭐 눈에는 뭐만 보인다고 그저 정욕적인 생각뿐이다.

듣기는 하나 듣지 못하는 현대인이다. 세상의 시끄러운 소리는 잘 듣는다고 하는데 영혼을 살리는 음성은 듣지 못하니 걱정이다. 소리소리 질러야 흥분되고 만족하는가 보다. 너도 나도 내 소리를 들어보라고 크게 크게 소리지르고 있다. 너도 나도 떠드니 고막이 터져 나간 것 같은데도 상관이 없단다. 각자 옳다고 여기는 대로 살면 그만이다.

최고의 가치다. 원하는 대로 사는 게 최상의 방법이다. 최고의 인권이며 인간 존엄성을 지켜나가는 길이다. 듣고 싶은 것 다 듣고 하고 싶은 것 다 하고 살면 그만이다. 더 좋은 게 어디 있다고 따지는가 따지지도 말고 묻지도 말고 즐기면 그만이다. 밤새 떠들고 흔들고 춤추다 보면 날은 샐 것이고 해는 떠오를 것이다.

이게 세상의 이치다. 사는 재미다. 듣고 싶은 음악, 듣고자 하는 소리, 흥분시키는 유혹의 노래로 충분하다. 사는 게 별거 아니다. 즐길 수 있을 때 즐기고 듣고 싶은 소리 들으며 살면 족하다. 더 바랄 게 없다는 식이다.

그러나 문제는 이게 다가 아니다. 육체의 정욕을 따라 살면 그만인 게 아니라 반드시 하나님을 떠나 제멋대로 산 대가의 심판이 있다는 엄연한 현실이다. 그 외모로 판단하지 아니 하시고 그중심을 보시며 판단하시는 하나님께서 미리 말씀하신 대로 각자의 삶에 대해 심판하신다는 사실이다. 하나님께서 원하지 않는 삶을 산 자에게는 무서운 지옥의 형벌을 내리시는 것이다.

그래서 누누이 하나님의 뜻을 살라고 그렇게도 선지자들을 보내 말씀하셨건만 외면하고 듣기 좋은 소리만 듣고 산 자들은 거기에 합당한 응보를 받는 것은 당연한 일이다.

한 대로 받는 것이다. 행한 대로 보응 받는 건 당연지사이다. 악한 짓을 한 자가 아무런 형벌도 받지 않고 영원히 산다는 건 있을 수 없는 일이다. 세상 이치는 '인과응보'이다. 하나님 없이 제 욕정만 채우고 남들이야 죽든 말든 자기 욕구만 채운 자가 하나님의 나라에서 천년만년 산다면 말도 되지 않음이다. 있을 수 없는 일이다.

악하게 자기만 즐기다 살다 간 자는 당연히 무서운 지옥의 불구덩이에 떨어짐이 당연하다. 세상의 소리에 취하여 하나님의 음성에는 귀머거리로 산 자가 어떻게 천국의 소리를 들으며 영원히 살 수 있단 말인가 말도 되지 않는 일이다. 마귀의 소리에 취해 살던 자들은 당연히 마귀의 나라에 가 악귀의 소리에 취해 사는 게 당연하다.

오늘날 세상의 소리는 시끄러울 뿐이다. 회복 회복하지만 달고 오묘한 예수님의 음성이 안 들리니 나중에는 피곤하고 지칠 뿐이다. 거룩한 소리를 들은 게 없으니 말도 제대로 하지 못하는 현대인의 삶이다. 하늘의 거룩한 것을 듣고 본 게 없으므로 말할 게 없는 벙어리가 되어 버리고 말았다. 주절주절 하루 종일 떠드는 데 들을 게 없는 허공만 치는 헛소리들이다.

별 뜻 없는 소리들만 내 뱉으며 살아가는 중이다. 영원히 거룩한 하늘의 소리는 한마디도 전하지 못하고 오로지 허공만 치는 별 뜻 없는 이야기만 쏟아 놓을 뿐이다. 벙어리 귀신이 달라 붙어서 하나님 나라의 말은 하지 못하고 그저 쓸데없이 귀신의 소리만 지껄이게 하고 있다.

하늘로 감동을 받지 못하고 그저 저급한 귀신의 소리에 사로잡혀 거리를 헤매고 있는 것이다. 불쌍한 영혼들이다. 외마디 소리도 지르지 못하고 귀신에 사로잡혀 죽어갈 뿐이다. 벙어리 된 자이다.

땅의 온갖 쓰레기 오물의 악취에 취해 인권이니 동성애니 지절거리고 있다. 영혼은 교만하고 음란 하여 말만 뱉으면 인권도 하늘의 자유도 쟁취하는 줄 착각하며 한 세상 살다 죽어 가고 있다.

말도 못하는 앉은뱅이들이 거리에 앉아 구걸하고 있는 게 작금의 현실이다. 그런데도 똑비로 걸으며 할 말 다하고 산다고 하니 어처구니없다. 온봉 거리를 몰아나니며 시구 땅덩어리가 좁다고 휘집고 있다. 자신은 이 디든 갈 수 있는 천국도 걸어갈 것 인양 설치고 있다. 천국이 무슨 걸어갈 정도로 가까운 곳에 있는 줄 착각하고 있다. 참으로 영적 앉은뱅이들이다. 하나님 나라가 보이지 않으니 천국에 가봤더니 어떤 꽃이 피어 있느니 말도 많다. 누구는 있고 누구는 없다느니 천국 감별사라도 된 양 주장하고 있다. 참으로 어처구니가 없는 모양새다.

풍문으로 들은 얘기를 참으로 착각하고 있는가 보다. 하긴 자신이 영적으로 소경이며 앉은뱅이임을 안다면 감히 두려워 헛소리는 안 할 텐데 말이다. 하나님이 없다고 하는 자들이니 무서운 게 없나 보다.

영적으로 눈이 멀고 자신이 벗었는지 입었는지 분간이 안감은 당연한 일이겠다. 아담이 선악과를 먹고 나서야 비로소 옷 벗은 줄 알고 부끄러워 했다. 그리곤 한 일이 무화과로 옷을 해 입고 자신을 가렸다고 하였다. 그래도 체면은 있었나 보다.

그런데 요즘 인생들은 벗었는데도 부끄러운 줄을 모른다. 꼭 라오디게아 교인들 같다. 자신의 치부가 드러났는데도 명품을 알아 보지 못하는 자들의 시샘에 불과하다고 말한다. 별 볼일 없는 자들이 공연히 부러워 떠든다고 치부한다. 돈이 없어 사 입지도 못하는 주제에 불평이나 한다고 하니 세상 참 거꾸로 가는가 보다.

아담은 부끄러워 무화과로 가렸다고 했다. 무화과 나무의 비유처럼 자기의 의로 가린 것이다. 하나님의 의로 옷을 입은 게 아니라 인간의 타락한 의로 자신을 덮은 것이다.

그러니 하나님의 긍휼이 드러나지 않고 자신의 죄만 더 할 뿐이다. 죄지은 인간의 발버둥이다. 온갖 지식과 변명으로 자신을 항변하는 우리들의 모습이다. 그럴수록 자신의 치부만 더 드러날 텐데 하긴 알면 그렇게 어리석은 짓을 하겠는가 말이다. 하나님께서 가죽옷을 해 입히시기 전 까지는 죄사함이란 가당치도 않는 법이다.

참으로 죄인은 예수님의 말씀으로 거듭나 새사람이 되어야 영적 소경에서 영적 귀머거리에서 벗어날 수 있다. 그렇지 않고서는 늘 옛사람의 못된 악한 성품에서 빠져나올 수 없다. 예수님의 음성을 듣기 전까지는 항상 옛 성품에 젖어 앵무새처럼 악한 생각에 몰두하게 되어 있다.

거듭나게 하는 주님의 말씀을 들어야 악한 행실을 버리고 영혼이 새로워지는 참된 소생을 체험하게 된다. 주님의 말씀에 폭파되기 전에는 항상 자신의 의를 드러내기 바쁜 게 타락한 인간의 모습이다. 온갖 육체의 일로 바쁜데 언제 조용히 하나님의 말씀을 대하여 자신의 비참함을 숙고할 수 있겠는가 죽었다 깨어나도 일어날 수 없는 일이다.

인간은 그토록 아집이며 악한 존재이다. 마귀의 미혹에 오염된 결과물이다. 이 깊은 악의 구렁에서 벗어나는 일은 오직 예수님의 말씀을 듣고 마귀의 함정에서 빠져나오는 길이다. 하나님께 나아가 하나님의 의와 진리의 거룩함을 입어야 한다. 예수님의 거룩한 의의 말씀을 따라 새롭게 지으심을 입어야 가능하다. 하나님께서 죄 지은 아담을 불쌍히 여기시고 가죽옷을 입혀 주셨듯이 예수님의 은혜를 입어 새사람을 입어야 한다.

예수님께서 긍휼을 배푸사 의와 진리의 말씀으로 거룩하게 새사람의 옷을 입히실 때 거듭나게 하는 영생을 체험하게 되는 것이다. 주께 나아가는 자가 받는 영생의 복이 거듭남이다. 이 거듭나는 체험은 일시적인 감동이 아니라 영원히 소유하게 되는 거룩한 영생에의 초대이다. 새사람의 옷을 입어야 부끄러운 수치에서 벗어날 수가 있다.

주님의 의의 말씀으로 소경 된 자리에서 눈을 뜨고 귀머거리로부터 주의 음성을 들어야 한다. 거룩한 진리의 말씀으로 거듭남으로 주님을 증거하며 앉은 자리에서 일어나 새사람의 능력을 드러내야 한다. 육체의 현저한 패악으로 세상은 얼마나 더러워졌고 마음은 무디어져서 마귀의 현실이 되었는지 안타까울 뿐이다.

얼마나 세상이 패역해졌으면 예수님께서 옛 하늘과 옛 땅을 없애 버리시고 새 하늘과 새 땅을 만드시겠는가?

그런데도 사람들은 그런 일이 가당키나 하냐고 걱정하지들 말라고 하니 참으로 기가 막힌 일이다. 예레미야가 바벨론의 포로로 끝장날 것이라고 그렇게도 외쳤는데도 하나님이 보호한다고 떠들었으니 할 말 다했다.

결국에는 그 잘난 백성들이 포로로 끌려갔는데도 네 탓 내 탓하고 싸우기 바빴으니 할 말 없다. 뚜렷한 육신의 품성을 새롭게 하는 일은 예수님의 새로운 말씀이 들리는 것 외에는 아무것도 없다.

성령이 교회들에게 하시는 말씀이 들려야 무엇이 하나님의 의인 줄 이해하게 되고 새사람을 입을 수 있게 된다. 무디어진 마음에 한 줄기 햇살처럼 주님의 음성이 들릴 때에 비로소 영혼이 새로워지는 법이다.

교만으로 메말랐던 영혼이 따스한 주님의 음성을 들을 때 비로소 마음이 열리고 영혼이 새로워지는 것이다. 주의 음성이 들리지 않으면 제아무리 번개가 번쩍이고 우뢰가 쳐댄다 해도 닫힌 마음의 문은 열리지 않고 오히려 더욱 잠기게 되는 것이다.

마귀는 자기의 마지막 때가 된 줄을 알고 더욱 기승하여 악한 인간들의 마음과 영혼을 사로잡고 놓아주지 않고 있다. 악인들의 뼈 속까지 음기와 죽음의 기운으로 꽉 차게 만들어 놓았다. 악으로 가득 찬 인간이 새사람으로 변화되는 일은 인간의 치료요법으로는 될 수가 없고 오직 의와 진리의 거룩한 성령으로만 가능하다.

불의와 비진리로 오염되어 거짓을 참으로 호도하는 세상에서 인간의 지식과 지혜로 새사람이 되는 일은 불가능하다. 영적 소경에서 영적 귀머거리에서 깨어나 하나님의 음성을 들으며 하나님 나라를 보게 되는 일은 하나님의 의의 옷을 입고 거룩한 진리로 덧입힘을 입을 때 가능하다.

그래서 골로새서는 "새사람을 입으라"고 권면한다. 새 옷을 입음으로 새로운 신분의 사람이 되듯이 땅의 언어가 아닌 하늘의 말씀을 입어 새사람이 되라는 것이다. 의와 진리의 새사람을 입음으로 지식에 까지도 새롭게 함을 입어야 한다.

마음의 생각까지도 옛 구습의 악한 생각이 아니라 새사람의 새롭고도 거룩한 지식으로 전환되어야 한다. 그러할 때 거듭난 자로서 하나님 나라를 보며 하나님 나라를 소망하며 하나님 나라 백성으로 살아갈 수 있게 되는 것이다. 하나님 나라에 합당한 성품 즉, 겸손하고 온유한 새사람이 되는 것이다.

2. 아버지 집

　탕자는 아버지의 집을 떠났다. 아버지의 간섭도 싫었고 무엇보다 자기의 꿈을 펼치고 싶었다. 헛된 꿈인 데도 헛된 야망을 위해 아버지의 그늘에서 벗어나고자 하였다. 탕자는 자신의 몫을 주장했다. 명목은 고리타분하게 농사만 지어서는 새빌이 필 수 없으니 해외 무역을 해서 아버지의 부에 수배는 벌어보겠다고 큰 포부를 나타내며 자신의 몫을 달라 하였다. 호사를 누린 것에 감사는커녕 아버지의 마음을 후벼 파고 말았다.

　탕자는 당당히 아버지의 집을 떠나 삼시 사업구성 한답시고 창기의 집에 머물렀다. 당분간 세상 돌아가는 추세도 살피며 무엇을 해야 돈을 잘 벌 수 있을까 나름 큰 포부를 꾸며 주색잡기에 돌입하였다. 돈을 물 쓰듯 쓰면서 스스로에게 말하기를 이 정도는 아무것도 아니며 사업을 잘해 큰 돈을 만지면 다 회복된다고 자신했다.

　아버지 집에서 먹던 양식은 아무것도 아니고 산해진미에 여자에 술에 그야말로 최상의 진미와 쾌락에 정신 줄을 놓아 버리고 말았다. 창기의 미혹은 상상을 초월하여 탕자로 하여금 순식간에 알거지를 만들어 버렸다.

　창기의 집은 그야말로 한여름 밤의 꿈 같은 일장춘몽이었다. 창기의 집의 양식은 마약과 같이 비싸고도 순식간에 미쳐버리게 하는 값비싼 대가였다. 간부의 애교는 들릴라와 같은 마성이 있어서 다 털리지 않고는 빠져나올 수 없게 만들었다.

　탕자는 모든 돈을 털린 후에야 거지가 되어 창기의 집에서 쫓겨나고 말았다. 창기의 집의 양식은 빈털터리에 한 톨의 쌀밥도 용납되지 않았다.

　돈 없는 거지는 동냥도 허락되지 않는다. 집 문전에서 서성거리면 영업에 방해가 되기 때문이다. 창기의 집은 돈 없으면 냉정하고 몰인정한 곳이다. 창기의 집에는 돈만 존재한다. 그 외는 아무것도 가치가 없다.

탕자는 먹고 살기 위해 품꾼의 삶을 시작하였다. 머슴도 안되었다. 받아주지 않으니 오래 머물 머슴 자리도 없어 하루 벌어 하루 사는 처량한 품꾼이 되었다.

체면 차리기에는 거지보다 품꾼이 좋겠는데 그 품꾼자리마저 흉년이 들어 할 수 없게 되었다고 누가복음은 기록하였다. 신세를 망쳐버린 것이다. 기가 막힌 장면이다. 갑부 아들이 얼마나 못났으면 품꾼도 못 되어 살기 위해 돼지우리 간에서 쥐엄 열매를 먹게 되었다니 비참한 지경에 이르게 되었다.

머슴은 품꾼은 고사하고 거지 중 상거지가 되어 돼지우리를 뒤지는 신세가 되었다니 이보다 더한 비참함은 없으리라!

오늘날 잘 먹고 잘 사는 우리들의 모습이다. 겉으로는 번지르르한데 그 속은 만족함이 없이 빈털터리가 되어 거지꼴로 살아가고 있으니 말이다. 속 영혼은 거지꼴인데도 아무 걱정 없다고 떠들고 있으니 그 말로가 어찌 될까 아찔하다. 구멍 난 자동차인데 그걸 모르고 질주하는 모습이다. 제 갈 길로 마구 뛰어 가는 군상들이다. 영적 거지들이다.

탕자는 거지 신세가 되어 집도 없이 떠도는 처지가 되었다. 집세를 낼 형편도 못되어 추측 건데 비바람이라도 피하고자 돼지우리 간의 한 켠에서 지내며 돼지 먹는 쥐엄 열매를 먹으며 살게 되었다. 그야말로 더 할 나위 없이 처참한 지경에 떨어지고 말았다.

이 돼지 우리 간에서 탕자는 살길을 찾고자 생각에 생각을 거듭하였다. 살길은 오직 하나임을 깨달았다. 체면 불구하고 나를 그렇게도 사랑하고 예뻐해 주시던 아버지 집으로 가서 부탁해 봐야겠다고 생각하게 되었다. 나를 끔찍하게도 사랑해 주시던 아버지께 제발 품꾼이나마 써 주시면 군소리 하나 하지 않고 성실히 일하겠다고 말하고자 결심했다. 그 어떤 기대도 하지 않고 탕자는 오직 밥 먹기 위해 아버지 집으로 가고자 했다.

그것이 고작 탕자가 찾은 해법이며 살길이라고 믿었다. 품꾼으로 쓰이는 게 될 유일한 방법이었다. 인간은 참으로 고집 강한 동물이다.

망해도 자존심은 있어서 결코 무릎은 꿇지 않으려고 돈이면 돈, 재능이면 재능, 건강이면 건강 무엇이라도 하나만 있어도 끝까지 버티는 존재이다. 진짜 숨을 조금이나마 쉴 수만 있더라도 자존심을 앞세우는 동물이다.

그 잘난 탕자가 아버지 앞으로 가고자 했다니 얼마나 비참해졌나를 짐작할 수 있다. 탕자가 최후로 깨달은 깨달음이었다. 아버지께 간다면 굶어 죽지는 않겠다는 마지막 생각이었다. 사랑이 많으신 아버지께서 살려 주리라는 믿음이었다. 뻔뻔하지만 그 외에는 아무 도리가 없으므로 탕자는 모든 체면이고 뭐고 따질 시간도 없어 그의 발걸음은 아버지의 집을 향해 발걸음은 떼어져 있었다.

탕자는 처절한 가난 속에서 자신이 이렇듯 무너진 이유는 다름 아닌 두 가지 죄 때문임을 인식했다.

첫째, 하늘에 계신 하나님에게 죄를 범했다.
둘째, 자신을 낳아준 아버지에게 불효의 죄를 지었기 때문이다.

이렇듯 망한 이유는 부모에게 순종하라는 하나님의 계명을 어긴 죄이었다. 절대 계명을 어긴 결과는 전적으로 망해 더 이상은 아무 소망도 없는 신세가 된 것이었다. 하나님의 계명을 어긴 죄는 참담한 결과를 낳았다. 쫄딱 망했다. 다시 재기는 없는 상황이었다. 육신의 아버지에게 불효한 죄도 후회막급이었다. 그 사랑 많으신 아버지의 속을 긁어 놓은 결과는 보기 좋게 돼지우릿간 쥐엄 열매였다.

그 기막힌 상황에서 탕자가 택한 마지막 결정은 굶어 죽을 수는 없으니 아버지에게 가서 제발 품꾼의 하나라도 써 주셔서 굶어 죽는 것만은 면하게 해달라는 구걸이었다. 그렇게 회개의 발걸음은 떼어졌다. 탕자의 죽을 것 같은 발걸음은 그렇게 아버지 집으로 향해 가고 있었다.

인간 모두는 이와 같다. 죄 가운데 있는 우리들과 하나도 다르지 않다. 단지 스스로 생각하기를 아직도 살만한 여력은 있다고 착각하며 살고 있을 뿐이다. 이 뻔뻔한 탕자의 마지막 생각이지만 이것이 탕자가 살 수 있는 마지막 생각이었으니 참으로 아버지는 사랑의 아버지이다. 아버지는 탕자를 향한 그 거룩한 사랑의 심정을 표현하기를 날마다 아들이 돌아오기를 동네 고갯마루에 올라 기다리고 있었다. 아들을 미워하기 보다 어떻게 사는지 걱정하며 이 심한 흉년 시절에 무사히 돌아오기만을 기다리셨다.

부자지간에도 정을 끊고 사는 사람들이 많은 세대다. 재산 때문에 철천지원수가 되어 사는 사람들도 흔하다. 돈과 권력 앞에서는 뭐도 없고 뭐도 없는 인간의 악독 함을 표현하는 말들이다. 역사적으로도 부자지간의 연을 끊는 사도세자의 죽음은 이를 잘 말해 주고 있다.

그러나 탕자의 아버지는 달랐다. 아들에 대한 무한한 사랑을 드러내고 있다. 아버지가 아들에 대하여 그 어떤 조건도 없이 절대적인 사랑을 드러내고 있다. 탕자를 오매불망 기다리던 아버지는 동네 어귀에 나타난 거지 아들을 향하여 욕하는 게 아니고 오히려 껴안고 입을 맞추며 품어 안았다.

화를 내는 게 아니고 살아 돌아온 아들을 향한 기쁨을 어쩌지 못하고 흥분하였다. 돌아온 탕자는 그저 아들이 아니고 죽었다가 살아 돌아온 귀한 아들이라 하였다.

전쟁에 나가 나라를 위해 싸우다가 죽었다던 아들이 살아 돌아온 것과 같이 탕자는 그냥 아들이 아니고 죽었다가 살아온 아들이라는 뜻이다. 어떻게 돈을 탕진했는지 묻지 않고 이 못된 놈 나가 죽으라 저주하지 아니하였다. 오히려 하인들을 불러 송아지를 잡고 잔치를 열라고 명하였다. 가당치도 않는 잔칫상이다. 이렇게 재산을 탕진히였고 주색잡기는 어찌했는지 엄하게 문초를 해야 할 입장이었다.

소를 잡아 벌이는 잔치라니 제정신인가?

그러나 아버지는 군말 없이 큰 잔치를 벌였다. 내 사랑하는 아들이 죽었던 아들이 돌아왔다는 것이었다. 당연히 연회를 베풀어 기쁨으로 축하해야 한다는 것이었다. 이 얼마나 큰 아버지의 사랑인지 표현할 길이 없다. 아버지의 절대적인 아들에 대한 사랑이 아니고는 달리 표현할 방도가 없다.

아버지는 아들을 조건 없이 차고 넘치게 사랑하시는 분이시다. 아들을 향한 뜨거운 사랑을 잘 드러내고 있다. 절대적으로 사랑하지 않고는 이렇게 할 수가 없다.

육신의 아버지를 들어 하나님의 사랑이 얼마나 절대적인가 하심을 잘 말하고 있다. 하나님은 바로 우리 같은 탕자들을 사랑하되 그 아들 독자라도 아끼지 않고 십자가에 못박게 하시고 피 값으로 우리를 사셨다. 이보다 더한 절대적인 사랑은 이 우주 안에 존재하지 않는다.

우리들의 이 거룩한 거듭난 구원은 하나님의 절대적인 사랑이 아니고서는 있을 수 없는 일이다. 하나님께서 마귀의 밥이 되어 죽어가는 인생을 불쌍히 보시고 그 아들을 아끼지 아니하시고 우리를 위해 주신 결과이다. 그야말로 절대적인 하나님의 사랑이 아니고서는 마귀로부터 벗어날 수 없었던 게 우리 죄인들의 실존이었다.

그래서 바울은 하나님의 아들 예수님이 우리를 위해 목숨을 버리신 그 거룩한 사랑에서 그 어떠한 것도 끊을 수 없다고 고백하였다. 예수님이 나를 향한 그 사랑의 깊이와 높이를 잴 수 없으며 그 사랑은 절대적임을 말하고 있다.

주님의 우리를 향한 사랑이 절대적이 아니라면 언제든지 마귀로부터 벗어날 수 없다. 마귀가 쳐 놓은 마수는 견고하기 때문이다. 주께서 자신의 목숨까지도 바쳐서 죽지 않으셨다면 우리가 마귀의 사슬에서 벗어난다는 일은 불가능한 일이었다. 피와 물 한 방울 남기지 아니하시고 마귀에게 그 대가를 지불하셨기에 우리 죄인이 마귀로부터 빠져 나올 수 있었다.

참으로 주님의 나를 향하신 사랑은 무엇으로도 표현할 수 없는 거룩한 절대 사랑이다. 전지전능하신 하나님의 아들이 마귀가 뭐라고 마귀가 원하는 대가를 다 지불하고 우리를 사셨다는 것을 이해하는 일이 바로 하나님 아버지의 사랑이 가히 절대적 임을 인식하는 첩경이다.

돈 몇 푼 놓고도 서로 죽이는 세상에 아무것도 요구하지 아니하시고 오히려 자신을 던져 우리의 몸값을 지불하신 사랑이야말로 놀라운 주님의 사랑인 것이다. 하나밖에 없는 아들을 우리를 위해 내어주신 분이 바로 하나님 아버지이신 것이다. 아버지와 아들 그리고 거듭난 우리는 절대적인 사랑의 관계에서 맺어진 뗄래야 뗄 수 없는 숙명인 것이다.

아버지는 돌아온 탕자를 아무 조건 없이 품어 안음으로 아버지의 사랑이 필연적으로 절대적인 사랑이었음을 잘 나타냈다. 아버지의 사랑은 체면 차리고 계산하여 조건부로 용인해 주는 세속적 사랑이 아니라 마귀라도 아무 말도 할 수 없는 절대적인 일방적인 거룩한 사랑이다. 마귀가 일말의 항변도 할 여지가 없는 궁극적 사랑이었다.

우리로서는 참으로 가당치도 않는 사랑이었다. 탕자는 너무도 고마운 넘치는 사랑을 받은 것이다. 이 거룩한 사랑을 받은 당사는 그야말로 심기일전하여 아버지가 무슨 말씀을 하기 전 알아서 아버지의 땅을 가꾸고 일하였음은 말할 나위도 없다.

다섯 달란트 받은 청지기가 수년 내에 갑절로 재산을 불렸듯이 탕자는 열심을 다하여 수년 내에 탕진했던 모든 재물을 다 벌어 채웠으리라. 개과천선한 탕자는 누가 뭐라고 하기도 전에 자진하여 아버지가 베푼 잔치를 황공하여 몸을 사리지 않고 일을 하여 자신의 품삯뿐만 아니라 그 이상의 경영으로 아버지의 재산을 증식시켜 놓았으리라.

이는 은혜 받은 자가 죽도록 충성하는 모습이다. 탕자는 너무 감격하여 최선을 다해 아버지의 뜻을 받들고 아버지의 아들로서 모든 품행과 지혜를 다해 아버지의 뜻을 살피고 받들었다. 풍성한 아버지의 집은 더욱 풍성해지고 넉넉해져만 갔다.

아버지의 집에는 양식이 풍성하였다. 부족함이 없었고 그 어떤 가뭄이 와도 양식이 끄떡없이 넘쳤고 풍성하였다. 언제든지 송아지를 잡아 잔치를 하여도 부족함이 없었고 금은 보석이 차고 넘쳤다. 탕자의 품삯은 문제 없었고 그 이상이라도 베풀 수 있는 여력이 충분히 있었다. 사시사철 물이 마르지 않는 시내와 같이 아버지 집의 양식은 풍족하였다.

항상 악을 버리고 선을 택하는 아버지의 거룩함을 따라 버터와 꿀을 먹고 또 먹어도 부족함이 없었다. 달콤한 꿀을 먹으며 살살 녹는 버터에 맛나는 빵을 먹고 또 먹었다. 다달이 생명나무의 과실이 열리듯 탕자가 힘쓰는 아버지의 집의 양식은 해를 거듭할수록 풍성해 갔다. 그 어떠한 불평과 불만도 사라지고 아들이 돌아온 기쁨과 소망이 넘치는 집이 되었다. 바로 지상낙원이 탕자가 돌아와 사는 아버지의 집이었다.

시냇가에 심은 나무가 제 시절을 쫓아 과실을 맺듯이 아버지의 집에는 언제나 소산이 시절을 따라 수확되었고 창고에는 양식이 가득 차 있었다. 먹을 일에는 아무 염려가 없는 집이 탕자의 집이 되었다. 전에는 알 수 없었던 아니 알려고도 하지 않았던 아버지 집의 양식이 이리도 달콤하며 넘치는 줄 이제야 알 것 같았다.

아버지의 집의 양식은 풍성하므로 때를 따라 옛 것과 새 것을 언제든지 꺼내 음식을 만들 수 있다. 천국의 서기관은 부족함 없이 천국 창고에서 양식을 꺼내 요리하여 만찬을 즐길 수 가 있는 법이다. 여름이든 겨울이든 걱정할 게 없다. 모든 양식이 창고에 쌓여 있기에 그렇다.

아버지의 집에는 새 것이든 옛 것이든 모든 게 준비되어 있다. 아무 걱정 없이 꺼내 요리만 하면 된다. 아버지의 집에는 창세기로부터 요한계시록까지 모든 말씀의 양식이 차고 넘치게 있다. 때를 따라 알맞게 꺼내 요리하여 야곱같이 잘게 썰어 양을 먹이면 된다. 단풍나무 삭풍나무 버드나무 등등 모든 게 갖추어져 있으니 잘게 썰어 먹기 좋게 한 뒤 양들에게 먹이면 양들은 무럭무럭 자라나서 젖을 만들게 되어 있다. 그러면 재산은 더욱 늘고 양식은 넘치게 되어 있다. 형통하고 번성하게 되어 있다.

아버지 집의 양식은 더욱 넘쳐나고 아버지의 말씀은 부족함이 없게 되는 것이다. 이단들이 아버지 집의 양식을 모방하여 속이고 있으나 먹어 보면 금방 안다. 아버지 집의 양식인지 창기 집의 먹어서는 안될 독인 줄 말이다.

아버지는 돌아온 아들에 관하여 한마디로 정리하였다. 내 아들은 죽었다가 다시 살아 왔노라 하였다. 죽었었던 아들이란 말이다. 죽었었으면 보고 싶어도 볼 수 없다. 음성이라도 듣고 싶어도 들을 수 없다. 죽었기에 말이다. 아들이 먼저 죽다니 이는 저주이다.

그런데 이렇듯 수년간 소식 하나 없어 죽은 줄 알았는데 살아 돌아왔으니 이보다 더 기쁜 일은 없는 것이다. 그래서 큰 잔치를 벌인 것이다. 죽어서 아들을 잃어버렸다면 다시는 보기는커녕 목소리도 들을 수 없었다. 참으로 비통한 일이다. 그런데 다시 돌아왔으니 이야말로 잔치를 벌이고도 남을 경사이다.

죽었다가 다시 살았으니 거듭남이다. 다시 태어난 것이다. 거듭남이란 이같이 탕자가 죽었다 다시 산 것과 같다. 주려 죽게 되었다가 아버지의 집으로 돌아온 것 자체가 거듭남이다. 아버지의 넉넉한 집에 다시 돌아온 게 다시 태어난 것이다. 양식이 풍성한 아버지의 집에 다시 돌아오는 일이다.

겉모습은 초라했지만 아버지는 따지지 않고 내 아들이라 인정하셨다. 이것이야말로 거듭남이 보여 주는 하나님 아버지의 은혜이다. 그저 사랑하는 아버지의 은혜이다. 조건 없는 사랑이 아니고는 있을 수 없는 일이다. 주려 죽을 수밖에 없었던 탕자가 아무 걱정 근심 없이 아버지의 양식을 누리는 게 거듭남이다.

아버지의 집에 안겼으니 아버지가 가지고 있는 모든 맛난 양식을 먹을 권한이 있다. 아버지의 집에서 아들로 인정받았으니 아버지의 특권을 누리면 된다. 그러나 이러한 복은 공짜가 아니다.

그렇다고 할 수 없이 하는 의무사항이 아니고 기뻐서 그 은혜에 감복하여 애쓰고 충성하는 가운데서 누리는 복이다. 아버지의 집은 모든 게 넉넉하다. 아버지의 인정을 받으면 모든 부족함은 사라지고 아들의 특권을 누리는 거듭남이다.

3. 다메섹

바울은 거듭난 사람이다. 다메섹 사건은 이를 잘 말해 주고 있다. 바울은 우리가 잘 알 듯 전적으로 예수님을 부정했던 자다. 그런 그가 다메섹에서 핍박하던 예수님을 만나 회심하고 오히려 예수님의 제자가 된 일은 그야말로 예수님이 큰 뜻이 있어 이루어진 거룩한 사건이다. 우리 같은 이방인이 예수를 믿어 거듭나 구원받을 수 있는 길을 연 사건이다.

바울은 알다시피 학자 중 학자이다. 유식 하다는 뜻이다. 바울은 유전에 능통했다. 특히, 장로의 유전은 달달 외울 정도로 열심이었다. 조상들이 연구해 놓은 유대교에 대한 해석은 놀라왔다. 요즘 말로 말하면 총명한 변증학자요 논리학자였다. 아덴에서 보여 주는 기독교 변증은 타종을 불허하는 압권이었다.

그 누구도 바울 앞에서 사상을 논함은 그야말로 어른 앞에서 아이가 인생을 논하는 것과 같은 짓이다. 아테네에서 보여 준 바울의 변증은 인간학이 보여 주는 철학 인문학 중에서도 최고의 사상이다. 조상, 특히 장로들이 한마디씩 하여 집대성한 유전을 하나도 빠짐 없이 읽고 나름대로 체계를 세웠기에 바울은 예수님을 설명하기 위해 변증학을 사용하였다.

실상 바울의 논리학은 구원하는 데는 제 구실을 못했지만 그가 행하려 했던 학문의 높이는 추정하고도 남음이 있다. 무슨 일이든 도통하고서야 그 일의 장단점을 논할 수 있다. 바울은 장로의 유전에 대해 한마디로 정의하기를 망령된 행실이라 하였다. 조상들이 그토록 죽으라고 연구 계승시킨 유전은 폐기처분 되어야 할 속 빈 강정이란 말이다. 인간의 삶에 조금은 유익이 될 줄 모르지만 인간 숙명의 본질적 질문에는 아무 소용도 없는 논쟁에 불과하다는 말이다.

바리새인들이 예수님과 논쟁을 벌일 때 그 논거로 삼은 게 조상들의 유전이다. 다양한 해석들을 이용하여 예수님을 고소하였다. 해박한 지식들을 엮어 교묘한 언설로 자신들의 유식 함은 드러냈지만 문제는 하나님 말씀인 모세 율법의 능력이 나타나 앉은뱅이가 일어나지 못했고 매번 따지는 게 안식일에 병 고치는 의료행위 했다는 트집뿐 이었다. 능력은 없고 허공 치는 따짐 이었다.

이는 성경을 오해했기 때문이다. 오늘도 마찬가지이다. 성경의 진의는 보지 못하고 인간의 해석만 난무하니 머리가 흔들릴 뿐이다.

바울은 어려서부터 유전의 규례에 몸이 벤 사람이다. 정통 유대인으로 유전에 익숙한 삶을 살았고 지켰고 달통하였다. 그러나 진리를 깨닫고 난 후 유전의 본질의 무의미함을 알았다. 유전은 애굽에 있는 상태와 같다. 애굽엔 모든 게 있다. 모든 사상 철학이 피고 학문이 즐비하였다. 모르는 게 없는 모든 것을 논하여 결론 내리는 최고 학문의 전당이다.

그런데도 바울이 후에 이 모든 사상을 깨닫고 한마디로 애굽의 학을 말하기를 초등 학문이라 하였다. 왜 그러냐 하면 능력이 없기 때문이다. 말은 많고 수사는 현란 하지만 생명을 구하지 못하기에 그렇다. 지식을 좀 더 가진 정도를 가지고 순위는 메길 수 있을지는 몰라도 그 암기한 지식이 죽은 자를 살릴 수는 없는 법이다.

바울은 그것을 강조하여 조상의 유전은 초등 학문에 불과하다고 정의하였다. 손을 씻지 않고 떡을 먹었다고 하여 유전을 범했을 지는 몰라도 그것으로 죄를 지었다고 정죄해서는 안 된다. 그럼에도 예수님의 제자들이 전도하느라 상황이 여의치 않아 짬을 내 겨우 식사하고 있는데 비난이나 하는 유전은 그야말로 의미 없는 일이다.

하나님께 드리면 최종적인 의무를 다 했으므로 부모를 공경하지 안 했다 해도 상관이 없다라고 하면 그야말로 부모를 공경하라는 율법을 엉망진창으로 만드는 꼴이 된다. 애굽을 탈출했으면 이제는 광야 생활에 충실하는 게 중요하다. 유전은 어린아이 시절에 통용되는 기초적인 규범이다. 죽자 살자 조상의 유전을 지키던 당시의 유대교 문화에서도 바울은 뛰어난 유전 신봉자였다.

바울은 율법에 정통하였다. 가말리엘 문하생이었다. 오늘날 하버드 석박사 출신이다. 타의추종을 불허하는 율법의 대가였다. 일점일획의 오류도 허용하지 않는 게 모세오경의 율법이다. 율법의 조명 아래 비춰 보건대 신흥 교주 예수는 죽어 마땅했고 그의 추종자들은 능지처참해도 하나 잘못하지 않은 처형의 대상들이었다. 그래서 바울은 일종의 사명감을 가지고 신흥종교를 소탕하고자 다메섹으로 향해 간 것이었다. 율법의 준엄한 명령을 실행하고자 보무도 당당히 행동한 것이다. 이 모든 행위는 철저히 율법에 근거한 것이었다.

　율법은 당시 바울에게는 여느 유대 학자와 같이 목숨을 걸고 배우고 터득하여 목숨을 걸고 지켜야 할 인간 최대의 관심사였다. 율법 준수는 절대적인 하나님의 명령이다. 죽고 사는 문제이다. 율법을 배우고 익혀 행해야 하나님의 복을 받고 후에는 천국에도 갈 수 있다. 이방인 개들처럼 율법을 모르고 살빈 축복은 없고 지우 책은 받은 보듯 명약관화하다. 하나님이 명하셨으니 하나님의 도인 율법을 따름이 당연한 일이고 그 율법을 지키지 않고 인간인 예수라는 자를 하나님처럼 따른다면 죽어 마땅한 일이다.

　아담 이후 범죄한 모든 인간은 죄인이다. 이 무지한 인간이 살 수 있는 유일한 길은 율법을 통해 죄를 깨닫고 그 명령을 지켜야 복을 받을 수 있는 법이다. 율법을 떠나서는 타락한 인간이 죄를 벗어나 하나님의 복을 받고 구원받을 수는 없다. 오직 율법을 배우고 닦고 실행해야 하나님 앞에 섰을 때 천국으로 갈 수 있는 것이다. 목숨보다 귀히 여기는 모세오경에서 비롯한 율법의 해석은 그야말로 수 천 개의 가지를 쳐 나갔다.

　십계명으로부터 시작하고 나서 613개 율법으로 나아가 수만 가지 해석으로 확대되었다. 율법은 하나님의 백성을 얽어매는 올무이다. 그저 율법을 어기는 죄인들을 양산하는 법전이다. 루터가 고난의 계단을 기어오르다 깨달은 바와 같이 행위로는 얻을 수 없는 불가능한 법규였다. 구원에 이르는 길은 인간의 행위의 집합이 아니라 전적인 하나님의 은혜임을 바울은 깨달았다.

　아브라함이 구원에 이른 까닭은 그의 무슨 선한 행위에서라기 보다 하나님을 절대적으로 따른 믿음이었다. 이 믿음은 아브라함의 행위로부터 기인된 게 아니라 하나님께서 택하신 은혜에 의해서이다. 하나님께서 내

년에 이삭을 얻을 것이라는 말씀을 하셨을 때 아브라함이 그 말씀을 믿으니 의로 여기셨다고 하셨다. 말씀을 믿는 마음을 보시고 의롭다 칭하신 것이다. 이는 전적인 하나님의 은혜로 인함이다. 율법을 지켜서 의롭다 함을 입은 게 아니다.

아브라함이 구원을 얻을 수 있었던 이유는 율법을 바울같이 지켜서 이루어진 게 아니고 오직 하나님의 부르심의 은혜를 따라 된 일이다. 어찌 보면 아브라함은 율법이 있기 전 사람이다. 율법과 아무 상관도 없었지만 율법이 아니라 하나님의 은혜로 그 믿음으로 구원에 이르렀음을 창세기는 잘 보여 주고 있다.

율법은 필요하다. 그러기에 예수님께서도 율법을 폐하러 오신 게 아니라 완성시키고자 오셨다고 하셨다. 율법은 필요하다. 특히, 자신의 죄를 지적해 주는데 있어 탁월하다. 율법이 없었다면 무엇이 죄이고 왜 자신이 죄인인 줄 알 수 없는 법이다. 율법이 있음으로써 자신이 무슨 죄를 지었나를 인식할 수가 있다.

등잔 밑이 어둡 듯이 인간은 똑똑한 것 같지만 누가 지적하지 않으면 천년만년이 지나도 자신의 과실을 인정하지 않는 존재이다. 누군가가 더러운 게 얼굴에 묻었다고 해 주어야 비로소 자신의 처지를 아는 것이다. 자기 잘 난 맛에 산다고 자신은 가장 옳은 줄 아는 게 인간이다.

그래서 자기의 의를 드러내는 것이고 마귀는 이를 잘 이용해 하수인으로 부리는 것이다. 마귀의 의를 잘 드러내는 말이 북극 집회에 좌정하겠다는 말이다. 인간도 하나님같이 될 수 있다는 말에 마귀에게 목이 잡힌 것이다. 마귀는 율법을 이용하여 인간을 끝없이 교만하게 만들었다. 의로운 자라고 치켜 세웠다.

진짜로 바리새인은 자신이 의롭다고 믿었다. 자신이 하는 기도와 경건 생활은 옳은 행위라고 치부했다. 그래서 세리는 죄인이라 정죄했다. 그리고 자신은 율법을 준수하는 의로운 경건한 자임을 주장했다. 율법이 필요한 이유는 모든 자가 죄인임을 드러내는 일이다.

그런데 바리새인들은 자신이 죄 없다 하는 교만의 사람들이다. 율법을 통해 자신이 죄를 범한 자이므로 하나님께 더욱 겸비해지기를 하나님은 원하신다. 하나님은 사람들 자신을 존재하게 한 하나님 이심을 인정하기를 바란다. 자신의 연약함을 살피고 창조주이신 하나님을 경외하기를 기대하신다. 율법을 통해 자신들의 죄를 깨닫고 자신이 의로워지는 방도는 하나님의 의를 입은 것임을 자각하기를 원한다.

율법은 자기자신을 옭아매는 자유를 속박하는 법령이다. 율법을 준수함으로 자부심을 느끼는 일도 중요하지만 실상 율법으로 말미암아 인간은 더욱 가식적이며 형식적으로 전락하는 것이다.

인격인 성품은 더욱 정죄하는 자로 교만해 지며 순수하고 겸손한 성품은 사라진다. 남의 잘못은 더 커 보이고 자신은 허물없는 자 인양 가식적이 되어가는 것이다. 율법은 내면의 거룩함을 함양하기 보다는 겉으로 보이는 겉모습에 더욱 힘쓰게 만든다.

나중에는 마음의 평안은 사라지고 내적 자유는 상실되고 겉으로만 사람을 판단하게 만든다. 드러나는 행위들로 사람을 판별하기 때문이다. 상대방의 죄만 크게 드러나 보이므로 죄 지은 저주받은 자로 드러날 수밖에 없다. 저주받은 인간이다. 저주 아래 놓인 죄인이다. 다 죽어야 한다. 율법 아래서는 죄인 아닌 자가 존재할 수가 없다. 다 저주받은 죄이니 되는 것이다. 혹 몇몇 교만한 자만이 죄 없다고 주장할 뿐이다.

율법은 모든 자를 죽음으로 이끄는 저승사자다. 어느 누구 하나 빠져 나올 수 없는 촘촘한 그물이다. 율법 조항에 하나라도 걸리면 황천길이다. 죽음의 저주 아래 놓이는 운명이 된다. 무서운 저주이다. 피할 길 없는 무거운 숙명의 짐이다. 이렇듯 무서운 율법의 저주 아래 있었지만 바울은 하나도 거리낌이 없었다. 자신이 보기에도 율법에 접촉된 짓을 해 본 족이 없었다고 자부했기 때문이다. 바울은 율법에 완벽했다. 스스로를 율법 전서에 따라 죄 없다 여겼다. 무서울 게 없는 바리새인 중의 바리새인이었다.

의인이라 스스로 자부한 바울은 죄 많은 이단 괴수의 무리들을 잡으러 나서 다메섹으로 가고 있었다. 그 다메섹 도상에서 바울은 놀랍게도 자신이 죽어도 합당하다고 여겼던 이단 괴수 예수님을 만난 것이다. 원수는 외나무 다리에서 만난다고 바울은 예수님을 만난 것이다. 예수님의 음성을 듣고 눈이 멀어 버렸다. 장난이 아니었다.

그 잘난 바울이 눈이 멀어 버리고 말았다. 예수를 잡아 끌고 가도 시원찮은데 오히려 눈이 멀다니 체면 구길 뿐 아니라 죽을 맛이었다. 엄중한 절대 절명의 상황이 벌어졌다. 압도하는 예수님의 권세 앞에 꼬꾸라졌다. 피할 수 없는 나약한 인간임이 천하에 드러나는 순간이었다.

예수님께서는 이방인을 위하여 선택 하였노라 말씀하시고 직가로 가라 말씀하셨다. 바울은 아무런 힘도 없이 절대적 힘에 이끌리어 직가라는 거리로 가서 아나니아를 만나 눈을 뜨게 되었다. 불가항력적 힘에 의해 눈이 멀었던 그가 아나니아가 안수하자 성령의 능력으로 눈에서 비늘이 벗겨지고 다시 보게 되었다.

바울은 예수님께서 인도하시는 대로 움직일 수밖에 없었고 그는 눈이 멀었다가 비늘 같은 게 벗겨지면서 눈을 다시 뜨게 되는 놀라운 경험을 하게 되었다. 그리고는 성령에 이끌리어 아라비아로 가서 삼 년여를 기도하며 자신을 성찰하며 예수님의 복음을 깨닫게 되었다. 어려서부터 몸에 베었던 유전과 율법의 의미를 반추하며 배설물 같이 버리게 되었다. 그리스노의 고상한 지식을 받아들이면서 말이다. 예수님의 말씀을 성령의 조명 아래서 스스로 깨닫게 되었다.

성령충만으로 복음의 깊이와 높이와 넓이를 체득하게 되었다. 유전이라는 비늘이 율법이라는 비늘이 벗겨짐으로써 비울은 부활하신 주님을 만나며 영생의 진리를 알게 되었다. 풀리지 않던 진리의 매듭이 풀어지는 시간이었다. 자신을 옭아매던 비늘 같은 답답함에서 벗어나는 순간을 맞이하였다. 그리고 그의 앞으로의 사명을 자각하게 되었다. 이방인들에게 다메섹에서 만난 예수님께서 바로 영생의 주인 되심을 증거하는 일이었다.

자신은 항상 옳다고 주장하던 바울이었지만 늘 분노하며 만족함이 없었던 삶이었다. 사람이 사람을 죽이면서 당연하다 느낀다면 이는 인성이 마비된 자이다. 바울의 삶이 그랬다. 사람을 잡아 죽이는 일에 앞장섰던 바울의 심정이야말로 만감이 교차하는 정신분열증 환자였다. 그래도 바울은 당연하다 여겼다. 당연히 죽여 마땅한 이단들이었다. 여호와 하나님의 적들이었다. 유대교를 파괴하는 벌레들이었다. 허나 사람들이었다.

피비린내 나는 처형 앞에서 바울은 일말의 인정도 없었을까?

유전과 율법은 인간을 잔인하게 만들었다. 예수님은 다메섹에서 바울을 향해 말씀하시기를 네가 핍박하는 예수라고 자신의 신분을 알려 주셨다. 자신이 죽이지 못해 아쉬워했던 예수를 만났으나 죽이기는커녕 그 앞에서 꼬꾸라지고 눈이 멀어버렸다. 자신의 의로움이 맥없이 죽어 버리고 말았다. 고무 당당하던 자신의 권세가 하루 아침에 무너져 버렸다.

예수님의 불가항력적인 힘에 의해서 말이다. 자신의 무능력과 죽음을 체험하였다. 그 잘난 유전과 율법이 아무 소용이 없음을 인지하였다. 신주단지 모시듯 금과옥조로 여기던 유전과 율법이 쓰러지고 말았다. 자신이 숭배하던 헛된 우상이 쓰러졌다. 전 생애를 지탱하던 커다란 우상이 파괴되었다. 먼지같이 사라지고 말았다. 바울에게 유전과 율법은 비늘 같은 것이었다. 명확하게 보이지 못하게 하는 수건이었다. 흐릿하게 하는 방해물이었다.

그 비늘이 벗겨진 것이다. 예수님을 다메섹에서 만난 뒤였다. 자신을 휘감고 있던 비늘 같은 게 벗겨지고 예수님의 생명을 얻어 거듭나게 되었다. 그 똑똑하던 바울이 앞을 보지 못하는 신세가 되었다. 남의 도움 없이는 한 발자국도 나아가지 못하게 되었다. 자신의 처지가 얼마나 무능한 지 처절히 감지하게 되었다. 무능한 바울 앞도 못 보는 처량한 바울이었다. 바울은 철저히 자신이 의지하던 유전이 정통했던 율법이 아무 소용이 없음을 인지하였다.

거의 죽게 된 바울 보지 못하는 한 인간으로서의 바울은 아무것도 아니었다. 바울은 자신의 눈을 멀게 하신 예수님 앞에 완전히 압도당했다. 남의 도움으로 겨우 다메섹 시내로 들어간 바울에게 아나니아가 와서 주님의 능력으로 안수하여 눈을 뜨게 하였다.

성령으로 인도된 아나니아를 통하여 예수님의 죽으심과 죄 사함 그리고 거듭남과 부활에 대하여 상세히 듣게 되었다. 확실하게 들은 성령의 말씀을 성령에 의해 아라비아에서 3년간 묵상과 상고하며 유전과 율법이 말하고자 하는 핵심이 바로 하나님의 아들 예수님이심을 터득하였다. 유전과 율법이 말하고자 하는 본체가 주님이심을 바울은 깊이 상고하였다.

명석한 바울은 그가 꿰고 있었던 율법의 비밀이 바로 자신이 죽이고자 핍박하던 예수이심을 깨달은 것이다. 성령과 하나님의 말씀으로 거듭난 바울의 회심이며 자신이 앞으로 해야 할 사명을 깨닫는 시간이었다.

4. 새 마음

하나님께서 주시는 새 마음이 거듭나서 받는 새 심령이다. 마귀와 합했던 헌 마음을 벗어 버리고 하나님의 마음과 하나가 되는 새 마음이다. 세속적 육신의 욕구에 가득하던 더러운 마음을 던져 버리고 하나님의 마음을 따라 거룩한 마음을 가지게 되는 거듭남이다. 거듭나는 마음은 완악하고 패역한 정욕의 마음을 죽여 버리고 하나님께서 주시는 예수님의 산상수훈의 마음을 갖는 것이다.

하나님을 떠나 제멋대로 살던 이스라엘 백성을 향해 에스겔 선지자는 새 마음을 가지라고 충고하였다. 오늘날은 더 심하면 심했지 더 자신을 살펴야 할 텐데 아니다. 오히려 자기 생각대로 살며 제멋대로 인생을 살아가고 있다. 옛 품성을 못 버리고 스스로 교만하여 자가당착에 빠져 헤매고 있다. 겉으로는 안락하고 살기 편한 세상으로 가는 것 같지만 단지 몇 년 더 산다는 의미 외에는 별로 다른 게 없는 파라다이스다.

어찌 보면 좀 더 수명만 길어져 고통만 더하는 생존경쟁의 세상이 됐는지 알 수 없다. 어찌 보면 온통 세상은 맘모니즘에 빠져 모든 게 돈으로 환산되는 물질만능의 세속화가 되었다. 물질 마귀가 사람 목숨을 조종하며 온통 돈으로 모든 걸 계산하고 있다. 아비가 마귀인 줄 모르고 모두 아비의 욕심인 살인과 정욕과 하나님의 마음을 버리고 마귀의 악한 마음으로 살아가고 있다.

진리라고는 찾아 볼 수 없고 거짓과 음모가 판을 치는 비정한 세계이다. 하늘을 버리고 땅에 것만 더 늘리려고 혈안이 되어 있다. 서로 피투성이가 되기까지 싸우며 가진 자는 더 가지려 음흉한 계략을 짜 내고 있다. 없는 자는 생존할 수 있는 최소한의 돈으로 살라고 개돼지 모이 주듯 먹이고 있다. 땅에 있는 게 다인 양 땅의 것에 목숨 걸고 싸우며 하늘은 외면하고 있다.

하늘은 단지 무생물의 물질이 존재하는 공간에 불과하다. 하나님은 없다 한다. 우주 비행사가 우주선을 타고 여행해 봤지만 하나님을 보지 못했다고 주장한다. 하나님은 육신의 눈으로는 보이지 않는 법인데도 무시해 버린다. 육안으로 보이지 않으니 없다 한다. 영안의 눈이 없으니 보이지 않을 뿐인데 거듭날 생각은 하지 않으면서 말이다.

참으로 악해 지는 인간들이다. 죄를 밥 먹듯이 지면서도 아무렇지도 않게 여긴다. 오미크론이라는 새로운 코로나의 변이가 생겼는데도 회개 하기는커녕 새 백신 타령이나 하고 있다.

회개할 마음이 없는 거다. 죄악을 밥 먹듯 하는 현대인들이다. 막무가내다. 죄악에 감각이 무디어져 버렸다. 아담과 가인의 후예답다. 천인공노할 무리들이다. 하나님께서 가장 싫어하시는 음행 살인 동성애까지도 거리낌 없이 행한다. 동물조차 하지 않는 일을 인권이니 자유니 라는 미명 아래 행하고 있다.

아담은 뱀의 미혹을 받자마자 그 마음이 부패하고 패역해져 버렸다. 새로웠던 고운 새 마음이 순식간에 먹물처럼 더러워져 버렸다. 패역한 인간이 되고 말았다. 하나님같이 되고자 하는 마음으로 가득 차 버리고 말았다. 마귀 말 듣는 것 외에는 눈에 뵈는 게 없어져 버렸다.

더러운 욕심으로 거룩했던 마음은 욕심으로 가득하였다. 패역한 이스라엘 백성과 하나도 다르지 않았다. 매일의 달콤한 물결에 탐닉한 것과가 비로 패역함이었다. 이성은 사라지고 농물보다 못한 음행과 우상숭배에 여념이 없었다. 스스로 패역의 아비가 되었다. 예수님께서 바리새인들을 향하여 너희 아비가 마귀라고 하셨는데 아담이 그렇게 된 꼴이다. 마귀의 밀을 따랐으니 당연한 결과다. 마음은 더욱 부패하여 패역한 더러운 마음이 되었다. 만물보다 더 부패하게 되었다. 패역한 마음은 하나님의 말씀을 배신하게 되었다.

아담은 배신자가 되었다. 하나님을 떠나 흉측한 짓을 하게 되는 배신의 길로 접어들게 되었다. 굳어진 그의 마음은 뉘우치고 하나님께로 돌아가는 게 아니라 오히려 마귀에게 밀착하게 되었다. 하나님같이 되고 싶었다. 교만한 그의 마음은 하나님같이 되겠다는 심보로 활활 불타고 있었다. 어떤 충고도 좋은 권면도 통하지 않았다.

기필코 옛 뱀 즉, 붉은 용 마귀의 말을 따라야 직성이 풀릴 것 같았다. 그렇지 않으면 죽을 것 같았다. 못 먹어도 직진이었다. 미쳐버린 것이다. 제 정신이 아니었다. 들릴라에 빠진 삼손이었다. 빠져나올 생각조차 못하고 뱀의 말에 허우적거렸다. 거미줄에 걸린 나약한 한 마리 나비 같은 마귀의 밥이 되고 말았다. 세상에서도 배신하는 사람은 사람으로 취급조차 안 한다.

아담은 스스로 배신의 길을 걷는 자가 되었다. 참으로 기가 막힌 상황이 하나님의 동산에서 벌어지고 말았다. 배신자 아담의 낙인이 찍히고 말았다. 예수님의 말씀을 배도한 가룟 유다와 같이 아담은 하나님을 배신하였다. 은 30이 뭐라고 선악과가 뭐라고 배신의 길을 가다니 서글픈 일이다. 인간의 패역한 배신자의 모습이다.

하나님을 배신한 아담은 마귀를 따르게 되었다. 마귀의 말을 따라 배도의 길로 들어서게 되었다. 하나님의 도를 배도하게 되었다. 하나님의 말씀을 배도하는 불순종의 아비가 되었다. 서글픈 일이다. 예수님의 말씀을 배신했던 유다와 같은 길을 간 것이다. 십자가의 도를 배도하고 안락의 길로 들어선 것이다. 오늘날 배도하는 현대 교회 교인들의 본 모습이다.

이제나 저제나 배신하는 자들의 모습은 한결같다. 엄청난 혜택을 받은 자들이 **결국에는** 더 갖고자 욕심을 부림으로 빚어지는 일들이다. 하나님께서 아담에게 베푸신 은혜야 말로 다 표현하기 어려울 정도다. 또한, 유다는 예수님으로부터 천국의 초대장을 받을 정도로 거룩한 말씀을 풍성히 받았다.

그런데도 아담과 유다는 거룩한 신의를 헌신짝같이 버려 버렸다. 아담은 배도자가 되었다. 유다도 배도자가 되어 버렸다. 기가 막힌 사건들이다. 인간의 본 모습이 확연히 드러나는 사건들이다.

인간이란 기대할 게 없음을 스스로 보여주었다. 거룩한 약속의 말씀을 배신한 인간의 모습이란 잘 될 것 같았지만 하나도 제대로 되는 게 없이 망해버리고 말았다. 단단하고 부패해진 마음으로는 어느 것 하나 거룩한 일을 도모할 데가 없어진 것이다. 망하거나 자살하는 것으로 끝장나는 것이다. 힘들지만 말씀에 순종하고 부드러운 마음으로 나아갔으면 생명의 면류관을 쓸 수 있었지만 고난을 피했다.

배도의 길로 들어서서 은 삼십을 취했다. 당장은 성공했다고 스스로 만족했다. 하나님같이 높아진 줄 알았다. 그런데 결과는 확연히 달랐다. 책임 추궁이 뒤 따르고 자책감이 엄습했다. 죽지 않고는 못 버티는 지경에 이르고 말았다. 배도자의 처참한 말로였다. 배도의 끝은 심판이고 죽음이었다. 기쁨의 에덴에서 쫓겨났다 엄청나게 추웠으므로 하나님께서 가죽옷을 지어 입혀 주셨다. 추워 죽을 지경이었기에 말이다. 하니님의 배려가 아니었으면 아담도 추위에 죽었을 것이다.

말세가 되면 배도하는 일이 빈번해진다고 기록되었는데 그 말씀이 맞다. 핍박을 받아서 배도도 하지만 그냥 놔두어도 더 먹으려고 배도하는 말세이다. 소돔과 고모라와 같이 먹을 게 부족해서가 아니라 너무 많으니까 그 탐욕스런 욕정을 어찌할 바를 몰라 타락하고 배도하였듯이 말이다.

배신하고 배도하는 부패한 품성은 반역하는 데까지 이르고 살인을 저지르고야 만다. 아버지인 다윗을 무력으로 쫓아내고 죽이려 했던 압살롬에 이르러서는 패륜아의 극치를 보여준다. 살아있는 자기 아버지를 축출하고자 왕권이라는 권력에 눈이 멀어 패륜을 저지르는 압살롬이다. 압살당해 마땅한 자이다. 반역의 무리들이다. 외모가 빼어나고 칭찬을 받자 스스로 교만 하여 져 스스로 왕위에 오르고자 반역을 꾀하였다. 반역을 저지른 것이다. 아버지 다윗이 얼마나 급했으면 버선 바람으로 도망갔다고 하였다. 패역무도한 자가 압살롬이다. 아담의 후손이요 가룟 유다의 후예답다.

오늘날 종자들도 마찬가지다. 세상 것에 도취되어 하나님을 잊은 지 오래다. 하나님이 어디 있느냐고 하면서 하늘을 고소한다는 자들이다. 천하의 패륜아들이다. 자기 아비가 마귀라 그런다. 도둑의 아들이 도둑인 아비에게 도둑질 이외 배울 게 없듯이 아비 마귀로부터 전수받은 게 배신이요 배도요 반역이다. 가인이 아우 아벨을 돌로 쳐 죽인 그 악한 성질이 그대로 유전된 것이다. 비정하게 아우를 죽이던 그 매정 함이 인간들 피 속에 그대로 흐르고 있음이다. 이 악하고 잔인한 품성이 교육으로 바뀐다면 좋겠으나 어림도 없는 일이다.

아무리 돌짝 밭에 씨를 뿌린다 해도 굳은 땅에서 싹이 남은 불가능한 일이다. 마른 하늘에 비를 기다리는 것과 같이 허망한 꿈이다. 기대할 게 없음이다. 가인이 압살롬이 변하여 동생을 사랑하고 아버지를 공양하는 것은 어림도 없는 일이다. 죽었다 깨어나도 될 수 없는 일이다. 돌같이 굳은 마음이요 만물보다 부패한 성질머리다. 반역질을 할 때는 죽음을 불사하고 하기 마련이다.

누가 말려도 듣지 않는다. 안될 일을 기어코 한다. 미쳐버린 광기다. 압살롬이나 가인이나 죽여야 직성이 풀리는 것이다. 못 말리는 반역자들이다. 감히 하나님께 반역하는 현대인들이다. 스스로 에덴을 차 버리는 못된 망아지들이다. 말로는 하나님을 속으로는 안다고 하면서 어떤 말이라도 변명하기 바쁘지만 실상은 패역한 자들이다. 권력이라면 사족을 못 쓰며 높이 올라 보좌를 펴 보고 싶은가 보다.

새 마음을 받지 않고는 살 방법이 없다. 굳은 딱딱한 배역의 마음으로는 희망이 없다. 인간은 다 그렇다. 너나 나나 할 것 없이 다 똑같다. 죄 중에서 태어났으니 죄 가운데 살아 갈 뿐이다. 개조한다고 좀 교육시킨다고 될 문제가 아니다. 근본부터 달라져야 한다. 거듭나야 한다. 그래야 새로운 기대와 소망이 생길 수 있다. 새 마음을 부여 받아야 새로운 인간에 대한 기대가 가능해진다.

새 마음은 정한 마음이다. 더럽고 추악한 데서 벗어나 깨끗하고 청명한 마음에서 거듭남은 시작된다. 더러운 옷을 빨래해 깨끗하게 한 후에 새로움 마음으로 새 출발을 해야 그나마 새로운 삶을 희망할 수가 있다. 최선의 노력과 새로워지겠다는 회심으로부터 마귀와 피 흘리는 전투를 승리로 마감해야 정하게 될 수 있다. 염소의 피와 양의 피로 정해지는 게 아니고 예수님의 보혈로 깨끗해진다. 예수님이 피로 마음이 청결 해진 자가 하나님을 볼 수 있다. 마음이 청결해야 거룩하신 하나님을 볼 수 있다.

그리스도의 피로 더럽고 낡아진 자신의 예복을 빨고서 하나님을 뵐 수가 있다. 예복을 빨지 않고서는 임금의 초대 연회에 들어갈 수 없다. 세상 몇 백불 주고 들어가는 파티장도 초대권이 없고 예복을 입지 않고서는 입장을 못하는데 하물며 하나님의 나라에 예복인 세마포도 안 입고 들어가는 일은 있을 수 없다. 세마포는 깨끗이 빨고 입는 옷이다.

결혼식장에서 신부가 더럽고 추한 옷을 입고 식을 치르는 여인은 없다. 가장 깨끗하게 가장 예쁘게 보이려고 신부복을 정하게 빨고 곱게 다려 입는 것은 인지상정이다.

거듭나려면 자신의 내밀한 부분까지라도 살피고 살펴서 더러워진 부분을 성찰하고 깨끗이 함이 당연하다. 자신의 심령을 정하게 하고자 심혈을 기울일 때 그 노력을 가상히 보시고 하나님께서 새 마음을 선물로 주신다. 아무 노력도 하지 않고 거만하게 잘 났다고 나대는 사람을 하나님은 외면하신다. 자신의 뜻과 정성을 다해 거듭나고자 힘쓰는 자를 하나님은 찾으며 그러한 불쌍한 자를 위하여 새 마음을 주신다. 부패하고 더러워 다시는 새롭게 될 수 없는 욕정에 사로잡힌 심령이 자신의 죄악 된 모습을 인식하고 최선을 다해 하나님을 찾을 때 응답하신다.

내 스스로 나 자신이 거듭나 하나님을 보기를 원하는 깨끗한 마음을 갖는 게 중요하다. 목이 갈한 사람이 우물을 파는 법이다. 추한 자신을 인식하고 살길은 하나님 앞에 나감을 깨달아야 거듭나는 길이 열린다. 마음이 정결해야 하늘의 햇빛이 비추이게 된다. 햇빛이 비추어야 따스해지고 뿌린 씨가 발아하듯 영혼에 거듭나는 깨달음이 생기게 된다. 더럽고 우중충한 곳에서는 곰팡이만 생길 뿐이다.

거룩하고 깨끗한 거듭남은 정결한 심령 가운데서 싹이 튼다. 고뇌하고 주 앞에 서고자 할 때 예수님께서 불쌍히 보시고 손을 펴서 새 마음을 갖게 하신다. 심령이 깨끗하고 정결해져야 뿌려진 씨가 움을 트듯 하나님의 말씀도 소생하게 된다.

돌멩이 같이 딱딱하고 굳은 마음에는 하나님의 말씀이 떨어져 자랄 수가 없다. 하나님의 말씀은 씨와 같아서 부드러운 옥토에서 잘 자란다. 길가나 가시덤불 속에서는 자라지 못한다. 자라도 금방 시들어 버린다. 하나님 말씀의 씨는 부드러운 땅에서 햇빛과 물을 빨아들여야 잘 자랄 수 있다. 무럭무럭 자라 열매를 많이 맺혀야 농부의 마음이 흡족 해지는 법이다. 죽어라 농사를 지었는데 알곡은 없고 가라지만 자랐다면 어느 농부라도 다 뽑아 불 태워 버릴 것이다.

가라지는 쓸 데가 없다. 알곡이라야 가치가 있다. 깨끗해지려는 마음이 부드러워져서 거듭나는 은혜를 누리게 된다. 부드러워야 순종하는 마음도 생기고 주님의 말씀에 일치하고자 하는 마음도 갖게 된다. 강퍅한 마음은 하나님의 나라에 합당하지 않다.

하나님 나라에 일치하는 마음은 부드러운 성품이다. 예수님의 품성은 겸손과 부드럽고 온유한 마음이다. 얼마나 별 볼 일 없는 사람들이 예수님을 찾아왔는지 말할 수가 없다. 숱한 병든 자들과 심령이 곤한 자들이 주님을 찾아와 병이 낫고 깊은 위안을 받았다. 부드러우신 예수님은 마다 하지 않으시고 저들을 품고 맞아 주시고 하나님 나라로 인도하셨다. 굳은 심령들을 푸른 초장으로 쉴 만한 물가로 인도하시어 영혼의 평안을 누리게 하시고 하나님 나라의 소망을 허락하셨다.

부드러운 눈빛으로 헤매는 영혼들을 보살피시고 외면하지 않으시고 생명의 말씀으로 하늘 가는 길로 인도하셨다. 죽음의 순간까지도 우편 강도로 하여금 구원의 길로 인도하셨다. 참으로 인내가 끝이 없으시고 부드러운 성품을 보여 주셨다. 한없이 겸손하시고 온유하신 주님이 어떻게 죽어 가는 자들을 사랑하시는지 몸소 보여 주셨다. 주님을 따르는 성도들이 어떻게 부드럽게 행동해야 하는지를 몸소 실천하셨다.

주님을 따르는 자들은 당연히 주님과 같이 부드럽고 친절하고 상냥해야 한다. 부드러운 성품으로 자신의 삶 속에서 예수님의 제자임을 드러내야 한다. 거듭나는 사람들은 그 성품이 부드럽다. 예수님을 닮기 때문이다. 거룩하고 부드러운 영혼의 상태에 있어 거듭나는 사람들은 한 가지이다. 심령이 부드럽고 예수님과 일치하는 사람이 거듭날 수가 있다.

예수님은 성령으로 잉태하였으므로 예수님의 마음에 합당한 사람은 성령에 의해 거듭날 수가 있다. 마음이 깨끗하여 부드러워진 사람은 예수님과 그 마음이 일치하는 자이다. 심령이 거듭남으로 예수님 안에 거하게 되고 주님이 거듭난 자 안에 거하여 하나가 된다.

하나님과 예수님은 하나의 본체이다. 하나님의 마음과 예수님의 마음은 하나이다. 한 마음이시다. 본체는 하나이시고 위는 아버지와 아들의 관계이시다. 본질은 하나이시다. 하나님과 예수님은 그 모든 본질에서 하나로 일치한다. 한 하나님이시 듯 한 예수님이시다. 아버지 안에 아들이 있듯이 아들 안에 아버지가 계신다. 아버지와 아들은 그 뜻과 생각에 있어 하나로서 일치하신다.

마찬가지로 우리 안에 예수님이 계시고 예수님 안에 우리가 있다. 동일한 말씀으로 일치한다. 예수님이 성령으로 위에서 나신 것처럼 우리들도 거듭남으로 위에서 나게 되는 것이다. 예수님이 부드러운 성품을 소유하였듯이 우리들도 부드러운 마음으로 말씀을 실천하는데 있어 하나가 된다. 내가 너희 안에 너희가 내 안에 거하는 된다. 거듭남으로 인하여 예수님의 마음과 우리의 마음이 하나로 일치한다.

5. 거룩

거듭남은 완전히 다른 깨끗하고 거룩한 존재로 태어남을 의미한다. 더럽고 추한 옛 본성을 처리하고 새로운 사람으로 태어남이다. 더러운 옷을 물로 씻어 새 옷이 되게 하듯이 악한 심령을 하나님 말씀으로 씻어 새롭게 함을 말한다. 음란했던 영혼이 말씀으로 깨끗 하여 거룩해 짐을 의미한다.

거듭남은 더럽고 추한 심령을 씻는 일이다(딛 3:5). 더러워진 옷은 물로 깨끗이 빨아 입는다. 이상한 사람이 아니고서는 모두다 깨끗한 옷을 입으려 한다. 상쾌하고 기분이 좋기 때문이다. 옷을 빨아 깨끗하게 하듯이 거듭남이란 세속에 더러워진 영혼을 씻어 깨끗하게 함이다.

온갖 더럽고 음란한 생각들을 예수님의 말씀으로 깨끗이 씻어야 거듭나는 길로 들어갈 수 있다. 더러운 복장으로는 임금님이 차린 잔치에 못 들어가듯 추한 생각들로는 거룩한 거듭남에 합당하지 못하다. 깨끗해 보고자 노력하는 심령을 불쌍히 보시고 주님께서 거듭남의 기회를 주신다. 말씀으로 씻게 하신다.

전지전능하신 하나님의 능력이 씻을 수 없는 죄악을 씻게 하신다. 이것이 거룩한 긍휼이다. 긍휼을 베푸사 우리가 도저히 씻을 수 없었던 죄악을 말끔히 씻겨 주신다. 중생이란 바로 죄를 씻음이다. 검고 붉은 더러운 죄악을 다 씻어 거룩해지는 능력이요 은혜이다.

이 거룩한 거듭남은 성령의 새롭게 하심으로 가능하다. 인간의 노력과 수행으로는 불가능하다. 유한한 인간의 능력으로는 나시 태어나는 일은 불가능하기 때문이다. 옛 인간을 죽이고 새로운 인격으로 태어나는 일은 성령의 전지전능한 능력으로만 가능하다.

그러기에 거듭나는 일은 성령의 도우심을 간절히 사모하는 사람들에게 나타나는 본인만 알 수 있는 신비한 현상이다. 바람같이 성령의 움직이심으로 일어나는 초월적인 은혜이다. 성령께서 새롭게 하심으로 부패한 인간의 심령 가운데 놀라운 새로운 품성이 자리잡는 인격의 탄생이다.

성령으로 추악한 죄악들을 씻어 버리고 죽었던 양심을 깨워 새롭게 하신다. 새롭게 됨은 인간의 개조로 훈육으로 되는 인간의 일이 아니고 이는 전적으로 주님께서 주님께 오고자 하는 자를 불쌍히 여기심으로 성령께서 역사하시는 거룩한 일이다. 거듭나는 일은 위로부터 오는 일이지 아래에서 전이되는 게 아니다.

세속적 인간이 도모하는 대량생산의 물건찍기가 아니다. 이는 하늘로부터 오는 성령의 감동이다. 상품생산 하듯 대량생산하는 게 아니고 각자가 주님을 향해 통고할 때 주께서 개별적으로 성령을 통해 역사하시는 하늘의 일이다. 성령이 회개하는 각 사람에게 부어 주시는 하늘의 능력이요 은혜이다. 거듭나야 할 사람에게 꼭 필요한 사람에게 드러나는 거룩한 사역이다.

중생은 씻음이다. 영혼에 붙어있는 더러운 정욕과 죄악을 씻어내는 일이다. 이 세상으로부터 온 투기 미움 거짓 음모 반역 악한 생각들을 씻어내야 새롭게 될 수 있다. 군더더기와 썩어질 것들을 달고는 새로운 생각이 일어날 수가 없다. 악한 생각들로는 다람쥐 쳇바퀴 돌 듯 죄 가운데서 헤매기 일쑤다. 우리로 더욱 악해지는 성품 가운데 머물게 하고 악한 자가 되고 말게 할 뿐이다. 먼저 죄악 된 세속적 악행들을 씻어내는 게 급선무다.

중생은 이런 더러운 떼들 찌꺼기들을 씻어내는 일이다. 심령 깊은 곳에 덕지덕지 붙어있는 더러운 것들을 씻음으로 새롭게 되는 거듭남의 시작이 열리는 것이다. 중생의 씻음 없이는 그 어떠한 영혼의 변화는 일어나지 않는다. 중생의 씻음을 통하여 주의 음성이 들리기 시작한다. 앞을 가로막고 있던 장애물을 걷어 냄으로써 맑은 하늘이 보이는 것이다. 가려져 있던 하나님의 보좌가 그 거룩한 모습을 드러내게 된다. 경이적인 영적 현상이다. 보이는 시야의 육신적 일이 아니고 성령께서 보이게 하시는 하늘의 거룩한 영적 음미이다. 성령께서 역사하심으로 나타나는 새롭게 되는 가장 구체화되는 기이한 영적 힘이다. 성령이 아니고서는 일어나지 않는 초월적인 하나님의 은혜의 선물이다.

세속적 과학으로 증명할 일이 아니다. 전적으로 기도하는 자를 불쌍히 보시고 주님께서 부어주시는 긍휼이 바로 중생의 씻음과 성령의 새롭게 하심이다. 성령이 강력한 힘으로 우리들 영혼에 내적으로 일으키시는 은밀한 감동이다.

이 거룩하고 강력한 씻음과 새롭게 하심은 오직 경험한 자만이 아는 내밀한 비밀이다. 내적 친교이다. 주님을 바라는 자만이 받는 거룩한 은혜이다. 이 일은 남녀노소 누구든지 빈부귀천을 떠나 하나님께 돌아가기를 소원하는 자라면 다 받을 수 있는 하나님의 사랑의 증거이다. 신비하고도 초월적인 방법으로 성령께서 바람같이 역사하심으로 일어나는 거룩한 새 일이다.

성령의 새롭게 하심은 완벽하고 온전하기에 틀림이 없다. 거듭나기를 갈망하는 사람에게 불가항력적인 능률을 베푸심으로 일어나는 거룩한 하늘의 은혜이다. 세상의 지혜와 학식으로 되는 게 아니라 전적으로 성령께서 베푸시는 사역이다. 하나님의 말씀의 씨를 불쌍한 죄인의 심령에 심어 넣는 거룩한 역사다. 예수님께서 위로 나셨다고 하신 이유다. 하늘로부터 성령의 역사로 되는 일이라는 뜻이다.

사람의 논리와 생각대로 진행되는 게 아니라 하나님의 뜻과 절대적인 은혜로 되는 일이다. 그래서 위로부터 나신 예수님께서 세상에 속하지 않으셨다고 하신 이유다.

거룩한 거듭남은 이 세상에 속한 세속적 이해관계로 이루어지는 게 아니라 전적으로 거룩한 성령께서 하시는 하늘의 일이다. 위로부터 불같이 임하시는 성령의 거부할 수 없는 절대 능력으로 임하는 사역이다.

이 거듭나는 씨가 심어짐은 절대적인 성령의 사역이므로 실수가 있을 수 없고 단회적이면서도 절대적인 사역이다. 한 번 심어진 거듭나는 하나님의 말씀은 강력한 능력으로 심어진 까닭에 거부하거나 미루거나 할 수가 없고 영원한 성격의 일이다. 한 번 거듭난 영혼은 새로 태어남으로 영원히 거룩한 성도가 되는 것이다.

　하나님의 말씀은 영혼을 깨끗하게 하신다. 말씀의 속성 자체가 정결하고 거룩하다. 말씀이 들리는 곳은 깨끗해질 수밖에 없다. 듣는 귀가 깨끗해지며 들은 심령이 거룩해지는 법이다. 말씀으로 깨끗해지고 거룩하여졌다고 하신 말씀의 뜻이다.

　하나님의 말씀은 온갖 의심과 죄악으로 얼룩진 때들을 깨끗하게 하는 능력이 있다. 모든 의심과 불신으로 마귀는 다가와 유혹한다. 하나님의 말씀이 아니고서는 그 어떠한 것도 사탄의 미혹을 이겨낼 수가 없다. 악한 영의 힘은 막강하여 웬만한 인간의 재주로는 이겨낼 수가 없다. 마귀는 온통 캄캄한 어둠으로 인간의 공간을 덮어 버림으로 어둠의 천국을 만들어 버린다. 배겨낼 재간이 없는 흑암이다.

　흑암에 빠지면 길을 잃어버림으로 탈출구를 놓쳐 버리게 되어 어둠의 자식이 되어 버리고 만다. 출구 없는 어둠의 동굴에 빠진 현대인들의 자기도취의 삶은 가히 절망적이다. 스스로 총명하여 하나님이 필요 없다고 하니 더 큰 문제다. 스스로 어둠의 영의 하수인이 되기를 자청한 사람들이다. 누구를 탓할 것도 없다. 자신이 하나님의 말씀을 미워하여 벌인 결과다. 이 깊은 어둠은 더욱 더 깊어져 가기만 하고 있다.

　하나님께서 보낸 자 즉, 예수님께서 보낸 자들이 필요한 까닭이다. 스스로 왔다고 하는 자들은 많으나 정작 예수님께로 나서 어둠을 깨우칠 자는 없는 자칭 하나님 필요 없는 문명 사회다. 더러운 교만의 어둠이 모든 현대인들을 칠흑 같은 어둠 속에 가두어 놓고 희희 낙낙하게 만들고 있다.

　참다운 말씀이 필요한 이유다. 개인을 거듭나게 하는 말씀의 씨가 뿌려져야 하는 이유다. 말씀이 심기어 자랄 때 어둠의 그늘은 물러가고 말씀은 빛을 발하게 될 것이다. 거듭나야 영원한 진리를 체득할 수 있다. 영원한 삶을 체험하게 된다. 영생에 다다르게 된다.

영생은 참 하나님과 그의 보내신 자 아들 예수 그리스도를 아는 것이다. 영생에 이르려면 참 하나님과 그 아들을 알아야 한다. 아는 게 중요하다. 그래서 호세아는 하나님을 힘써 알라고 권면 하였다. 하나님을 알려면 애써 공부해야 한다.

궁구하고 연구하고 상고해야 한다. 무엇을 상고하는가?

바로 하나님의 뜻을 기록한 성경을 상고해야 한다.

너희가 영생이 성경에 있는 줄 알고 성경을 상고 하거니와 성경은 바로 그 아들에 대한 기록이라고 하셨다. 성경을 묵상하고 상고 함은 거듭나는 영생의 길을 확실히 알고자 하는 거룩한 일이다. 성경을 모르고 거듭나는 일은 있을 수 없다. 성경 말씀이 성령의 조명 아래서 빛을 발할 때 더러운 악한 생각들은 물러가고 깨끗한 하나님의 나라가 보이기 시작하는 것이다.

하나님의 말씀은 진리다. 말씀은 깨끗하다. 진리의 말씀은 깨끗하고 정결하다. 투명하며 앞뒤 위아래 어디에도 흠이 없다. 수정같이 맑고 온전하다.

영원히 그렇다. 진리는 어느 순간 어느 지점에서 군더더기가 발견되면 진리가 아니기 때문이다. 진리는 영원히 거짓이 없고 확실하다. 그러기에 영생의 생명이 있다. 명경지수와 같은 진리의 말씀은 투명하여 어디서든 진리임을 스스로 드러낸다.

티가 없고 흠이 없으므로 어디든지 흠이 드러날 수가 없다. 성령으로 감동받은 사람들이 기록한 성경이므로 틀린 곳이 하나도 없다. 성령의 감동하신 말씀이므로 성령의 조명 아래에서만 감동되는 깨달음의 진리이다.

인간의 탐욕스러운 이성으로 인간적으로 해석될 성경이 아니다.

　타락한 인간 이성으로 성경을 대하면 바리새인 같이 앞에 예수님을 두고서도 딴 말을 하게 된다. 자기들은 삼십 팔 년 된 중풍병자를 일으키지는 못하면서 예수님의 능력은 부인하며 오히려 바알세불 귀신의 힘으로 하는 일이라고 말도 안 되는 시비만 거는 것이다. 진리를 파악할 생각도 없으면서 진리 운운하는 이단들과 같다.

　진리는 그 자체가 진리이므로 예수님을 진실로 만나기를 원하는 자라면 어느 곳 어느 시를 막론하고 성령께서 진리를 찾는 자는 반드시 예수님께 인도하신다. 똑똑한 자이든 무식한 자이든 남자든 여자든 상관없이 주님을 찾는 자는 성령께서 감동을 주시사 성경 속에서 진리의 주인이신 예수님을 만나게 하신다. 성경 말씀을 묵상하며 되새김질하여 깊이 상고하는 자는 틀림없이 성경 속에서 영생의 주인이신 예수님을 만나게 되어 있다.

　힘써 하나님을 아는 지식인 성경을 알아야 하는 까닭이다. 성경 말고 참 진리는 없다. 진리는 성경 속에 있다. 성경의 주님을 만나고자 하는 진정과 신령한 마음으로 궁구한다면 그 누구라도 성경이 기록한 예수님을 만나 뵐 수 있게 된다.

　마음이 청결한 자는 하나님을 본다고 하였다. 마음의 더러운 탐욕을 내버리고 깨끗한 심정으로 진리인 영생을 궁구한다면 영생이 무엇인지 깨닫게 되는 것이다. 영생하는 하나님의 나라를 볼 것이며 들어가게 되는 것이다. 거듭나기 위해서 죄인이 말씀 앞에 깨끗해져야 하는 이유다. 탁하고 의심으로 가득 찬 마음으로는 성경을 알 수가 없다.

　예수님이 제자들을 향하여 나의 말로 너희는 이미 깨끗하여졌다고 하신 의미이다. 주님의 말씀은 세속적인 더러운 말들을 거룩한 능력으로 정결케 하시는 힘이 있다. 주님의 말씀은 성령이 함께하사 모든 악한 것을 제거하고 듣는 영혼을 깨끗하게 한다.

예수님의 말씀은 진리이므로 거룩한 능력이 드러나 추한 생각들을 정결케 한다. 이는 더러워진 몸을 물로 씻어 내듯 말씀으로 혼잡한 생각들을 깨끗이 정리하고 거룩한 심령으로 거듭나게 하신다(엡 5:26). 지저분했던 마음이 깨끗해져야 거룩한 모습으로 전환되게 된다.

정결함이 없이는 거룩한 하나님의 말씀을 들을 수 없고 깨달을 수 없다. 인간의 더러워진 이성으로는 하나님의 말씀을 믿을 수 없다. 믿음이 없는데 예수님이 하나님의 아들임을 믿을 수기 없다. 예수님이 하나님의 아들임이 믿어지지 않는데 예수님의 말씀이 진리임을 인정하는 일은 불가능하다. 마음에 불순한 의심과 교만이 사라져야 비로소 예수님의 말씀이 보이기 시작한다.

교만한 생각으로는 예수님의 말씀을 비판이나 하고 건들거리며 논한답시고 따지기나 하게 된다. 예수님이 진리이다. 그런데 진리 자체이신 예수님을 믿지 않으면서 그의 말씀을 믿는다는 건 어불성설이다.

예수님의 말씀으로 욕정에 사로잡혀 있는 마음을 깨끗이 한 뒤에야 거룩한 말씀으로 우리 마음이 거룩해 질 수 있다. 진리로만 우리들의 가증한 생각들이 깨끗해지고 거룩해 질 수 있다. 하나님 아버지의 말씀이 진리이기 때문이다. 하나님의 아들이 진리 자체이기 때문이다. 예수님의 말씀으로 목욕하여 깨끗해지면 거룩한 마음을 소유하게 된다.

그래서 하나님께서 말씀하시기를 내가 거룩하니 너희도 몸을 거룩하게 구별하여 하나님께 드리라고 하셨다. 음란한 행위 허망한 자처럼 행동해서는 안 되는 이유이다. 진리로 마음이 깨끗해진 자는 거룩하게 행해야 하는 까닭이다. 가식적이거나 남 보이기 위해 하는 척하는 게 아니라 참 거룩한 마음으로 거룩하게 행해야 한다.

거룩은 능력이다. 거룩하신 예수님은 말씀으로 죽은 자를 살렸다. 거룩한 능력으로 삼십 팔 년 된 중풍병자를 고치셨다. 거룩한 능력이 있으시므로 가능한 일이다. 겉만 거룩한 자들은 죽은 자를 살릴 능력은 없고 산 자를 죽이기만 한다. 죽은 기운만 충천하여 살기만 등등한 자들이 경건의 모습은 있으되 경건의 능력은 없는 자들의 모습이다.

거룩한 능력의 말씀이 있어야 거룩한 생명을 가진 자다. 영생의 생명을 가진 자다. 유한한 인간이 영원한 삶을 가진다는 일은 있을 수 없음을 똑똑한 현대인은 다 수긍한다. 총명하다고 하는 자들이 진리를 믿지 못하는 이유다.

예수님을 믿는다고 영원해진다는 게 있을 수 있냐고 주장하는 이유다. 세상에서는 모든 게 유한하고 수명이 유한함을 너무나 잘 알고 있으므로 영생을 인정할 수가 없다. 예수님의 말씀만이 영생을 가르치니 믿을 수가 없는 것이다. 그래서 진리로 거듭나야 영생이 이해되고 믿어지는 까닭이다.

진리이신 예수님을 믿으므로 성령으로 깨닫게 됨으로 하나님의 나라를 보고 들어가 영생을 얻게 되는 것이다. 거룩한 거듭남이다. 저급하고 가짜의 거듭났다는 주장이 아니라 거룩한 성령의 능력으로 거듭나는 거룩한 일이다. 거듭남은 거듭난 본인만 정확히 알 수 있는 일이다. 마지막 때 성도들이 받을 새 이름은 받은 자만이 알 수 있다고 하신 의미이다.

성령의 거룩한 능력으로 거듭난 자는 거룩하다. 거룩한 말씀을 이루기 위해 각고의 노력을 경주하게 된다. 경건의 연습을 하는 모습이다. 훈련을 통해 용사가 되듯 경건의 연습을 통해 주님의 영적 군사가 된다. 거룩한 능력을 드러낸다.

다윗이 물 맷돌 던지는 연습을 통하여 골리앗의 이마에 명중했듯이 말이다. 경건의 훈련을 통하여 거룩함의 능력은 세상에 빛과 소금의 능력을 드러낸다. 짠맛 잃은 소금이 아니다. 빛을 소진한 어둠이 아니다. 맛을 내는 거듭난 자이다. 빛을 나타내는 거듭난 능력의 그리스도인이다. 거듭나는 거룩한 사역은 누구나 에게 있어 자신의 인생에서 가장 중요한 일이다. 거듭난 사는 거룩한 생명을 소유하게 된다. 서룩한 생명이나. 서룩하신 성령으로 거듭났기에 그렇다. 거룩하신 예수님으로 인하여 거듭났기 때문이다. 기룩한 하나님의 사람이다.

세상이 어쩌지 못 하는 하늘의 사람이다. 하늘로서 난 까닭이다. 거룩한 지성소의 사람이다. 하나님의 은혜를 덮어쓴 자이다. 예수님의 거듭나게 하시는 말씀을 들은 자이다. 주님께서 주시는 능력을 받은 자이다. 거룩한 능력이 무엇인지를 체험한 자이다. 예수님의 거룩한 능력으로 말미암는 거듭남이다. 거룩한 거듭남은 썩어지지 않는 영원한 능력이다. 하나님의 보좌로부터 임하는 하늘의 거듭남이다.

6. 속사람

거듭남은 겉사람이 거듭나는 게 아니라 속사람이 거듭나는 일이다. 겉사람은 거듭날 수 없다. 육신이 어미의 배 속에 들어갔다가 다시 잉태될 수는 없다. 한 번 태어난 몸은 수명을 다하고 죽을 뿐이다. 거듭난 자는 신령한 몸을 입고 거듭나지 못한 자는 심판의 몸을 입을 것이다. 천성은 변하지 않는다고들 한다. 오직 말씀과 성령으로만 인격의 변화는 가능하다. 변하지 않는 게 천성이고 인격이다.

하나님을 대적하고 보좌에 앉으려 했던 옛 뱀 마귀를 쫓았던 아담의 후예로 태어난 인간은 그 품성 자체가 교만하다. 세 살 버릇 죽을 때까지 간다고 한다. 교만하고 타락한 인격이 변하지 않는 이유이다. 쉽사리 악한 인간이 태어나면서부터 지닌 비뚤어진 인격이 완전히 사라지고 새로워지려면 반드시 새로 태어나야 한다. 그것이 거듭나는 일이다.

새로운 사람으로 다시 태어날 때 인격은 거룩하고 고상해질 수 있다. 사람이 옛 인격을 버리고 새로워지는 길은 다시 태어나는 길 이외는 없다. 그걸 아시는 주님께서 하나님 나라에 들어 가는 사람이 되기 위해서는 거듭나야 한다고 하신 까닭이다.

겉사람은 절대 변하지 않는다. 성형수술을 한다 해도 외모가 조금 달라질 따름이다. 완전히 사람 자체가 변하는 게 아니다. 속사람이 변해야 온전히 변한 사람이 될 수 있다. 속사람이 변하는 길은 사람이 옛사람을 버리고 다시 태어나는 길이다. 속사람이 변해야 완전히 딴 사람 즉, 하나님 나라에 합당한 사람이 되는 것이다.

육신적 몸이 다시 태어나는 게 아니라 속사람이 거듭난다. 속사람 즉, 영혼이 거듭난다. 속사람이란 각자의 속에 있는 영혼의 인격이라 할 수 있다. 말씀과 성령에 의해 인격이 거듭나는 것이다. 타락한 영혼의 인격이 새로워 짐이다. 새로운 인격의 사람이 되는 일이다. 속사람은 영혼이 가지는 인격적인 실체이다. 겉으로 드러날 수 있는 부분이다.

거듭난 사람은 반드시 가지는 새로운 인격이다. 사람이 변했다고들 할 때 그 사람의 인격이 달라졌다고 한다. 사람이 확 달라졌다고 할 때는 그 사람이 옛날의 못되었던 인격이 철저히 달라져 새로운 사람이 됐음을 말하듯이 새로워졌다는 뜻이다.

겉으로 볼 때는 같은 사람인데 그 사람이 행하는 행위들이 선하고 착해졌다면 사람이 변했다고 한다. 이는 사람의 수련으로 변한 게 아니라 말씀과 성령으로 새로운 사람으로 태어났을 때 쓰는 새롭다는 말이다. 생각하고 말하고 행동하는 모든 게 완전히 변했을 때 새롭게 되었다고 한다.

새롭게 거듭났기에 그 생각과 말과 행동의 차원이 다를 수밖에 없다. 치졸하던 옛 생각 이기적이던 말과 행동들이 거듭남으로 인하여 새로운 인격의 사람이 되었기에 나타나는 새로움이다. 이러한 새로운 인격의 변화는 사람이 거듭나지 않고는 일어날 수 없는 모든 일이다. 거짓되고 타락한 인격이 죽고 새롭고 거룩한 인격이 생겨나야 새로운 인격의 사람이 될 수 있다.

새 포도즙은 새 부대에 담아야 한다. 새 포도즙을 헌 부대에 담으면 포도즙이 발효되면서 부풀게 되어 부대는 터지고 만다. 더러운 인격을 아무리 수련을 해서 쓴다고 해봐야 얼마 못 간다. 중고차는 아무리 갈고 닦아도 얼마 못 가 또 고장이 난다. 부품 자체를 갈아서 쓰는 게 좋다. 사람도 마찬가지다. 문제되는 사람은 아무리 타이르고 훈계해 타일러도 나중에는 더 큰 문제를 일으키고 만다. 온갖 죄악에 물든 사람은 아무리 교육시켜도 개과천선하는 일은 없다.

새롭게 다시 태어나야 새롭게 될 수 있다. 새 포도즙을 새 부대에 담으면 아무 문제없다. 하나님의 말씀과 성령의 거듭나게 하는 역사로 거듭나야 새로운 인격의 사람이 된다. 하나님 나라에 합당한 사람이 되는 것이다. 새 마음 즉, 새 인격의 사람이다.

거듭난 인격은 겸손하고 온유하다. 부드러운 성품을 지닌다. 인생을 살아가다 보면 현실에 찌들 수밖에 없다. 인격 자체가 이기적이며 자기만 알 수밖에 없다. 날카롭고 공격적이며 야수같이 변한다. 부드럽기는커녕 물지 않으면 다행이다. 남을 배려하고 특히, 하나님 나라로 같이 가기 위해 애쓰는 마음은 속사람이 변화되어 부드러운 마음을 갖지 않으면 되지 않는다. 부드러운 인격은 겸손하고 온유한 마음을 가져야 가능하다.

겸손하고 온유한 사람은 모세와 예수님이다. 모세는 그야말로 엄청난 스트레스 앞에서 겸손함으로 자신의 직무를 수행하였다. 얼마나 수백만 명의 목숨을 책임지고 인도하였으니 그중압감은 말도 못할 정도였다. 화날 일이 첩첩산중이었을 터인데 모세는 참고 인내했다.

모세는 겸손하다. 하나님의 산 호렙에서 출애굽하는 사명을 받을 때 모세는 답하기를 자신이 무엇이관데 거룩한 사명의 부름을 받겠느냐고 하였다. 진심으로 사십 년간 광야에서 보잘것없이 산 자신을 보고 말했다. 애굽의 왕자로 사십 년간 살 때에는 자기 의와 교만에 꼭 차있던 모세였다. 그러나 광야의 삶을 통해 자신의 무능함과 처지를 잘 알게 되었다. 자신의 나약함과 무익함을 알았다. 철저한 자기 성찰을 통해 모세는 겸손한 자가 되었다. 그 무지렁이같이 된 모세를 하나님께서는 부르셨다. 수백만 하나님의 백성을 하나님의 땅 가나안으로 인도하는 자로 삼으셨다. 조상의 땅 가나안은 모세가 가야 할 거룩한 곳이었다. 교만한 가나안 족속과는 그 성품에서부터 다른 겸손한 지도자가 인도해야 할 일이었다.

하나님께서는 한치의 오차도 없이 겸손한 모세의 인격을 보시고 그를 택하셨다. 요사이 교만하고 똑똑한 지도자를 원하는 세태와는 달라도 너무 다른 선택이다. 하나님의 보시는 눈과 요새 교만한 인간들이 보는 눈은 하늘과 땅 차이다.

　모세는 온유하다. 온 지면에서 모세는 가장 온유하다고 민수기는 기록했다. 그 예로 구스 여인을 취했을 때를 기록했다. 당시로는 족장이나 민족 지도자 정도면 한 두 여인을 취하는 정도는 문제가 되지 않았다. 그런데 누이 미리암과 형 아론은 이방 여인을 취했다고 모세를 거칠게 비방했다. 이에 모세는 자신을 주장하지 않았다. 변명도 하지 않았다. 더구나 시끄럽게 권위에 도전한다고 징계도 하지 않았다. 단지 모세는 하나님 앞에 무릎 꿇고 기도했을 뿐이다. 이에 오히려 하나님께서 자신의 대리자인 모세를 보호하시고 미리암과 아론을 향해 화내시고 미리임은 문둥병에 걸리게 하셨다. 온유한 모세를 하나님께서는 귀하게 보셨다. 광야 사십 년 세월에서 거듭난 모세의 인격을 잘 보여 주는 일이다.

　거듭난 성도들을 보면 한결같이 그 인격이 겸손하고 온유하다. 다윗을 봐도 우리아의 아내 밧세바를 범하고 나단 선지자의 책망을 듣고 회개할 때 그는 종일토록 신음하며 회개 기도를 하였다. 침상이 눈물로 썩기까지 할 정도였다. 참으로 하나님 앞에서 낮아진 다윗의 모습이다. 오늘날 얼굴 뻣뻣이 드는 교만한 자들과는 너무나 대조적이다. 다메섹에서 거듭난 바울을 보아도 알 수 있다. 그리도 엄청난 수고를 하고 있었는데도 예수님 앞에서 고백하기를 죄인 중의 괴수라고 하였다. 기가 막힌 고백이다. 참으로 겸손한 경건한 모습이다. 요새 목회자들 같으면 얼마나 예수를 위해 지구를 수십 바퀴 돌고 얼마나 수고했으면 유명해졌냐고 그러니 화환을 씌워 달라고 하였을 텐데 말이다.

　거듭나게 하시는 예수님은 겸손하고 온유하다. 하나님의 아들이 우리 죄인을 위해 십자가에 죽으시기까지 낮아 지다니 이야말로 겸손의 극치다. 이보다 더 낮아질 수는 없는 노릇이다. 예수님께서는 성도들에게 겸손을 본 보이셨는바 겸손은 바로 남을 자기보다 낮게 여김이라 하셨다. 인간은 태생이 교만하여 웬만하면 자기가 남보다 낫기를 바란다. 경쟁 사회이다 보니 자기가 밀리면 죽는 거라고 생각한다. 어찌하든 남을 이겨야 자신이 살 수 있다고 여기므로 남을 위한 배려라 해도 어느 정도이지 자신이 손해 보면서까지 양보하거나 배려하지 않는다.

　미국인들은 겉으로는 참으로 친절하다. 그러나 이해 다툼이 벌어지는 경우에는 순간 차가워지고 언제 그랬냐 싶게 돌변한다. 누구나 마찬가지이지만 말이다.

　거듭난 인격은 다르다. 자기 보다 남을 낮게 여겨 상대방을 높이는 일이다. 상대의 의견을 존중하고 높게 여긴다. 진심으로 그렇게 여긴다. 자신이 손해를 보는 경우라도 참고 손해를 감수한다.

　어떻게 이런 일이 가능할 수 있을까?

　주님의 복음을 받아들여 거듭난 자가 됐을 때 가능하다. 예수님은 하나님과 같은 본체이신데 동등됨을 취하지 아니하시고 자기를 비어 우리 죄인을 위해 육신을 입고 낮아지셨다. 그것도 모자라 사람들 앞에서 남을 자기보다 낮게 여기셨다. 종의 형체로 보이셨다. 이보다 더 낮아질 수는 없다. 말씀으로 낳아지고 거듭난 자면 이 발의 뜻을 알 수 있다. 인간 지식으로는 이해 불가다.

　예수님은 온유하다. 마음이 온유하고 겸손하다. 거듭난 사람의 마음은 겸손하고 온유하다. 거듭났다고 자랑하고 교만한 오늘날 거듭났다는 사람들과는 다르다. 예수님은 거듭나기를 원하는 자는 주님께 나아와 배우라고 권면하신다.

배움은 중요하다. 세상에서도 배워야 자신이 원하는 직업도 가질 수 있고 남보다 잘 살 수 있다. 그런데 말씀을 배우는 데는 잘 살펴서 배워야 한다. 잘못 배우면 큰 일 난다. 영혼에 관한 문제이기에 더욱 조심해야 한다.

성경을 배우되 사람의 계명으로 배우면 천국과는 먼 바리새인같이 성경을 오해하고 하나님의 능력도 체험하지 못 할 수 있다. 예수님의 말씀을 배우되 제대로 배워야 한다. 하나님의 계명으로 배워야 하다. 그래야 참 하나님을 알게 되고 그 아들 예수 그리스도로 동행될 수 있게 된다. 사람의 교훈으로 배우면 시간 낭비이며 헛수고 되기 십상이다.

바로 배워야 한다. 배우는데 자기 멍에를 지고 배워야 한다. 자기 십자가를 지는 법을 배워야 한다. 주님을 배워야 하는 자는 반드시 자기 멍에를 메고 주님을 따를 때 그 교만한 마음이 낮아지고 온유해질 수 있다. 자기 멍에는 지지 않고 지식만 배우면 니골라 같이 교만해지기 십상이다. 눈에 보이지 않는 마음을 내려 놓고 진심으로 예수님을 배우려면 무릎을 꿇고 배움이 타당하다. 교만하게 같이 맞먹으며 배운다면 말이 되지 않는다.

하나님은 교만한 자를 멀리한다. 자신의 십자가를 지고 주 앞에 나와 무릎을 꿇을 때 겸허한 배움이 가능해진다. 그러한 겸허한 가르침과 배움의 관계가 사람을 거듭나게 하여 겸손하며 온유하게 한다. 마음이 겸손하고 온유해지면 그 마음이 쉼을 얻는다.

교만하고 사나운 마음에는 쉼이 없다. 싸움과 분쟁과 으르렁거림만 있을 뿐이다. 예수님의 말씀을 겸손하게 배운 자는 하나님 나라의 안식을 체험하게 된다. 하나님의 나라는 영원한 안식의 나라다. 주님께 나아와 하나님 나라를 배우고 익힌 자는 당연히 하늘의 쉼을 얻게 된다.

쉬어야 새 힘을 내서 일할 수 있다. 쉬지 못하고 늘 불안하고 초조하면

일 하기는커녕 병 걸리지 않으면 다행이다. 마음이 낮고 온유하면 남과 싸우거나 다투거나 하여 신경 쓸 일이 없다. 그러니 새 힘을 얻을 수 있다. 거듭난 겸손하고 온유한 성품은 자라나는 특징이 있다.

어린이의 힘이 점점 자라나듯이 온유한 생명의 힘은 자라난다. 청년의 힘이 어린아이의 힘보다 훨씬 크듯이 속사람이 더 강해진다. 생명은 자라나는 법이다. 거듭난 속사람은 그 힘이 점점 더 강성해 진다.

거듭난 속사람은 새 힘을 얻어 자라는 속성이 있다. 속사람이 새 힘을 얻으려면 속마음이 겸손하고 온유해야 한다. 예수님께 나아가 배우는 자는 속사람이 겸손하고 온유해짐으로 새로운 내적 힘을 얻는다. 속사람이 생기를 얻으므로 영혼이 강건해진다. 시들해지고 죽었던 영혼이 예수님의 말씀을 배워 새로운 힘을 얻고 소생하게 된다. 예수님께 배운 말씀으로 새 힘을 얻는다.

하나님의 말씀은 썩어질 씨가 아니고 썩어지지 않는 씨이므로 속사람은 시들 해지지 않고 계속해서 더욱 강건하게 된다. 배운 말씀으로 쉼을 얻으므로 가볍게 새 힘을 얻어 가게 된다. 예수님의 멍에는 쉽고 가벼우므로 내가 지는 멍에도 예수님의 인격을 따라 쉽고 가볍게 된다.

겉사람은 점점 늙어가고 노쇠해지지만 속사람은 더욱 강건해져 간다. 하나님 나라가 더 가까워지기 때문이다.

예수님의 말씀으로 육체는 비록 죽어가지만 영으로는 살림을 받아 더욱 강건 해져 간다. 겸손하고 온유한 말씀으로 우리의 속사람은 더욱 강건 해져간다. 우리가 거듭남으로 얻는 주님이 주시는 온유한 능력이다. 마음에 주님의 위로를 받고 힘을 얻는 비결이다. 사람을 외모로 보지 않고 중심을 보면 알 수 있는 영적 비결이다.

인생의 외모는 아무리 출중했던 인물이라도 시간이 흐르면 다 쭈글쭈글해진다. 볼품없이 되어 가기 마련이다. 외모가 출중했던 첫아들 엘리압을 택하지 아니하시고 중심이 바른 다윗을 선택하신 이유다.

외모가 뛰어났던 사울이 넘어진 이유가 마음이 믿음으로 거듭나지 못한 까닭이다. 예수님의 말씀을 배우면 마음이 겸손하고 온유 해진다. 속사람이 싱신 해진다. 속사람이 예수님의 법을 따르며 즐거워해지게 된다. 속사람이 말씀의 능력을 힘입게 된다. 너욱 깅긴하게 된다. 겉사람은 시간이 갈수록 낡아지나 속사람은 날로 새로워진다. 겉사람은 더러워지나 속사람은 더욱 하늘의 소망으로 님치게 된다.

예수님의 말씀으로만 거듭날 수 있다. 예수님의 말씀은 언제나 살아있는 말씀이기 때문이다. 언제 어디서나 예수님의 말씀으로 거듭나기를 소망하는 자는 거듭나게 하시는 말씀이다. 속사람의 부패한 부분을 쪼개어 깨끗하게 하시는 말씀이다.

예리한 면도날같이 영혼의 더러운 부분을 도려내고 정결케 하사 거듭나게 하신다. 영과 혼과 육을 샅샅이 감찰 하사 거듭나게 못하게 하는 어둠의 세력은 물리치시고 온전히 거듭나게 하신다. 거듭나길 간절히 열망하는 죄인을 불쌍히 여기시고 예수님은 말씀으로 거듭나게 하신다. 능력의 말씀이다. 빛을 한마디로 창조하신 하나님 말씀과 죽은 나사로를 살리신 예수님의 말씀은 절대 능력의 말씀이다.

한 치의 오차도 없이 예수님의 절대 능력의 말씀은 주님을 인정하는 자는 모두 거듭나게 하신다. 성령의 함께 역사하사 완전히 거듭나게 하신다. 거듭남의 씨를 심고 자라게 하시며 속사람을 강건케 하시는 성령이시다. 물로 씻어 말씀으로 거룩한 거듭남을 성취하게 하신다.

예수님께서 물과 성령으로 거듭난다고 하신 근거다. 예수님의 말씀을 깨달은 자는 성령께서 역사 하사 그 능력으로 말미암아 물로 씻어 말씀으로 속사람이 거듭나며 강건케 되는 것이다. 속사람이 거듭나 예수님 같이 겸손하고 온유 해지며 속사람의 능력을 받으므로 강건해진다.

예수님의 말씀과 성령의 능력으로 강건해지는 비결이다. 거듭난 자는 스스로 체험하게 되는 주님의 은혜다. 흰 돌에 새겨진 새 이름은 받은 자만이 아는 이유이다. 다른 사람은 알 수 없는 주님이 주시는 거룩한 사랑이다. 속사람이 강건해야 그리스도의 형상을 이루어 갈 수 있다. 속사람이 허약하면 거듭남의 씨는 자라기도 전에 새가 와서 쪼아 먹어 버린다. 거듭남의 씨가 자라려면 속사람이 강건해야 하는데 성령의 능력으로 가능한 것이다.

주님과 성령의 능력으로 거듭난 자는 스스로 속사람이 강건해졌음을 인지한다. 강건하게 변화된 자신의 영혼 상태를 감지한다. 거듭난 영혼의 특징은 강건함이다. 거듭난 속사람은 그 영혼이 강건하다. 성령의 능력이 함께 하심이다.

7. 복음

복음은 거듭남의 원천이다. 거듭남은 복음으로 가능하다. 복음의 능력으로 죽었던 죄인이 거듭난다.

거듭나 장성한 분량에 다다른 바울은 노예였던 오네시모를 낳은 아들이라 하였다. 오네시모는 노예에 불과했다. 바울은 비록 옥에 갇혔었지만 로마 시민권 자였다. 계급 사회였던 당시로는 그들의 신분 차이는 하늘과 땅 차이였다. 그런데 회심한 오네시모를 아들이라 하였다. 노예 사회였던 사회 관념상 말이 되지 않는 얘기다. 근세 민주주의를 자랑하는 미국에서도 노예매매가 있어 수백 수천 달러에 노예매매가 이루어졌다.

2,000년 전 로마 사회는 더더욱 신분의 차이는 엄격했다. 그러한 사회 상황에서 바울은 복음으로 거듭난 오네시모를 부르길 자신이 낳은 아들이라 하였나. 이는 복음으로만 가능한 말이다. 오네시모는 빌레몬의 노예였다. 오네시모는 빌레몬에게 경제적인 손해를 입힌 죄인이며 또한, 도망자였다. 집히면 에누리 없이 감옥에 갇혀 평생을 감옥에서 죽을 지도 몰랐다. 그러한 비참한 상황에 직면했던 그를 바울은 손수 복음으로 회심하고 자신이 갇힌 중에 낳은 아들이라 하였다.

복음은 예수님의 말씀이다. 오네시모는 복음으로 다시 거듭나게 되었다. 복음만이 죄인 노예에 불과한 그를 인간적인 대우를 받는 인격체로 인정될 수 있게 하였다. 예수님의 말씀은 돌로 맞아 마땅한 간음한 여인도 살릴 수 있다.

그 외 어떠한 가르침도 노예를 인격체로 대우하고 인정받아 동일한 인격체로 살아갈 수는 없다. 거듭난 바울이야말로 예수님을 통하여 죄인 중의 괴수에서 죄 사함을 받고 의로운 자라 칭함을 받았기에 가능했다. 노예 오네시모를 거듭나게 하고 복음 안에서 아들로 받아들일 수 있었다. 복음만이 모든 인간을 평등하게 하고 자유롭게 할 수 있다.

주님이 주시는 평안 안에서 거듭난 자들은 하나가 되고 모든 것을 사심 없이 나눌 수 있다. 복음이 아니고는 모든 게 차별이 있고 부자연스럽다. 바울은 복음 안에서 한 형제 된 그를 원래 주인이었던 빌레몬에게 보내며 자신의 아들로 받아들여 달라고 편지를 써 보냈다. 다시는 노예로 다루지 말고 복음 안에서 한 형제로 살아가기를 부탁하였다.

가능한 일이 아닌데도 바울은 복음 안에서 그렇게 되리라는 확신 가운데 오네시모를 믿음의 형제 빌레몬에게 보낸 것이다. 오늘 같은 민주 시대에도 힘든 일을 바울은 주님의 복음을 믿고 행하였다.

주인과 노예는 겸상도 할 수 없고 그 신분 차이는 메꿀 수 없는 간격이 있었다. 엄연히 신분이 존재하는 당시 상황에서 주인과 노예가 한 형제가 되다니 참으로 복음의 신비다. 복음의 말씀만이 인격을 변화시키어 자유롭게 하는 것이다.

오네시모는 바울이 예수님을 증거할 때 성령의 깊은 감동, 감화를 받았다. 그는 성령의 능력으로 거듭났다. 온전히 인격이 새로 태어나 겸손하고 온유하게 되었다. 바울이 주저함 없이 추천할 거듭난 인격체가 되었다. 자신이 낳은 아들이라 불렀다. 자신 있게 거듭난 그를 모든 사람 앞에 내 놓을 수 있었다. 복음으로 거듭난 결과였다.

거듭남은 세상의 모든 가치를 초월한다. 아는 세상이 아니라 하늘에 속한 일이기에 그렇다. 그러므로 거듭나는 일은 악한 모든 장벽을 초월하여 인격적인 교제가 가능하게 한다. 진정한 자유의 관계를 이루어 낸다. 오네시모와 빌레몬의 주인과 종의 인격적 만남을 가능하게 해 주는 것이다.

세상에는 가르치는 스승이 많다. 인생을 예술을 사상과 철학을 도덕과 윤리를 가르친다. 많은 현명하고 똑똑한 자들이 여러 가지 분야에서 가르친다. 일만 스승이 있다. 저마다 훌륭한 제자들을 가르치려 애쓰고 있다.

우리들도 자라면서 많은 선생으로부터 가르침을 받아 왔다. 혹은 수십 명 많게는 백 명 이상의 선생님으로부터 교육을 받았다. 하지만 나를 낳아

준 아버지는 한 분이다. 아버지는 여러 명이 아니다. 길러 준 아버지는 몇 명일 수 있다. 그렇지만 낳아 준 아버지는 딱 한 명이다. 둘일 수 없다. 삼척동자도 다 아는 사실이다. 하긴 자기를 낳아준 아버지를 남에게 보이고 싶지 않다고 보여주지 않는 자들도 있긴 하다. 하지만 어찌됐건 아버지는 한 명이다. 일만 스승이 있지만 아버지는 한 명이고 어머니도 한 분이다.

바울이 이러한 너무도 지극히 상식적인 이야기를 한 이유는 내 육신의 아버지가 한 분이듯 내 영혼과 온몸의 아버지도 한 분이심을 강조하기 위해서다. 자기를 낳아준 아버지를 모른 척한다면 후레자식이듯 영원히 자신의 아버지 되시는 하나님을 인정하지 못한다면 사생이임을 스스로 증명하는 일이라고 증거한다. 그 아버지를 정확히 알기 위해서는 아들 되시는 예수님을 알아야 함을 강조하기 위해서다. 아들을 모르고는 아버지를 알 수 없다는 지극히 당연한 말씀이다.

아버지 하나님을 바로 알려면 보내신 자 아들을 아는 게 선결 요건이다. 아들을 보내신 아버지의 뜻을 모른다면 아들에 대해 안다고 하는 이야기는 피상적일 수 밖에 없다. 아들을 자세히 아는 게 그를 보내신 참 아버지를 상세히 알고 영생하는 참 길이다. 피상적으로 알면 시험에 떨어질 수 밖에 없다. 합격자와 불합격자의 차이는 백지장 한 장 차이다. 똑 같은 시간을 쏟았는데도 차이가 나는 것은 확실히 알았느냐 피상적으로만 알았나 하는 차이에 불과하다. 정확히 알아야 면장이 되서도 실수하지 않는 법이다.

요사이엔 참으로 문제가 심각하다. 과학과 기술이 발전하여 기고만장해서 그런지 교만함이 가관이다. 자신이 어디로 가는지도 모르면서 우주 만물을 다 파악한 듯이 다 아는 척한다.

결론은 수많은 공상과학적 아버지들을 양산하였다. 여신으로부터 우상숭배인 것도 마다하고 과학의 우상 아버지들을 만들고 또 만들고 있다. 마귀가 스스로 교만하여 타락했듯 모두들 스스로 교만하여 아버지를 만들어내고 있다.

현대판 우상 아버지들이다. 요상한 이미지들을 만들어 놓고 자신을 인도하는 아버지라고 하고 있다. 금송아지를 만들어 놓고 자신들을 애굽에서 인도하여 내신 하나님이라고 하던 자들과 하나도 다를 바 없다. 교만 마귀가 스스로 지혜자인척하여 하나님의 보좌에 비교하려고 했던 모습과 다를 바가 없다. 수많은 가상 우상들을 만들어 놓고 자신의 신이라고 하는 난잡한 인간들이다.

아버지가 많으니 필요할 때면 적당한 아버지에게 부탁하면 만사형통 하리라는 얕은 수작이다. 신은 많을수록 좋다는 자기기만이다. 그러나 자신의 몸을 낳아준 아버지는 하나 이듯 하늘의 아버지도 하나이다. 인생살이를 가르쳐 준 스승은 많으나 자신을 거듭나게 하시는 분은 오직 하나이니 큰 일이다. 제아무리 머리를 짜내고 짜내도 끝나는 인생을 영원히 연장시킬 수는 없다. 끝이 있기 마련이다.

이 유한한 인생을 영원하게 하는 일은 과학과 기술로는 안 된다. 돈으로 안 된다. 영원한 생명으로 거듭나야 가능하다.

영원히 아버지 되시는 하나님을 앎이 거듭나는 첩경이다. 참 아버지로부터 영원히 낳아지는 일이다. 영원히 거듭 낳아지는 일이다. 육신이 아니라 영혼이 거듭나고 마지막에는 몸도 신령하게 거듭나는 일이다.

바울은 한 생명이 거듭나는 영원한 생명을 가능하게 하는 거듭남을 해산에 비교했다. 한 생명이 태어나려면 모태에서 일정기간 자라야 한다. 정자와 난자가 교합했다고 금방 아기가 태어나지는 않는다. 어머니 모태에서 적어도 십 개월은 자란 뒤 태어날 수 있다.

예수님은 하나님 아버지를 농사 짓는 분이라고 하셨다. 벼농사 지으시는 게 아니다. 인간 구원이 농사를 말씀하셨다. 예수님께서 씨 뿌리는 농사를 통해 천국을 말씀하셨다. 씨를 뿌리는 까닭은 많은 수확을 얻고자 함이다. 숱한 열매를 얻음이 농부의 기쁨이다. 천국은 많은 수확을 얻는 바 하나님은 천국에 모이는 알곡 성도를 기뻐하신다. 복음은 씨를 뿌려 열매를 얻는 거룩한 하늘의 일이다. 씨는 하나님의 말씀이다(눅 8:11).

이단 교주의 헛소리가 아니다. 장사치 떠버리 부흥사의 횡설수설이 아니다. 복음은 바로 이 거룩한 씨인 하나님의 말씀을 마음 밭에 뿌려 수확을 얻는 작업이다.

바울은 이를 해산하는 수고라 하였다. 산통의 진통을 겪어 얻는 생명이다. 수고 없이는 얻을 수 없는 하늘의 일이다. 잉태한 생명을 조심스럽게 귀하게 키워 얻는 새 생명이다.

한 알이 겨자씨가 땅에 떨어져 나무가 되어 많은 열매를 얻는 바 새도 쉬어 가고 짐승도 쉬어 갈 정도로 크게 자라고 열매를 얻는 영혼 농사다. 잉태한 생명이 태어날 때까지 자라듯 거듭나는 생명은 복음의 말씀을 가르치고 또 가르쳐 얻는 영혼의 탄생이다. 거저 얻어지는 횡재가 아니라 하나님 말씀을 가르치는 수고에 수고를 거듭해 얻어지는 값비싼 결과의 산물이나. 바울은 이를 해산하는 수고라 하였다. 엄청난 수고의 대가가 치러지는 게 거듭나는 일이다. 예수님이 씨 뿌리는 농부를 들어 설명하신 수고의 산물이다.

바울은 수고하여 얻은 거듭난 성도를 알아서 자라라고 내버려 두지 아니하고 그리스도의 형상을 얻을 때까지 수고하여 가르쳤다. 장성한 자의 분량에 이르기까지 해산하는 수고를 마다하지 않았다. 이것이 복음을 맡은 사명 자가 하는 본분이다.

복음은 하나님의 말씀을 가르치는 거룩한 일이다. 복음은 예수님의 말씀을 가감 없이 증거하는 고된 수고다. 대가를 바라고 하는 월급쟁이의 노력이 아니고 천직을 다하는 예수님의 십자가의 길이다. 예수님을 사랑하지 않고는 할 수 없는 일이다.

복음은 하늘의 일이다. 인간 명예나 바라며 사례비나 챙기는 세속적 직업이 아니다. 머리나 굴려 만담이나 늘어 놓는 천박한 보여주기 식 연설이 아니다. 돈 주고 살 수 없는 하늘의 생명을 얻었으니 값없이 헌신하는 하늘의 소명이다.

그러니 예수님을 베드로가 사랑하듯 주님을 사랑하지 않고는 할 수 없는 작업이다. 마땅히 해산하는 수고가 뒤따르기 마련이다. 피할 수도 비껴갈 수도 없는 목숨 걸고 이뤄 내야 하는 천명이 복음 전하는 일이다. 죄인이 거듭나 그리스도의 형상을 이루기까지 쉼 없이 수고해야 하는 농부의 일이다.

그때야 비로소 많은 열매를 맺어 주님께서 잘 했다 칭찬하시는 것이다. 한 죽어 있는 죽을 수밖에 없는 죄인이 거듭난다는 게 집회 며칠 참석해서 이루어지는 게 아니다. 숱한 인간의 고뇌를 통하여 심각한 고뇌에 처해 보고 나서 하나님의 말씀을 접하고 진정으로 깨달아서 그리스도의 분량에 이르는 험난한 여정이다.

마치 애굽을 떠나 오랜 광야의 길을 헤매다가 가나안에 입성하는 여정과 같다. 애굽을 떠나자마자 가나안에 들어간 게 아니다. 광야를 돌고 돌아 겨우 사십 여년 만에 가나안에 들어갈 수 있었다.

　이 광야 생활의 고난은 하나님이 자기 백성을 미워하여 그런 게 아니다. 오히려 깊이 사랑하시기 때문에 훈련에 훈련을 더하시어 장성한 자가 되어 가나안에 갔을 때 가나안 족속들을 정복할 수 있는 힘을 길러 주기 위함이었다. 아무 훈련도 없이 어린아이같이 가나안에 들어간다면 그 흉포한 가나안 이방 우상 숭배자들에게 잡혀 먹혔을 것이다. 잡혀 먹히는 게 아니라 저들 하나님을 모르는 이방 족속들을 정복하고 편안히 살 수 있도록 광야 훈련을 시키셨던 것이다.

　복음으로 한 악한 죄인이 거듭나는 과정은 험난하고도 힘든 영적 광야의 여정이다. 일생에 한 번 밖에 없는 거룩하고 천국 가는 길이다. 아무나 백악관에 입성하지는 못한다. 구경 삼아 방문할 수는 있어도 백악관의 주인은 되지 못한다. 하물며 백악관 보다 도 천 배, 만 배 귀한 하나님 나라 가는 일인데 호락호락하지는 않은 것이다. 엄청난 마귀의 방해를 이겨내고 얻는 하늘의 복이다. 하나님께서 장마 비같이 하늘의 복을 내리시어 갖는 하늘의 거듭남이다.

　이 일을 맡은 바울은 이 거룩한 일을 위해 자신은 해산하는 수고를 아낌없이 행하였노라고 증거하고 있다. 참으로 예수님의 제자이다. 요사이 성경 지식이나 가지고 종교적 지식이나 가지고 종교 통합 운운하는 자들과는 차원이 다르다. 거듭나보지도 못한 자들이 서로 다른 종교 지도자들과 만나 서로 좋은 점을 교환해 보자는 우스운 토론을 하는 모습과는 본질부터 다른 얘기다.

　거듭나는 구원은 복음으로부터 가능하다. 복음은 구원의 모든 단계를 시작하며 끝마친다. 구원의 서정을 온전하게 한다. 복음의 말씀을 통하여 구원의 세세한 부분까지도 통찰하며 완성시킨다. 복음이 아니고는 구원의 모든 사항을 알지 못하며 구원의 미세한 부분까지 파악할 수가 없다. 예수님께서 행하신 모든 구원의 사역을 통괄하며 이해할 수 있음은 복음으로 가능하다.

쉽게 말하면 아기가 잉태하여 해산하는 과정 그리고 장성한 자가 되는 모든 과정을 이해하듯 복음을 통해 구원의 서정을 이해하게 된다. 한 아이가 자라 자신을 책임지고 한 인격체로 성장 하듯 복음의 씨는 마음 밭에 뿌려져 열매를 맺기까지 복음의 말씀으로 이루어진다. 하나님의 예정하심을 따라 구원의 시작을 이해하고 하나님을 영화롭게 하는데 까지 믿음은 성장한다. 복음으로 거듭난 자는 복음의 말씀으로 영화로운 단계까지 이르는 거룩한 일을 성취시켜 나간다.

이 모든 영적 거룩한 역사는 성령으로 가능하다. 복음의 능력 있는 말씀과 성령의 절대 능력으로 험난한 구원의 서정은 완성되는 것이다. 복음으로 낳는 거듭남은 추상적인 머리 속 시나리오가 아니라 구체적이며 실질적으로 바울이 낳은 오네시모를 통해 드러났다. 밑바닥 상황에 처해 죽어가던 오네시모가 감옥에 갇혔으면서도 복음의 능력으로 새사람을 낳은 바울의 사역을 통해 알 수 있다. 구체적으로 한 인간이 새로 태어나는 과정을 말이다.

이 새 생명의 오네시모는 복음이 아니고는 태어날 수 없는 생명이다. 유한 생명이 아니라 영원한 생명을 가진 즉, 영생의 거듭난 생명이다. 이를 위해 바울은 고백하기를 해산하는 수고를 했노라고 증거하고 있다. 이 복음의 일은 인간들이 말하는 인간적 행위가 아니라 하늘의 일이요 예수님께서 맡기신 사명이라고 밝히고 있다. 이를 위해 바울은 숱한 어려움을 이겨내고 사명 완수를 위해 달려갈 길을 부단히 달렸노라고 고백한다. 그야말로 이 세상의 일이 아니요 비교할 수 없는 하늘의 일임을 말하고 있다.

새로운 하늘의 사람을 만드는 일이기에 최선의 노력을 경주하였다. 품삯을 떠지지 않고 목숨을 다해 진력할 수 있었던 것은 받을 상이 어마어마한 영원한 상급이었기 때문이다. 바울의 눈에는 예수님이 주실 그 빛나는 영광의 면류관이 확실히 보였기에 모든 길 마쳐 분투 노력하였다. 해산하는 수고를 마다하지 않았다.

참으로 인간으로서는 더 이상 할 수 없는 경주를 다하였다. 그것도 필사적으로 임무를 완수하였다. 예수님을 영화롭게 하도록 온전히 헌신하였다. 그 충성이 바울 자신까지도 영화롭게 되는 일이었다. 복음에 붙들린 자는 자신의 거듭남의 거룩함을 알기에 거듭나지 못한 죽은 생명을 보면 필사적인 연민을 가지고 복음으로 거듭나게 하기 위해 십자가를 지는 것이다.

복음으로 낳게 하는 거듭남이란 체험한 자만이 아는 하늘의 복을 받는 통로다. 하늘로서 내리는 모든 복의 통로 말이다.

이는 말로만 하는 미사여구가 아니다. 예수님이 가장 귀하게 여기는 하늘의 일이다. 복음으로 거듭나게 하는 일이야말로 거듭난 자가 가지는 하늘의 능력이자 거룩한 확신이다.

제4장

거듭남의 앎: 요한복음 3장

1. 만남

만남은 중요하다.

뉴욕에 이민 오는 동포들의 직업은 케네디공항에 마중 나온 친척에 의해 결정됐었다. 누구를 최초 만나는가에 따라 미국에서의 직업은 결정되었다. 수십 년 전에는 정보가 많지 않아서 미국 오자마자 렌트비와 생활비를 해결하고자 픽업 나온 사람 얘기 따라 직업을 선택하는 게 일상사였다. 지금이야 한국에서부터 방을 구해서 오는 시대이다. 전문적인 직업을 구해 오는 동포들도 많다. 시대가 컴퓨터 시대이니 달라도 한참 달라졌다.

지금이야 정보가 차고 넘쳐서 이민 오는 동포들은 거의 불편함 없이 정착하는 시대이다.

누구를 만나느냐에 따라 각 사람의 인생이 결정되는 경우가 많다. 좋은 스승을 만나면 훌륭한 사람이 될 수 있다. 나쁜 선생을 만나면 그릇된 사람이 될 확률이 많다. 끼리끼리 모인다고 한다. 친구를 보면 그 사람을 알 수 있다. 유유상종이라고도 한다.

사람은 누구를 만나는지에 따라 영향을 주고받는다. 유행 따라 사는 요즈음에는 깊은 사색을 하길 꺼린다. 그래서 남들이 좋다 하면 따라 하고 만족한다. 모든 사물과의 관계도 마찬가지이다. 즉흥석이고 생각하기를 싫어한다. 그러니 말초적인 삶을 살아도 반성이 없고 제 잘난 멋에 살아가기 일쑤다.

큰 일이다. 넓은 문을 따라 가는 사람들이 부지기수다. 교회 다니는 것도 마찬가지다. 남들이 "좋다"라고 하는 화려한 교회를 선택한다. 사람들이 많으니 좋은 교회요 복 받은 교회라 생각한다. 모든 게 편리하고 안락하니 많은 사람이 나중에는 천국 갈 거니 자신도 천국에 가리라고 믿는다.

그런데 어이 하나?

예수님께서는 넓은 문으로 들어가는 사람은 많으나 좁은 문으로 들어가는 자들은 심히 적다고 하셨다. 문제는 좁은 문으로 들어가는 사람들은 길이 협착하여 가는 사람이 적고 반면 넓은 길은 찾는 이들이 많다. 문제는 넓은 문으로 간 자들이 천국 가는 일은 거의 없다는 사실이다. 좁은 문에 있는 목회자가 참인 경우가 많은데 말이다.

니고데모는 밤에 예수님을 찾아왔다. 낮이 아니라 밤에 예수님을 찾았다. 낮에 오면 공회원인 자신이 사람들에게 드러날까 봐 걱정되어 밤에 왔다. 니고데모는 밤의 사람이었다. 가진 게 많은데 혹시 예수님을 잘못 만나 가진 것들을 잃으면 어쩌나 하는 까닭에 밤을 택해 왔다. 밤에 사람들이 보지 않으니 안도의 숨을 쉬며 찾았다.

인생은 밤의 자녀들이다. 밤중에 비밀한 일이 많고 특히, 음행은 밤에 벌어지는 경우가 많다. 요즘에는 인간들이 뻔뻔해져서 대낮에도 별 짓들을 다 하고 있다. 부끄러움이 없는 말세다. 그래도 니고데모는 양심은 있었는지 자신의 위치를 생각해서 밤에 몰래 예수님을 만났다. 니고데모는 자신의 생각 즉, 하나님이 보낸 선생을 만나 확인해 보자고 함이 전부였다. 훌륭한 하나님의 사람은 어느 정도인지 알고 싶었다. 특별히 자신과 다른 점은 무엇인지 확인해 보고 싶었다.

니고데모와 예수님의 만남은 일방적으로는 밤에 단 둘이 니고데모에 의해 결정되었다. 누구도 볼 수 없는 한밤중에 이루어졌다. 자신의 신분이 드러나지 않기 위해 밤을 택했다. 산헤드린의 관원인 그는 정치적 종교적 특혜가 엄청나게 무시무시하였다. 잘못된 이단 괴수와 얽히면 순식간에 모든 권리를 잃는다는 걸 잘 알고 있었다.

그러기에 아무도 몰래 예수님을 만나 자신의 궁금증을 풀고 하나님이 보내신 사람은 무엇을 해 줄 수 있나 알아보기만 하면 되었다. 괜히 소문이라도 나면 기존의 기득권을 잃을 수 있으므로 낮이 아닌 밤을 택해 예수님을 만나러 온 것이다.

오늘날도 수많은 자들이 밤을 사랑한다. 자신의 악함을 드러내지 않고 할 수 있기에 그렇다.

가장 어두운 밤은 어디를 말하겠는가?

바로 지옥이다. 지옥은 온통 흑암이다. 대장 마귀로부터 귀신들까지 어둠의 종자들이다. 지옥에 떨어진 자들은 영원히 꺼지지 않는 지옥 불 위에서 영원히 형벌을 받는다. 죽고 싶어도 죽을 수 없는 고통 가운데서 영원히 비명을 지르는 것이다. 어둠에서 행한 악한 죄들로 인한 형벌이다. 지옥에 있는 불빛 하나는 바로 악인들을 콩 볶듯 튀기는 불 말고는 빛은 없다. 그게 지옥이다.

그런데 현대인들은 믿지를 않는다. 믿지도 않는 하나님을 들어 그럴 리 없다고 항변한다. 하나님은 사랑이시라고 하던데 어떻게 사랑하는 자녀들을 혹독하고 비참하게 다룰 수 있겠느냐고 말이나. 언제 하나님의 말씀을 순종한 적이 있다고 말이다.

니고데모는 자신의 이익과 상황을 고려해 밤을 택해 예수님을 만났다. 그런 이기적인 그를 예수님은 피곤한 사역 가운데서도 마다하지 않고 만나 주셨다. 낮에 수많은 일들과 사역으로 노곤하고 힘들었지만 예수님은 니고데모를 미루거나 내치지 아니하시고 만나셨다. 예수님의 겸손하고 온유한 인격을 알 수 있는 장면이다.

잠들어 쉬어야 할 밤에 깊은 대화를 하셨다. 밤의 자녀를 대하시는 빛의 주인이신 예수님의 태도이시다. 무슨 정치 경제적 도움을 받고자 하심이 아니었다. 찾아온 니고데모에게 하나님 나라를 증거하시기 위함이었다.

요새 목사들과 같이 권력자와 사귀어 친분을 쌓고자 함이 아니었다. 세상 권력자가 부르면 달려가는 그런 예수님이 아니셨다. 니고데모로부터 무엇을 얻고자 함도 아니고 알고자 함도 아니었다. 하나님 나라에 대해 증언하시고 그가 거듭나기를 원하신 게 전부였다.

니고데모는 예수님을 하나님께로부터 오신 선생님이라 불렀다. 자신도 이스라엘의 선생이니 종교적 토론을 하자는 말이었다. 특히, 표적에 관해 이야기하고 싶었다. 성경을 가르치는 입장에서 많은 표적에 대해 가르쳤지만 자신이 병든 자를 일으키고 살리는 일은 해 본적이 없는데 예수님은 어떻게 앉은뱅이를 일으키시고 삼십 팔 년 병자를 낫게 하는지 알고 싶었다. 능력의 표적을 눈으로 직접 확인하고 싶었다.

이사야서에서 예언했던 일들이 실제로 일어나는 이 상황에서 니고데모는 능력의 표적이 어떻게 일어나는지 궁금했다. 사람들에게 들키면 큰 어려움을 당할 수도 있지만 더 큰 궁금증이 예수님을 찾게 하였다.

예수님이 하나님이 보낸 자인 건 알겠는데 그 놀라운 능력은 어디서 오는건지 확인하고자 하였다. 오병이어의 기적이라니 아무리 하나님께로부터 왔다지만 이러한 기적은 사람으로는 할 수 없는 일이었다. 하나님이 직접 하지 않고는 일어날 수 없는 일들이 일어나고 있다니 믿어지지 않으니 직접 듣고 싶었다. 마술사 시몬이 돈으로 성령의 능력을 사려 했듯 그런 건 아니었고 직접 이야기를 듣고 싶었다.

하나님만 할 수 있는 표적을 행하는 예수는 누구일까 확인하려 하였다. 문둥병자를 고치고 배냇 소경을 진흙만 발라서 고치는 이 신비한 마력의 정체를 파악하고자 하였다. 자기가 아는 세상에서는 도저히 일어날 수 없는 이상하고도 놀라운 표적이었다.

그래도 살만큼 인생을 살았고 알 만큼 안다고 자부했는데 자신의 당대에 믿기도 어려운 상황이 펼쳐지다니 어찌됐건 알아보고자 온갖 머리를 써서 한 밤중에 실례를 무릎 쓰고 하나님이 보내셨다고 하는 예수님을 찾았다. 같은 선생으로서 체면도 잠시 접어 놓고 큰 결단을 하고 찾아온 것이다. 표적의 비결은 무엇인가 표적의 원천은 어디서 오는가 참으로 궁금한 게 많았다. 알고 싶었다. 묻고 싶은 게 많았다.

그런데 예수님은 친절하게 그의 궁금증을 풀어주지 않았다. 그의 급한 질문들을 쏟아내게 하지 않으셨다. 오히려 그가 거듭나야 하겠다고 하셨다. 표적의 능력 표적의 원천이 아니라 당장 거듭나는 게 최우선이라고 하셨다. 그가 거듭나는 게 표적보다 기적을 아는 것 보다 더 중요한 것이었다. 왜 표적에 대해 말씀하지 않으시고 말을 자르시고 거듭남에 관해 말씀하셨을까. 말할 것도 없이 거듭나는 게 그에게는 더욱 중한 일이었기에 그렇다. 왜냐하면, 표적이란 하나님 나라에 들어가는 좁은 문이 아니었다. 표적을 체험한 자들이 참으로 많았다.

오병이어의 기적에는 수천, 수만 명의 사람들이 목도하고 체험했다. 그렇지만 예수님이 십자가를 지실 때 저들은 자신들과는 예수님과는 아무 상관도 없다고 손절을 하였다. 표적이란 하나님의 나라의 영생에 이르는 관문이 아니었다. 복음으로 인도하는 길잡이었다. 율법이 복음에의 몽학선생 이듯이 표적으로는 온전한 믿음을 이루게 하지는 못했다. 표적으로는 경이감을 줄 수는 있었지만 믿음을 온전히 하기에는 부족하였다.

니고데모에게 표적에 관한 상세한 이야기를 설명한다고 해도 그도 표적을 봤다가 떠난 사람들같이 어려울 때 예수님을 부인할 수 있었다.

예수님께서 문둥병 완치를 받고도 감사하지 않았던 문둥병자들을 잘 알고 계셨다. 그래서 예수님께서 표적에 편한 이야기를 끊으시고 거듭남으로 인해 그가 하나님 나라를 보기를 원하셨다.

성령의 은사를 맛보고도 타락한 자들은 절대로 회개하지 않는다. 교만해져서 교만 마귀의 추종자가 되었기에 그렇다. 성령의 능력을 체험한 후 겸손해진 게 아니라 오히려 뭐나 되었나 봐서 교만의 선봉에 서 있게 되었다.

그러한 자들은 제아무리 겸손하라고 권면해도 듣지 않는다. 교만한 생각이 가득 차서 어찌 해 볼 도리가 없다. 마귀의 교만이 들어차 미혹하러

다니며 멸망의 지옥으로 끌고 가기 바쁘다.

절대로 선한 성령의 길로 돌아오지 않는다. 마귀가 회개하는 경우가 없다. 가룟 유다도 마귀의 교만하고 욕심에 가득 찬 생각이 들어가니 예수님을 팔고 뉘우치기는 했어도 회개하지는 않았다. 마귀의 종자가 된 까닭이다. 참으로 성령의 능력의 표적을 체험했다고 전부가 아니다. 오히려 니골라 당같이 교만해져서 패망의 선봉에 설 수 있으니 말이다.

조심해야 할 영적 가르침이다. 이러한 사실을 잘 아시는 예수님께서는 니고데모의 궁금증을 해소하기 전 그가 영생하는 도리를 말씀하셨다. 죽은 자가 살아나는 기적을 보았다 해도 그 능력으로 하나님 나라를 보는 게 아니다.

전도 나갔던 제자들이 돌아와서 귀신들을 쫓아내는 능력을 발휘했다고 자랑할 때 칭찬 대신 말씀하시기를 천국의 생명책에 너희 이름이 기록되기를 더 소망하라고 하셨다. 능력은 중요하다. 기적과 표적도 귀하다. 그러나 이보다 하나님의 말씀을 상고하고 따름이 더 중요하다.

니고데모는 예수님을 높이고자 선생님이라고 불렀다. 세상에서도 교수 대통령이라는 직함이 있는데도 선생님이라고 불려지는 스승들이 있다. 인생의 사표라는 뜻이다. 지식을 가르치는 선생들 위에 인생의 의미를 가르치는 선생님이라는 뜻이다.

니고데모는 예수님이 가르치는 말씀과 거기에 더해 보여주시는 표적을 보면서 이는 분명히 하나님이 보낸 분이라 여겨 선생님이라는 존칭을 썼다. 다른 종교 인생의 스승과는 다른 하나님이 보내신 선생님이었다. 그의 예수님에 대한 인식의 극대치였다. 그로서는 더 이상 높일 수 없는 존대어였다. 니고데모도 하나님 말씀인 율법을 강론하는 선생이었다.

선생들은 자존심이 강하다. 항상 남들로부터 인사를 받아왔기에 자신이 상당히 대단한 인물인 줄 안다. 스승은 그 그림자라도 밟지 말라고 한다. 극도로 존중한다는 말이다. 율법, 즉 가장 고상한 하나님의 계명을 가르치는 그가 예수님을 선생님 모시며 하나님으로부터 온 선생님 임을 안다고 하는 이야기는 참으로 자신을 낮춘 이야기다.

니고데모는 예수님을 하나님의 사람 선생으로 인식했다. 훌륭한 선생님이었다. 만나 보고 싶은 젊은 선생님이었다. 기이하고도 놀라운 능력의 말을 듣고 싶어 했다. 어떻게 놀라운 능력의 표적을 보이시는지 궁금했다. 할 수만 있으면 어떻게 하나님으로부터 능력을 받을 수 있는지 자세히 듣고 싶어했다.

그런 그에게 예수님은 거듭나야 한다고 하셨다. 거듭나야 하나님 나라를 볼 수 있다 하셨다. 예수님의 관심은 니고데모가 거듭나는 일이었다. 기적의 능력은 순간적인 것임을 잘 알고 계셨다. 표적은 생명의 믿음으로 가는 예비적인 능력에 불과했다. 기적은 본질적인 생명이 아니었다. 본질을 드러내기 위한 예비적 표상이었다. 기적의 능력이란 잠시 뿐으로 중요한 핵심이 아니었다. 본질로 들어가는 관문이었다. 니고데모는 이 능력이 하나님께로부터 오는 것임을 알고 예수님으로부터 하나님의 능력을 듣기 원했다.

그러나 예수님은 니고데모가 알아야 하고 하나님으로부터 받아야 일이 바로 거듭나야 함을 말씀하셨다. 예수님은 단순히 하나님으로부터 오신 선생이 아니다. 예수님은 하나님과 동일하신 하나님의 아들이다. 하나님의 본체이시나 동등됨을 취하지 아니하시고 낮아지셔 이 땅에 오신 하나님의 아들이시다.

니고데모 같은 거듭나지 못한 죄인들의 허물을 덮으시고 거듭나게 하시는 분이시다. 거듭남의 주인이시다. 생명이되 영생의 구주이시다. 예수님의 관심은 니고데모가 훌륭하냐 학식이 깊으냐 제자가 되느냐가 아니라 거듭나야 한다는 구원의 문제였다. 거듭나지 않고는 그가 하나님의 나라에 들어갈 방법은 없다.

니고데모가 영생의 길로 가기 위해서는 거듭나야 했다. 거듭나지 않고는 구원의 문에 들어갈 수가 없다. 이를 모르는 이스라엘 선생임을 자처하는 그에게 예수님은 거듭나야 하겠다고 말씀하셨다. 다시 태어나야 한다고 하셨다. 이는 예수님만이 하실 수 있는 거룩한 일이었다. 예수님께서 그를 만난 이유는 바로 거듭나게 하시기 위함이었다. 예수님께서는 니고데모가 성경 속에 감추어져 있는 거듭남의 말씀을 깨닫기를 원하셨다. 육신이 사느냐 죽느냐가 중요한 게 아니라 영혼이 거듭나느냐 거듭나지 못하느냐가 더 중요함을 알기 원하셨다. 거듭나지 못하면 영혼뿐 아니라 육신까지도 지옥에 떨어져 영원히 형벌을 받기에 더더욱 그렇다.

이스라엘의 성경 선생인 그가 거듭남을 모르고 가르치지 못하면 하나님의 백성들이 거듭나는 일은 불가능한 일이다. 예수님께서는 그가 읽고 가르치고 읽는 성경에서 거듭나는 말씀들의 진의를 깨닫고 하나님 나라를 보고 들어가기를 진심으로 바라셨다.

성경에서 예언한 거듭남의 주인이신 예수님의 실체를 보는 것이 바로 하나님 나라를 보는 것이다. 예수님은 거듭나게 하는 구주이다. 예수님을 만나 영원한 생수를 맛보고 마시는 자는 놀라운 평안과 하늘의 기쁨과 소망을 누리는 것이다. 이는 예수님을 만나서 얻게 되는 평안은 바로 하나님 나라에서 얻게 되는 평안과 동일한 것이다.

예수님은 하나님 나라의 주인이다. 예수님은 단지 선생님이 아니라 생명의 구주이시다. 거듭남의 주인이시다. 니고데모가 찾고자 하던 하나님 나라의 구주이시다. 그를 거듭나게 하시고 하나님 나라를 보게 하시고 들어가게 하시는 주님이시다. 니고데모가 진실로 만나고자 하던 평생을 찾던 구주이시다.

2. 봄

본다는 사실은 축복이다. 무엇을 보지 못하면 답답하다.

눈병이 나거나 눈에 티 들어가 잠시 보지 못해도 갑갑하다. 하물며 눈이 실명하여 보이지 않는다면 이는 답답함을 넘어 고통이다. 보이지 않는 고통은 비극이다. 참담한 인간이 갖는 고통이다. 당해 본 사람만이 느끼는 참담함 자체이다. 잘 볼 수 있다는 사실 하나만으로도 감사할 일이다.

예수님께서 여리고 가까이 지나실 때 거지인 걸인이 웅성거리는 소리를 듣고 무슨 소리냐고 묻는다. 예수께서 지나가심을 알고 소리쳐 말하되 "다윗의 자손 예수여 나를 불쌍히 여기소서" 외쳤다. 앞서가던 자들이 시끄럽다고 말하니 소경이 더 소리쳐 "불쌍히 여겨 달라"고 외쳤다.

이 외침을 들으시고 데려오라 하시니 소경을 데려왔다. 이에 주님께서 소경에 물어서 "무엇을 해 주기를 원하느냐" 하셨다. 말할 것도 없이 보기를 원한다고 외친 이유를 말했다. "보아라 네 믿음이 너를 구원하였다"고 하시자, 즉각 눈을 뜨고 예수님을 따랐다.

많은 자가 이 놀라운 광경을 보고 하나님을 찬양하였다.

예수님은 세상의 빛이다. 눈 먼 자들을 눈뜨게 하시는 분이시다. 보지 못하는 답답함은 이루 헤아릴 수 없는 고통이다. 여리고성의 장님은 이를 누구보다 잘 아는 사람이었다. 그러기에 사람들이 시끄러우니 조용히 하라고 했을 때 멈추지 아니하고 더욱 소리 질러 다윗의 자손 예수여 불쌍히 여겨 달라고 외친 것이다. 예수께서 낫게 해 주시리라는 믿음으로 외친 것이다. 주님이 불쌍히 여기면 눈을 뜨리라 확신했다. 이 믿음이 소경의 눈을 뜨게 하는 시발점이었다.

진심으로 예수께 나가면 아무 대가도 요구하지 않으시고 은혜를 베풀어 주신다. 이 소경이 눈을 낫게 하여 달라고 돈을 가져오지 아니했다. 거지가 돈이 있으면 얼마나 있었겠나. 소경은 단지 전심으로 예수께서 불쌍히 여기시고 한 마디 말씀이라도 하시면 눈을 뜨리라 믿었을 뿐이다.

그런데 놀랍게도 그러한 일이 벌어진 것이다. 땅의 일일 수 없다. 하늘의 일이다. 진정으로 예수님은 하늘 아버지로부터 오신 분이다. 그렇지 않고는 말 한마디로 소경의 눈이 뜨이는 일은 일어날 수가 없다. 소설이 아니다. 만담도 아니다. 소경이 눈을 뜨는 일이 실제로 일어났다. 그래서 많은 자들이 하나님이 한 줄을 알고 찬양했던 것이다.

오늘날은 왜 이 같은 일이 일어나지 않는가 바로 믿음이 없기 때문이다. 주님은 이 세상 말세에 믿음을 보겠느냐고 한탄하셨다. 똑똑하고 잘난 세대인데 문제는 믿음이 없다는 데 있다. 믿음이 전혀 없는 세대이다. 과학이 돈이 하나님 없이도 살 수 있다고 주장하게 하였다. 다들 인간이 만든 것들로 인간을 창조하신 하나님 없이도 살 수 있다고 만들어 버렸다.

예수는 훌륭하신 분이다. 그러나 하나님의 아들은 아니라고 떠들고 있다. 소경이 눈을 떴다는 일화는 이 천년 전의 예화라고 밀쳐버린다. 초기

기독교 신자들이 만들어 낸 이야기로 치부해 버린다. 실제로 눈이 먼 자는 여리고 소경이 아니라 뉴욕과 서울의 소경들이다.

시력은 2.0인데 믿음이 없으니 영력은 제로이다. 믿어지지 않는 것이다. 안과 의사를 더 믿는 자들이다. 실은 안과 의사는 소경을 눈 뜨게 할 수는 없는데도 의사의 말은 철썩 같이 믿는 현대인들이다. 똑똑한 바보들이다. 육안으로 보이는 것만 믿는다는 소경들이다. 보이는 빙하는 실상 십 분의 일에 불과한데 말이다. 십 분의 일만이 전부라는 자들이다. 어리석기 짝이 없는 자들이다.

그러니 배냇 소경을 예수님이 눈 뜨게 하신 일을 말하면 미쳤다고 한다. 그걸 믿느냐 비웃는다. 어느 날 예수님이 길가를 가실 때 소경을 보시니 제자들이 물었다. 이 사람이 태어날 때부터 눈 멀어 태어난 게 누구의 죄냐는 물음이었다. 태어날 때부터 눈 먼 상태로 태어났으니 저주받은 것이니 이 소경의 죄인가 아니면 부모의 죄인가라는 말이다.

참으로 태어날 때부터 엄마 얼굴 한 번 보지 못했으니 이야말로 비극이며 저주받은 자임은 말할 것도 없다는 뜻이다. 얼마나 죄가 많았으면 태어날 때부터 맹인일까 싶은 궁금증 반에 당연한 결과라는 확신 반이었다.

그런데 주님께서 놀라운 말씀을 하셨다. 이 사람이 소경으로 태어난 것은 소경의 죄도 부모로부터 유전 받은 죄도 아니라는 말씀이었다. 이는 오히려 하나님의 일을 하기를 하나님께서 원하셔서 그렇게 태어나게 하셨다는 말씀이었다. 즉, 예수님이 눈을 뜨게 하여 하나님의 영광을 나타내고 하나님의 아들이심을 증거하기 위함이라는 말이다. 얼마나 놀라운 말씀인지 믿기지 않는 말씀이다.

예수님께서 하나님의 일을 나타내어 세상의 빛을 드러내게 하기 위함이라는 말씀이다. 인간들은 예나 지금이나 이러한 주님의 일 즉 그 말씀을 믿지 않는다.

유대인들이나 바리새인들이나 현대 불신자들도 마찬가지이다. 누가 어떻게 눈을 뜨게 하였는지 육하원칙에 따라 자백하라고 힐문하였다. 소경은 그대로 눈을 뜨게 된 경우를 자세히 설명했다. 누군지는 모르나 예수라는 사람이 진흙을 이겨 소경의 눈에 바르고 실로암 못에 가서 씻으라 해서 그대로 했을 뿐인데 기이하게도 당신들을 보게 되었다고 하였다.

얼마나 감격하고 찬양할 일인가 그런데 바리새인들은 못마땅했다. 이기가 막힌 일이 민중들에게 알려지면 자신들의 능력 없음과 입지가 좁아지리라는 걱정이 앞섰다. 드높은 종교적 카리스마에 흠집이 생길 일이었다. 도저히 믿기지 않는 기적이 일어났는데 근엄한 자신들은 죽었다 다시 태어나도 할 수 없는 일을 목수 요셉의 아들이 행했다니 인정할 수 없는 일이었다.

그래서 저들은 자신의 전문분야인 율법을 따져 보았다. 결론은 예수를 찬양하는 게 아니라 안식일 규정을 어긴 조항을 찾아냈다. 예수의 행위는 기적이 아니라 안식일에 해서는 안 되는 의료행위를 했다는 트집이었다. 안식일 법규를 어긴 범법자에 불과했다. 그래서 눈 뜬 소경을 심문했다. 종교적 권위를 가지고 따져 물었다. 눈을 뜨게 한 자가 어디 있는지 밝히라고 취조하였다. 금방 갔기에 어디 있는지는 알지 못하겠는데 선지자인 건 틀림없다고 말하였다.

만족할 대답을 듣지 못한 바리새인들은 부모를 데려다가 심문하였다. 불려온 부모는 저 소경이 자신의 아들인 거는 확실한데 어떻게 누가 눈을 뜨게 하였는지는 모르니 자신의 아들이 다 컸으니 직접 물어보라고 회피

했다. 이는 잘못 말했다간 종교적 출회를 당할까 두려웠기 때문이었다.

그러자 바리새인들은 눈 뜬 베냇 소경에게 말하되 너는 하나님께만 영광을 돌리고 눈 뜨게 한 자에게는 하지 말라고 하였다. 왜냐하면, 예수라는 자는 중 범죄자이기 때문이라고 하였다. 모세의 제자들인 자신들만 하나님을 섬기지 예수라는 자의 일은 틀려 먹은 마귀의 일이라는 뜻이다.

그리자 소경은 말하길 그런 어려운 말은 잘 모르겠고 단지 예수라는 선지자가 자신의 눈을 뜨게 하였고 지금 자신이 눈을 떠 보고 있음은 사실이리고 하였다. 그리고 이러한 사건은 창세 이래 있지 않은 일인데 나에게 일어났다고 하였다. 당신들이 예수에 대해 이렇게 집요하게 물으니 제자가 되고자 함이냐고 반문하였다. 그러자 바리새인들은 흥분하여 네가 가르치려 드느냐고 힐문하고 내어 쫓아보냈다.

니고데모는 바리새인이었다.

성경에 능통하여 스스로 연구할 뿐 아니라 가르치고 백성들을 다스리는 걸어 다니는 성경이었다. 성경을 보며 강론하는 성경의 대가였다. 그런 그가 성경에 관한 상당한 지식은 알았으나 성경의 핵심인 거듭남에 대해서는 몰랐다. 예수님이 거듭나야 하나님 나라를 볼 수 있다고 하시자 어떻게 자기같이 성장한 자가 어미의 태 속에 다시 들어가 임신하여 출산할 수 있느냐고 되물었다. 어이없는 이야기는 하지 말라는 말이다.

성경을 잘 본다는 그가 거듭나야 하겠다는 말씀에 보인 반응은 성경을 안다는 게 젖먹이 수순임을 질 보여 주는 대답이었다. 구약 특히, 율법 연구가의 본 모습이었다. 구약에서 그렇게도 예언한 예수님을 마주 보고 있으면서도 알아보지 못하고 아이같이 어찌 사람이 어미 태 속에 들어갔다 나올 수 있냐고 질문하였다.

맞는 말이다. 성장한 육체가 다시 태어나다니 말도 안 되는 얘기다. 구약의 역사 저자 교훈 율법 사항 등 누구보다 잘 알고 있는 니고데모에게 거듭나야 하리라는 말씀은 금시초문의 성경 말씀이었다. 거듭나야 하나님 나라를 볼 수 있다니 구약을 샅샅이 뒤져도 없는 말씀이란 뜻이다. 인간적인 육안은 잘 발달되어 있었으나 실은 성경에 배냇 소경이었다.

부모 얼굴 한 번 보지 못했던 가련한 배냇 소경과 같이 그는 성경에 기록된 하나님 나라를 단 한 번도 보지 못한 바였다. 구약에서 그렇게도 누누이 보여주신 거룩한 나라를 보지 못하였다. 이는 그가 똑똑하지 못해서가 아니라 제대로 해석한 구약의 말씀을 배우지 못한 결과였다. 지금까지 누구도 구약의 거듭남의 참 뜻을 해석해 준 사람이 없었기에 그렇다. 구약 말씀의 진정한 뜻을 배우지 못했으니 거듭남이 무언지도 모르고 엉뚱한 질문이나 한 것이다.

왜 그랬을까?

이유는 간단하다. 육체의 예법 대로만 성경을 봤기 때문이다. 사람의 교훈, 계명에 따라 구약을 본 까닭이다. 육체의 생각으로 성경을 통달했다 생각하니 거듭남이 보이지 않았고 그래서 하나님나라도 보이지 않았다.

오늘날도 그러한 자들이 얼마나 많은지 모른다. 신학박사라는 자들 성경박사라는 자들이 차고 넘치는 세상이다. 이도 부족하다고 성경에 통달했다는 자들까지 성경을 논하는 자들이 수도 없이 많은 때이다.

요사이는 다들 잘나서 너도 나도 성경에 조예가 깊다고 한마디씩 하는데 참으로 가관이다. 하나님의 말씀을 희화화 하는 세태이다. 성경을 이해하고 가르친다는 게 사실은 무서운 일인데 작은 지식만 갖추면 다 되는 줄 아는 모양이다. 니고데모가 거듭남을 몰랐던 이유는 배운 적이 없었기 때문이고 다른 하나는 성령을 받지 못했기에 그렇다.

예수님을 만나지 않고는 성경의 깊은 보화를 캘 수 없다. 진정한 영생의 뜻을 알 수 없는 법이다. 성령 없이 인간의 두뇌로 성경을 두루 섭렵한다 해도 성경의 영적 내밀한 뜻을 체득할 수가 없는 것이다. 지금까지 참으로 하나님 나라를 본 자가 없는데 어떻게 거듭났다고 떠드는지 알다가도 모를 일이다. 물과 성령으로 거듭나지 못했기에 감성에 치우쳐 거듭났다고 주장하는 교만한 자들이다.

거듭남에 관한 성경 몇 구절만 외우면 거듭난 줄 안다. 아니다. 물과 성령으로 거듭나는 진리를 주님으로부터 배워야 진실로 거듭나는 영적 체험과 온전한 거듭남의 진리를 체득한 거라고 말할 수 있겠다. 성령의 교회들에게 하시는 말씀을 듣지 않고는 거듭났다고 할 수 없는 말세이다.

니고데모는 성경에 대해 많은 것을 알고 있었지만 거듭남에 관한 참 말씀을 알지 못하고 있었다. 그래서 예수님은 그에게 거듭나야 하나님 나라를 볼 수 있는 거라고 하셨다. 말씀들은 꿰고 있었지만 말씀의 뜻은 모르고 있었다는 말이다. 하나님의 아들과 성령을 체험하지 못했기에 그는 자기 눈앞에 계신 주님을 잘 알지 못했다. 그는 예수님이 하나님이 보내신 선생으로는 알고 있었다.

거기까지였다. 그는 예수님이 행하시는 표적을 보고 들으면서 아마도 세례 요한 보다는 더 센 선지자로 알고 있었다. 그 행하는 표적을 보니 하나님이 보낸 분이 아니고는 배냇 소경을 눈 뜨게 한다는 기적은 불가능한 일임을 알고 있었다.

하나님이 보낸 세례 요한 같은 선생님 거기까지였다. 하나님의 독생자임을 어찌 알 수 있었겠는가 전혀 생각도 않았을 터이다. 그가 육신의 눈으로 보는 상태에선 거기가 한계였다. 마음의 눈은 뜨이지 않은 상태였다. 마음의 눈이 뜨이지 않았으니 거듭남의 뜻도 알 수 없었다. 당연한 결과였다.

성령을 받아야 예수님이 하나님의 아들로 믿어지는 법이다. 그렇지 않고 성령 받았다고 우쭐댄다면 그건 성령을 받은 게 아니라 방언 신유의 은사를 좀 받았다고 교만해진 까닭이다. 진정한 성령 받음은 자신이 주님의 말씀을 성령체험으로 확신하게 되었다는 영적 깨달음의 체험이다.

눈이 보배다. 세상에서도 진주를 보는 눈이 있어야 보배를 가질 수 있다. 진주가 어떻게 생겼는지 모르면 눈앞에 값진 진주가 있더라도 돌멩이에 불과할 뿐이다. 아무리 잘나고 똑똑해도 마음의 눈이 소경 같으면 눈앞에 주님을 보면서도 선생으로만 보일 뿐이다. 성령을 받지 못하여 거듭남이 뭔 지 모르는 그에게 예수님은 거듭나면 하나님 나라를 볼 수 있다고 하셨다. 실상 이 말씀에서 니고데모의 지상 최대의 관심은 하나님 나라를 보는 것이었음을 알 수 있다. 그가 하나님 나라를 보는 길은 딴 데 있는 게 아니었다.

성경에 있었다. 즉, 민수기 21장에 있었다.

민수기 21장의 광야 사건을 이해하여 장대에 달린 놋뱀을 해석하는 게 거듭남의 길이었다. 장대에 달린 놋뱀을 완벽히 이해하고 가르쳤다고 자부하였지만 실상 그는 그 정확한 뜻을 보지 못했다. 그것을 주님은 보게 하신 것이다. 바람같이 부는 성령으로 하여금 민수기를 보게 하신 것이다. 성령을 받지 못한 니고데모는 사실 영적 소경이었다. 세상엔 성경 박사로 알려졌지만 실은 베냇 소경처럼 눈 먼 소경이었다.

예수님을 만남으로 믿음의 눈이 뜨이게 되었다. 믿음은 보이지 않던 것들의 실상인 바 보이지 않던 하나님의 나라가 성경 속에서 보이기 시작한 것이다. 하나님의 아들이신 예수님께서 그의 영적 눈을 뜨게 하셨다.

마음의 눈이 열린 것이다. 믿음의 눈으로 자신이 거듭남을 보게 된 것이다. 민수기가 보이기 시작하였다. 성경 속에 감추어져 있던 하나님 나라가 보이기 시작하였다. 육신의 눈으로는 전혀 보이지 않던 하나님 나라가 육신의 눈으로 보다 더욱 선명하게 마음 속 깊이 보인 것이니.

하나님의 나라는 너희 속에 있느니라 하신 말씀이 그에게 임한 것이다. 하늘 높이만 있던 하나님 나라가 가장 가까이 그의 마음 속에 이루어지는 표적을 보게 되었다.

니고데모는 예수님을 능력 있는 선생으로 보았다. 맞는 말이다. 예수님은 가르치는 선생님이다. 그래서 그는 사대 성인처럼 선생으로 보았다. 오늘날도 그렇다. 인생의 좋은 말씀을 가르치는 스승으로 본다. 기독교라는 한 종교의 선생으로 본다.

그런데 아니다. 니고데모가 예수님을 민수기를 통하여 보게 된 것은 인생 교훈의 선생이 아니라 자신을 죄에서 구원하신 구주로 보게 된 것이다. 예수님을 다시 보게 된 것이다. 훌륭한 신앙 정도가 아니라 바로 자신을 거듭나게 하시는 거듭남의 주인으로 본 것이다. 하나님 나라의 주인으로 보게 된 것이다. 이는 가장 중요한 사실이다. 예수님을 거듭나게 하시는 구주로 하나님 나라를 보게 하시는 구세주이심을 보게 된 것이다.

주님을 보게 된 니고데모는 거듭남으로 하나님 나라를 보게 되었다. 거듭남의 결론은 하나님 나라를 보는 것이다. 이는 니고데모에게 있어 마음의 눈으로 보는 최고의 축복이었다. 하나님 나라를 본다는 사실이야 말로 그에게는 최대의 행복이다.

이보다 더 귀한 일은 없다. 인생에게 있어 이보다 더 귀한 일은 없다. 인생에게 있어 최고로 필요한 핵심 사안이다. 거듭나느냐 거듭나지 못하느냐가 문제이다. 그런데 많은 자들이 죽느냐 사느냐가 문제라고 떠든다. 사실 육신이 의식주를 놓고 죽느냐 사느냐 싸우는 것은 본질적으로는 부질없는 일이다. 그 영혼이 거듭나 하나님 나라를 보는 것이 배냇 소경이 눈을 뜨는 것보다 중요한 일이다.

3. 들어감

사람은 누구든 자신이 원하는 데 들어가기를 원한다. 원하는 대학에 들어가면 환호하고 떨어지면 낙심한다. 좋은 직장에 들어가면 성공했다 하고 못 들어가게 되면 실망한다. 삶은 어떤 면에서 보면 원하는 것 좋아하는 것들을 일생 추구하는 것인지도 모른다. 원하는 것들 것 채워지면 성공한 삶이라 하고 그렇지 못하면 실패했다고 한다.

어찌 보면 인생은 일생 자신이 원하는 데 들어가기를 힘쓰는 일인지도 모른다. 마지막 종착지에서 하나님 나라에 들어간다면 이보다 더 좋은 일은 없으리라.

그런데 하나님 나라에 들어가는 일은 자신이 원한다고 되는 게 아니라 거듭나야 들어가는 게 문제다. 거듭나는데도 자기가 원하는 대로 거듭나는 게 아니라 물과 성령으로 거듭나야 한다.

이것이 중요하다. 많은 사람들이 거듭났다고 하는데 물과 성령으로 거듭나지 못했기에 그렇다. 주로 감정적으로 거듭났다고 남이 거듭났다고 하니 거듭난 줄 안다. 실은 가짜 거듭남인데도 말이다.

물은 생명의 원천이다. 모든 생명은 물이 있어야 생존한다. 물이 없으면 살아갈 수가 없다. 금식을 해도 물은 마시며 금식을 한다. 밥이 없어도 수십 일 견디지만 물이 없이는 수일을 버틸 수가 없다. 그만큼 물은 생존에 필수적이다. 사람 몸에도 약 삼 분의 이가 수분이다. 물이 없이는 인체도 구성 자체가 안 된다. 물이 절대적 요소이다. 그렇다고 거듭난다는 게 물로 다시 태어나는 육신적 거듭남이 아니다.

예수님은 물과 성령으로 거듭나야 한다고 하셨는데 물은 무엇을 의미하나?

물로 거듭나야 한다고 하는데 물은 무엇인가?

물은 하나님의 말씀을 뜻한다.

물로 씻어 말씀으로 깨끗해져 거룩하게 되어야 한다(엡 5:26).

물로 몸을 씻어 깨끗하게 하듯이 하나님의 말씀으로 죄와 허물로 범벅이 된 자신의 영혼을 정결케 해야 한다. 세상에서 더러워진 영혼을 예수님의 말씀으로 정결하게 함으로 마음과 양심이 거듭나야 하나님 나라를 들어갈 수 있게 된다.

하나님의 말씀을 깊이 상고하고 깨달음으로서 하나님 말씀이 주는 성령의 능력으로 거듭나게 되는 것이다. 물은 예수님의 거듭나게 하시는 말씀이다. 말씀 이외에는 타락한 인간의 중심을 다시 태어나게 하는 방법은 없다. 하나님의 말씀을 상고함으로 마귀를 향했던 더러워진 생각을 생수의 원천이신 하나님께로 돌려야 한다.

하나님 없이 사는 인생은 하나님 대신 무엇인가를 의지하며 살아가게 되어 있다. 대표적인 예로 성경은 니골라당, 발람, 이세벨의 교훈을 언급한다. 인간의 정신 세계에 물처럼 스며드는 사상이 바로 교만한 니골라의 사상이다. 하나님 없이도 살 수 있다는 생각이다. 인간 스스로 모든 문제를 해결 할 수 있다는 자만이다.

니이체의 초인같이 하나님 대신 다른 사상을 불러들여야 인간이 스스로 자립할 수 있다는 생각이다. 참으로 교만이 찌든 생각의 틀이다. 그렇게도 주구장천 주장하던 니이체 본인은 힘없이 죽어갔는데도 인간의 실존은 초인 이어야 한다고 한다. 부질없는 논리이다. 현대에는 발람의 교훈이 홍수처럼 넘치고 있다. 하나님보다 돈을 더 사랑했던 바리새인 같이 너나 할 것 없이 모두 돈에 정신을 팔고 있다.

돈을 더 가지면 행복하고 인간이 안심하고 천년만년 살 수 있는 것처럼 야단법석이다. 돈만 있으면 만사 해결이다. 돈만 있으면 안 되는 게 없는 듯이 살아가고 있다. 돈이 신이다. 물신숭배의 시대이다. 모두가 재물에 눈이 어두워서 난리다. 돈이 만사형통이다. 그런데 조금만 생각해 보면 이야말로 어리석은 판단이다. 왜냐하면, 돈은 사람이 만든 것에 불과하다. 사람의 주인이 될 수 없다는 말이다.

그런데 똑똑한 인간들이 자기가 만든 돈을 숭배하고 있다니 참으로 어리석은 짓이다. 쉽게 말하면 자기가 만든 목각을 놓고 부귀영화를 비는 꼴이다. 참으로 괴기한 세상에 살고 있다.

재물에 지나치게 탐욕을 부리는 이유는 다름 아닌 마귀의 생각에 빠졌기 때문이다. 돈에 몰두하다 보면 꼭 끼어드는 게 바로 이세벨의 교훈이다. 돈이 있어야 주색잡기도 가능하다. 돈이 있어야 술판도 벌일 수 있고 주색잡기도 가능하다. 돈이 없으면 자기 풀칠하기도 어려운데 주색은 공염불에 불과하다. 그래서 모두가 재물에 불을 켜고 조금만 돈이 생기면 이세벨의 유혹에 넘어간다. 알게 모르게 말이다. 이세벨은 무서운 여자다.

아합이라는 왕을 어떻게 꼬드겼는지 이스라엘을 몽땅 우상의 나라로 만들어 버렸다. 왕궁 전체를 바알과 아세라 제사장으로 채워버리게 하였다. 하나님의 선지자는 씨는 말려 버렸고, 팔백오십 명의 왕궁 거짓 선지자로 비꾸어 놨으니 이세벨의 요설이야말로 말세에 모든 교회를 음란화시키고도 남음이 있다. 발람의 교훈이 있는 곳엔 반드시 이세벨의 음란이 뒤따른다. 이세벨의 물, 곧 교훈은 음란이다. 이단들을 보면 알 수 있는 삼각관계다.

물은 말씀을 상징한다. 물은 생명의 원천인 동시에 몸을 정결케 한다. 맑은 물로 우리 몸을 깨끗이 하듯 말씀으로 모든 더러운 것과 모든 우상에서 자신을 정결케 해야 한다. 하나님을 믿는다면 말씀으로 세례를 받아야 한다. 말씀으로 모든 더러운 죄를 씻어내고 죄사함을 받아야 한다. 모든 부정한 생각들을 말씀으로 씻어내야 한다. 그게 사는 방법이다.

새 집을 지으려면 헌 집은 부수어 버려야 한다. 집에 있던 귀중품은 챙기고 헌 집은 미련 두지 않고 부수어 버린다. 그래야 마음껏 설계대로 새 집을 지을 수 있다. 헌 집이 아깝다고 미적거리면 시간과 경비만 나갈 뿐이다. 미련 없이 과감하게 밀어 버리고 새 집을 지어야 이익이 된다. 새 집을 짓기 위해서는 기존의 낡고 썩은 집을 허물어야 한다. 기존의 더러운 집을 그냥 놔두고 새 집을 짓는 사람은 없다.

이같이 거듭나려면 온갖 더러운 생각들로 채워진 기존의 영혼을 다 청소하고 새 마음을 가져야 한다. 새로운 물로 싹 쓸어내고 새로운 말씀으로 다시 채워야 한다. 더러운 잡생각들을 그대로 놔둔 채 새로운 말씀이 자리를 잡으리라 판단하면 이는 큰 착각이다. 되지도 않을뿐더러 있을 수도 없는 일이다. 도둑놈 심보 그 자체다.

　새 술은 새 부대에 담기 마련이다. 새 술을 낡은 부대에 담으면 부풀어 터져 버리기 일쑤이다. 쓸모 없게 된다. 마시지 못하게 됨은 당연하다. 우리의 영혼도 마찬가지이다. 우상에 찌들고 세속에 찌들었던 마음을 정화하고 새로워 지기 위해서는 먼저 기존의 낡은 잡념을 내던져야 가능하다. 물로 지저분한 것들을 청소하 듯 하나님의 말씀으로 낡은 세속의 교훈들을 씻어내는 게 급선무다. 그리고 나서 하나님의 말씀을 상고하고 숙고해야 한다. 그래야 참 하나님의 말씀을 터득하고 깊이 깨달아 거듭나게 되는 것이다.

　씻지도 않고 새 옷을 입는 자가 어디 있는가?

　그러한 일은 잘 알면서도 애석하게도 하나님의 말씀은 제멋대로 해석하는 어리석은 '헛똑똑이들'이다. 정결케 된 마음에 하나님의 말씀을 받아들일 때 비로소 마음의 문이 열리게 되는 것이다. 그 마음 바탕이 거룩한 하나님의 말씀으로 거룩하여 거룩한 거듭남이 시작되는 것이다. 탐심으로 가득 찼던 죄악을 깨닫고 순수한 마음으로 말씀을 상고하게 된다.

　맑은 물로 옷을 빨고 몸을 씻고 새 옷을 입듯 새로운 예수님의 말씀을 이해하게 된다. 예수님의 말씀을 새롭게 이해하도록 된다. 죄악 된 생각들을 그냥 놔둔 채 새로워지는 방법은 없다. 아낌없이 낡은 사고는 깨부수고 거듭나는 새 말씀을 받아들일 때 그 영혼은 새로워지게 된다. 옛 것이 가야 새 것이 들어올 수 있다. 헌 차를 폐차 처분해야 새 차를 운행할 수가 있는 법이다.

　성령은 진리의 영이시다. 하나님은 영이다. 성령도 영이시다. 영이신 성령은 무소부재 하시며 그 능력이 한이 없으시다. 성령은 하나님과 본체가 동일하다. 성령도 하나님과 동일하게 일하신다. 특히, 하나님께서는 성령을 보내시어 어느 곳 어느 때이든지 상관없이 거듭나게 하시는 일에 역사하게 하신다. 성령은 죄와 허물로 죽었던 우리 죄인들을 새롭게 하신다. 죽었던 영혼을 새롭게 다시 태어나게 하신다. 전인격적으로 새로운 힘을 주시사 거듭나게 하신다. 진리인 예수님의 말씀을 살아있는 능력의 말씀으로 발휘하게 하신다. 죽은 하나님의 자녀를 다시 실리어 진정한 거듭난 자녀가 되게 하시는 일이 하나님의 뜻이다.

이 일에 있어 예수님의 말씀에 역사하여 거듭나게 하는 일을 성령은 하신다. 죄와 허물로 죽어 영원히 마귀의 손아귀에 사로잡혀 있는 하나님의 자녀를 거듭나게 하여 다시 하늘의 자녀로 태어나게 한다. 예수님의 말씀이 우리 안에 있으면 죄로 인해 우리 몸은 죽었다 할지라도 영은 성령이 역사하사 다시 살게 하신다.

거듭나는 일도 성령이 역사하여 죽은 영혼을 살리고 마지막 때 몸도 신령한 몸을 입는 것이다. 죄와 사망의 법에 갇혀 있던 우리로 예수 그리스도 안에서 생명과 성령의 법에 거하게 하신다. 죄로 옴짝달싹 못하고 사망 아래 신음하던 우리 죄인을 예수 안에서 성령이 해방하사 생명의 자리에 있게 하신다.

그리하여 하나님의 성전이 되게 하신 즉 이것이 바로 하나님의 의이다. 아브라함이 하나님의 말씀을 믿을 때 의롭게 여기신다는 의미이다.. 죽은 하나님의 자녀를 성령으로 실리시는 일이 하나님의 의이다.

성령은 거룩한 영이시다. 성령이 죄인을 새롭게 하신다는 의미는 거룩한 존재로 입히신다는 뜻이다. 죄된 존재로 태어난 인간이 아무리 거룩 해지려 수련한다 하여도 온전히 거룩한 존재로 변할 수는 없다. 성령께서 죄인을 새롭게 거듭나게 하심으로 거룩한 인격을 지니게 된다.

육신의 모태에서 태어난 사람은 죄를 지을 수 밖에 없음을 다윗은 고백했다. 혈통이 아니라 성령으로 다시 태어날 때 거룩한 인격을 가지게 된다. 성령으로 다시 태어났기에 거룩한 사람이 될 수 있다.

거듭난 사람은 죄를 범하지 않는다. 거룩한 성령 안에서 태어나서 가능하다. 육신 안에서 태어난 다윗이 밧세바를 범하고 나서 자신이 어떻게 감히 하나님 앞에서 간음죄를, 살인교사죄를 지을 수 있었을 까를 회개할 때 자신이 어미의 죄 된 모태에서 태어났기 때문임을 깨달았다. 성령으로 거듭난 자는 거룩한 성령 안에 있으므로 죄와는 상관없는 성도의 길을 갈 수가 있다. 원래 인간은 부패하고 타락한 인격으로 태어났다. 사악한 인생이 스스로 자정하여 거룩하여지는 일은 거의 불가능하다.

성령으로 다시 태어남으로만 거룩한 인격 거룩한 영혼으로 거듭날 수가 있다. 성령으로 다시 태어남으로 거룩한 겸손 거룩한 온유 함을 소유하게 된다. 거룩하신 예수님을 따라 가게 된다. 거룩 함이란 바리새인같이 외모를 거룩하게 하는 게 아니라 속 중심이 온전히 예수님께 집중되어 있음을 말한다. 속 마음이 예수님의 말씀으로 가득 차게 성령이 역사하심으로 거룩한 성도의 삶을 살아가게 된다. 거룩한 성도로 거듭난 자는 예수님의 말씀에 순종하며 헌신의 삶을 성령으로 영위해 나가는 것이다.

예수님의 말씀과 성령은 함께 역사할 때 비로소 거듭남의 역사는 이루어 진다. 예수님의 말씀만으로는 거듭나지 못한다. 잘나고 똑똑한 사람들이 거듭나지 못하는 이유는 성령이 역사하지 않기 때문이다. 자신의 머리만 믿고 성경을 들고 판다고 하는데 거듭나지 않는 이유는 성령의 조명이 없기 때문이다. 교만한 자에게는 하나님의 말씀은 속내를 감추시기에 알 수가 없다. 반대로 말씀은 깊이 상고하지 않고 성령만 강조하는 방언파나 신유파도 거듭나기 어렵다.

예수님의 말씀이 곧 영이요 생명인데 말씀을 소홀히 하고 감정만 앞세우니 거듭나지 못한다. 주여 주여 소리만 지르고 말씀이 성령과 함께 역사하도록 하지 않으니 말씀이 작동하지를 않는다. 성령의 감동, 감화를 받아야 말씀이 역사하여 거듭나게 된다. 서늘님은 예수님이 말하듯 말씀과 성령으로 역사하는 영적 일이다.

나의 말이 곧 영이요 생명이라 하셨듯이 성령으로 주님의 말씀을 깨달을 때 거듭나게 되는 역사가 일어난다. 성령을 마셔야 말씀은 살아 움직이게 된다. 성령이 내리지 않으면 말씀은 그냥 활자에 불과하여 아무런 작동도 하지 않는다.

예수님께서는 물과 성령으로 거듭나야 한다고 하셨다. 말씀은 성령이 역사할 때 비로소 거듭남을 이루신다는 뜻이다. 쉽게 말해 엔진과 가스가 따로 있으면 엔진은 움직이지 않는다. 고성능 엔진이라도 가스가 없으면 자동차는 달리지 못한다. 엔진이 없으면 마찬가지로 자동차는 가지 못한다. 예수님께서는 말씀과 성령의 관계를 등과 기름으로 말씀하셨다. 어리석은 처녀 다섯은 등은 준비했지만 기름은 충분히 준비하지 못해서 밤 늦게 오는 신랑을 맞이 하지 못했다고 하셨다.

슬기로운 이와 반대로 등과 기름을 충분히 준비해 늦게 오는 신랑을 맞이했다 하셨다. 슬기로운 처녀와 어리석은 처녀의 차이는 기름을 준비하되 충분히 했느냐에 따라 결정되었다. 말씀과 성령으로 준비하는 자가 지혜로운 성도다. 어느 것 하나라도 철저하지 못하면 다시 오시는 주님을 영접할 수 없다. 하나님 나라의 준비는 장난이 아니다. 주께서 하신 말씀대로 행하며 헌신할 때 가능한 나라다.

　믿음생활하기가 더욱 어려워지는 말세지말의 요즈음에는 주님의 말씀을 그대로 따르는 게 힘들어도 최선의 방법이다. 힘들수록 원칙을 지키는 게 좋은 길이다. 그 어느 곳 보다 좋은 하나님 나라를 보고 들어가기 위해선 무언들 못하겠는가 전심을 다해 주님의 말씀을 따르도록 기도로 성령의 도우심을 간청하면 주님께서 불쌍히 여기심을 믿는다. 철저한 말씀 상고와 실천 그리고 성령의 기도로 온전한 실행이 따를 때 하나님 나라는 보이고 들어가는 축복을 누리게 되는 것이다.

　예수님의 흘리신 물과 피가 하나이듯 말씀과 성령이 하나되어 역사할 때 하나님 나라는 온전히 다가오는 것이다. 주님께서 허락하시는 신령한 안식과 평안을 누리게 된다. 하늘로서 거듭났으므로 하늘나라의 모든 신령한 복을 누림은 당연한 일이다. 주님이 주시는 산 소망을 누림으로 비록 이 땅에 살지만 어디를 막론하고 하나님 나라의 신령한 복을 가지게 된다.

　바울이 셋째 하늘에 가서 신령한 노래를 들었듯이 거듭난 자가 누리는 신령함을 소유하게 된다. 거룩한 하나님 나라를 보며 주님의 보좌 곁에 머물게 된다. 거듭난 하나님의 자녀가 누리는 특권이다. 하늘의 신령한 세계를 맛보며 실제로 체험함이다. 그래서 주께서는 "하나님 나라가 너희 안에 있느니라" 하셨다.

　하나님 나라는 타국에 있는 나라가 아니라 바로 우리 안에 성전같이 계신다. 먼 나라의 얘기가 아니라 나의 심령 가운데 실재의 천국으로 존재하는 나라이다. 성전과도 같이 주님께 예배 드리며 찬송 가운데 직접 임재하신다. 하나님 자녀가 누리는 복락이다. 이 땅에서 당연히 누릴 수 있는 모든 신령한 복들이다.

성령의 인도하심을 따라 주께서 주시는 거룩한 하나님 나라의 권세이다. 주님이 주시는 영광스런 하나님 나라의 신령한 축복이다. 거듭난 자 즉, 하나님 나라에 들어감으로 받는 모든 복이다. 당연히 거듭난 하나님 자녀가 누리는 하늘의 모든 축복들이다. 거듭난 성도는 당연히 하나님 나라를 보며, 또한 그 신령한 나라에 들어감으로 누리는 영원한 복이다.

이 땅에서 누릴 뿐 아니라 영원히 하나님 나라에서 누리는 것이다. 물과 성령으로 거듭난 성도에게 주어지는 주님의 한없는 선물이다. 거듭난 하나님의 자녀가 하나님 나라에 들어감으로 누리는 영원한 신령한 축복이다.

4. 바람

바람은 분다. 성령은 역사하신다. 예수님께서는 성령의 주권적 역사를 바람으로 묘사하셨다.

바람은 불되 어디서 와서 어디로 가는지 알 수가 없다. 성령으로 거듭나는 일은 이같이 성령의 주권에 따라 이루어진다. 바람이 누구의 간섭도 받지 않고 임의로 불 듯 성령은 주권적으로 일하신다. 거듭나는 순간은 홀연히 성령으로 말미암아 역사한다.

성도가 주님 재림 시 홀연히 신령한 몸을 입듯이 그렇다. 시공간을 초월해서 역사하시는 성령의 사역이다. 영이므로 눈에 보이지는 않지만 믿음으로 아는 성령의 초월적 사역이다. 성령은 누구의 방해도 받지 않고 역사하신다. 특히, 성도를 거듭나게 하실 때 그렇다.

니고데모와 같이 놋뱀 사건을 이해하지 못하고 있었는데 예수님께서 민수기 놋뱀 사건을 말씀하시자 그는 들려진 놋뱀이 인자이심을 이해하게 되었다. 바로 자기가 찾아와 대화하고 있는 예수님이 바로 그 놋뱀이라는 사실을 알게 되었다. 이스라엘 선생인 자신이 도저히 파악할 수 없던 사실을 바람 같은 성령의 조명으로 깨닫게 되며 거듭나게 되었다.

장대에 달린 죄 없는 놋뱀이 예수님이심을 인지하게 되었다. 구약을 달달 외고 가르치고 있었던 니고데모가 주님을 만나고서야 확실히 놋뱀의 정체를 알게 되었다. 홀연히 부는 바람 같은 성령의 역사로 그는 주님을 이해하게 되었다. 성령의 주권적 역사로 이루어졌다. 육으로 이해한 것은 육적 생각일 뿐이다.

니고데모가 민수기 21장을 보고 있는 관점도 육적이었다. 성경은 알고 있었지만 광야에서 일어났던 사실만을 알고 있었을 뿐이다. 자신이 죽었고 죽은 자신의 영혼이 무엇을 바라봐야 사는지 알지 못했다. 오늘날 믿는다는 사람들이 예수님을 만나 대화해 본 적이 없는 것과 같다.

니고데모는 놋뱀이 모세가 만든 놋뱀인 줄만 알았지, 그 놋뱀의 실체가 누구인지 몰랐다. 그러니 자신의 영혼이 죽었으므로 놋뱀의 실체를 만나야 살 수 있다는 사실조차 몰랐다. 단지 성경을 외면적으로 알고 있었지 정작 중요한 놋뱀의 정체를 알지 못하고 있었다. 육적 지식으로만 성경을 보았지 성령의 인도하심을 받지 못하고 있었다.

이때 주님께서 민수기 놋뱀 사건을 말씀하실 때 성령이 역사하심으로 그 놋뱀이 바로 인자임을 깨닫게 되었다. 죽었던 성경이 성령의 조명으로 살아나 거듭나는 실재임을 드러내게 되었다.

놋뱀의 실체가 예수님이심을 성령을 통해 인식하게 된 것이다. 바람같이 역사하시는 성령을 통해 니고데모는 영적 사람이 되었다. 육은 영원하지 못하다. 잠시 존재했다 사라질 뿐이다.

영이어야 영원하다. 영생에 관한 일은 영적이어야 한다. 영적이란 말은 허구적인 이야기가 아니라 구체적으로 성령 안에서 그렇다는 말이다. 성령 안에서 성경이 작동되어야 영생의 의미를 지니게 된다. 성경 말씀이 공허하지 않고 생명이 되는 것이다.

육적으로 성경을 이해했던 그는 주님과의 대화를 통하여 바람 같은 성령의 조명을 받게 되었다. 놋뱀의 실체이신 주님을 바로 보게 되었다. 거듭나는 순간이었다. 죽을 수밖에 없었던 그가 다시 태어나는 기쁨의 시간이었다. 육적으로 다시 태어나는 게 아니라 영적 생명으로 거듭나게 되었다. 홀연히 그의 영혼 속에서 역사하는 성령의 주권이었다. 이는 아무도 모르는 성령의 주권적 사역의 결과이다. 바람이 어디서 불어와 어디로 가는지 모르듯 성령의 역사 또한, 우리는 알 수 없다.

요즈음엔 태풍이 어떻게 일어나 가는지 일기예보를 하지만 동네에서 부는 바람은 어디서 불어 어디로 가는지 알 수 없는 법이다. 이렇듯 개인적으로 일어나는 거듭나는 역사는 성령의 인격적인 사역이다. 성령만이 아시는 전적으로 성령의 고유권한이다. 단지 죄인들은 성령의 주권에 인격적인 신뢰를 보낼 때 거듭나는 역사를 체험하게 된다.

임의적으로 바람이 불 듯 주도적으로 성령은 주님의 말씀에 호응하여 주권적으로 역사하는 것이다. 주님은 바람이 임의적으로 불 듯 성령은 주도적으로 주권을 행사하신다고 하신 이유다.

거듭남은 육적 역사가 아니라 전적으로 성령의 주권에 달렸음을 말씀하셨다. 육적 일은 임시적이고 한계가 있지만 성령의 역사는 영원하고 무제한

적이다. 성령이 일하시는 역사는 사람이 알 수 없고 오직 성령만이 아시는 성령은 영을 낳는 역사이다. 그게 바로 성령의 주권적 역사인 거듭남이다.

한 여름에 바람이 불지 않으면 한증막 같이 답답하다. 죽을 것 같은 더위라 한다. 이러할 때 시원한 바람이라도 불면 살 것 같다고 한다. 성령의 바람은 죽어가던 심령에 부는 한줄기 살리는 기운이다. 힘들어 지친 심령을 일으키는 새로운 힘이다. 메마르고 시든 영혼을 살려내는 영이다. 메마른 뼈에 생기가 불어 들어가자 살아나는 장면이 에스겔에 나온다. 해골 골짜기에 산더미같이 쌓였던 마른 뼈들에 하나님께서 생기를 불게 하신다. 예언자 에스겔로 생기야 불어라 하고 대언할 때 힘줄이 생기고 살아나게 되었다.

메말라 빠졌던 이스라엘 백성의 영혼들이 성령의 음성을 듣고 새 힘을 얻게 되었다. 우상에 속해 답답하고 침울했던 심령에 한 줄기 바람이 불듯 새로운 소망이 생기게 되었다. 성령은 바람같이 불어와 칙칙한 분위기를 몰아내고 상큼하며 새로운 기운을 불러 일으킨다.

시들고 썩어가던 하나님의 백성들이 각성케 하는 바람 같은 성령의 기운이다. 이미 죽어 나가 자빠졌던 심령을 소생시키는 영이다. 육적 기운으로는 살 수 없다. 육으로 난 것은 육이기 때문이다. 성령으로 나야 소성할 수 있다. 성령으로 나야 영이며 살아날 수 있기에 그렇다.

육과 혈은 잠시 뿐이다. 영이어야 확실히 살아날 수 있다. 성령이 바람 같이 불어야 마른 뼈에 힘줄이 붙는다. 힘이 생기며 생기가 돌게 된다. 힘을 못 쓰던 하나님의 말씀이 생기를 얻어 역사하게 된다. 다윗의 조약돌이 힘을 얻어 골리앗의 이마에 박히듯 죽었던 말씀이 새 힘을 얻어 역사하게 된다. 마른 뼈같이 축 처져 있던 말씀의 조각들이 독수리같이 힘을 얻어 비상하게 된다. 성령의 바람이 불어 생기를 얻을 때이다.

힘을 못 쓰던 죽어버린 것 같았던 말씀들이 새 힘을 얻어 살아나는 것이다. 머리카락이 깎이어 힘을 쓰지 못하던 삼손이 마지막 힘을 쓰듯 말이다. 온 몸에 힘이 빠져버린 삼손이 하나님께 울부짖을 때 일어났던 힘이 솟구쳐 오르게 된다. 생기가 바람같이 불지 않으면 아무리 말씀을 달달 외우고 있다 해도 아무런 힘도 쓰지 못한다. 성령이 바람같이 불어 생기가 발생해야 힘을 쓸 수가 있다. 생기가 불어 마른 뼈에 들어가야 살아나는 법이다. 마른 뼈 같던 말씀에 생기가 들어가야 큰 군대를 이루어 적과 싸울 수 있다.

성령의 바람이 불지 않으면 심령은 답답하고 기진하여 축 늘어질 수밖에 없다. 아는 것도 많고 가진 것도 넘치는 현대인들이 답답해 미치겠다고들 난리다. 화려한 교회 건물, 부족함 없는 멋진 예배, 그런데도 심령이 갑갑하다고 한다. 없는 게 하나도 없이 다 갖추어져 있는데도 불만이다. 배불러 복에 겨워 그런다고 한다.

그런데 실상은 벌거벗은 자요 배고픈 자들이다. 빵이 없어 배고프거나 물이 없어 목마른 게 아니다. 먹을 거 많고 마실 물도 넉넉한 데 말씀이 메마른 이유다. 말씀 말씀하는데 성령의 바람이 불지 않아 답답한 것이다.

성령의 생기가 불지 않음은 듣는 자들이 간절함이 상실되어 그렇다. 너무 많이 아는 체하다 보니 정작 가장 중요한 거듭나야 하고자 하는 간절함은 사라지고 판단만 하고 있으니 성령이 역사할 수가 없다. 말씀을 증거한다고 하는 자들도 세상 이익에 따라 가르친다 하니 성령이 역사할 수가 없는 것이다. 전하는 자나 듣는 자나 한통속이니 그런 곳에 무슨 성령의 역사가 일어날 리가 없다.

세상의 만담이나 싸구려 말씀팔이가 판 치는 것이다. 기도는 한다고 시끌벅적 한데 시끄럽기만 할 따름이다. 참다운 거듭남의 소망은 사라지고 몇 년 몇 월 몇 일 거듭난 영적 생일만을 자랑하는 자들로 넘쳐날 뿐이다.

그러니 심령에 꼭 필요한 생기는 없고 음기와 욕심만 가득할 뿐이다. 거룩한 성령으로 충만한 게 아니라 인위적인 거룩한 외모만 난무하다. 탐심만 가득한 곳에서는 거룩한 성령이 역사하지 않으신다. 거룩한 성령은 꼭 필요한 심령 위에 나타나신다. 위선적이고 겉모양만 화려한 소돔 같은 교회에서는 성령의 바람은 불지 않는다.

비록 외적으로는 부족하나 간절히 예수님을 찾는 심령 위에 부는 것이다. 나뭇가지 두 세 개를 찾던 빈한한 과부에게 하나님의 임재 하심이 있었던 것과 같이 말이다. 너무 시끄럽고 왁자지껄한 곳에서는 성령의 바람은 불지 않는다.

성령은 인격적이다. 간절히 바라는 자에게 임하지 자기 이익을 위해 구하는 마술사 시몬 같은 자에게는 나타나지 않는다. 간절히 성령의 거듭나게 하심을 구하는 자에게 성령은 불게 되어 있다. 메말라 신음하는 영혼 위에 성령의 따스한 바람은 불어 생기를 솟아나게 하는 것이다. 메마른 심령을 시원하게 하며 죽어가던 영혼을 소생시켜 활기차게 활동하게 한다.

생수를 마시자 뛰어나가던 사마리아 여인같이 영혼이 뛰게 된다. 성령의 기운이 솟구쳐 독수리같이 비상하게 된다. 파죽지세같이 마귀의 공격을 격파하며 앞서 나가게 된다. 가뭄에 시들해진 심령 위에 단비가 내리듯 성령의 바람이 불어 생기를 얻게 한다.

성령은 은혜를 입을 만한 자에게 임한다. 간절히 거듭남의 은혜 입기를 간구하는 자를 불쌍히 보시고 도우신다. 자신의 연약함을 인정하고 예수님의 말씀을 믿고 간구하는 자를 성령은 귀하게 보신다.

어떻게 거듭나는지 몰라 주님의 은혜를 구할 때 성령은 불쌍히 여겨 탄식함으로 죄인을 위해 친히 기도하신다. 구하는 심령이 성령의 생각과 일치할 때 거듭나는 역사는 일어난다. 지금은 은혜 받을 만한 때라고 하였다.

말세인 오늘날이야 더욱 그러하다. 전심을 다해 하나님의 말씀이 부닥치기를 궁구하며 부르짖으며 기도하는 자에게는 반드시 성령의 마음은 불게 되어 있다. 거듭나기 위해서는 집요할 정도로 간절히 구해야 한다. 사느냐 죽느냐 보다 더 귀한 천국에 들어가느냐 지옥에 떨어지느냐 문제이다.

해 보다 안되면 그만이지 하는 식으로는 안 된다. "가다가 못가면 아니 간만 못하다"고 하였다. 죽기 살기로 거듭남에 매달려야 한다. 그래도 될까 말까 한 게 거듭남이다. 하다가 중지하면 거듭남은 불가능하다. 전심을 다해 하나님의 나라를 보도록 최선의 경주를 행할 때 성령은 긍휼을 베푸시는 것이다.

아무것도 간구하지 않는 사를 긍휼히 보시는 게 아니다. 세상에서도 아무나 돕는 게 아니라 돈이 꼭 필요한 사람을 돕듯이 거듭남이 절실한 사람에게 성령의 긍휼하심이 임하는 것이다. 거듭나기를 애통하며 간구하는 심령을 성령은 탄식하심으로 바라보고 계신다.

하나님 나라를 보고자 갈망하는 영혼을 성령은 불쌍히 보신다. 자신의 죄와 부족함으로 그 나라를 보지 못하여 죽고자 애를 써 거듭나기를 소망하는 자를 바라보신다. 그러한 연약한 심령을 성령은 탄식함으로 기도하신다.

성령은 인격적이시다. 예수님이 보내는 성령이기에 그렇다. 예수님과 인격적으로 다 교감을 나누시고 역사하신다. 예수님의 말씀을 붙잡고 거듭나기를 씨름하는 야곱 같은 심령을 도우시는 것이다. 거듭나기를 위해 애쓰는 영혼을 위해 성령은 통고하신다. 긍휼히 여기시기에 통곡하신다.

천하보다 귀한 영혼이 거듭나 하나님 나라를 보게 되기를 성령은 원하신다. 성령은 이 일을 위하여 탄식하며 통곡하신다. 그만큼 거듭나는 역사야말로 가장 귀한 일이다. 거듭나지 않고는 그 누구도 하나님 나라를 볼 수 없다.

그러므로 하나님 나라를 보지 못한 누구도 하나님 나라에 들어갈 수 없다. 만고의 진리다. 거듭나야 하나님 나라를 보게 되고 그럼으로써 들어가게 되는 것이다. 이 거듭나는 일을 위하여 성령은 예수님의 말씀을 조명하는 것이다. 성령께서 친히 은총을 베풀어 역사하시는 것이다.

성령은 살리는 것은 영이다. 허물로 죽어버린 심령이 거듭나기를 위해 부단히 애쓸 때 성령은 살리시는 역사를 집행하신다. 간절한 마음으로 간구하는 심령을 긍휼히 보시고 탄식하시며 살려내는 역사를 이루신다. 성령은 죽었던 영혼을 살려 내신다.

무감각했던 말씀이 살아나도록 역사하시는 것이다. 쉬지 않고 간구하며 부르짖는 심령을 보시고 성령은 역사하신다. 집요할 정도로 간구하는 자를 성령은 보시고 긍휼히 여기사 살리는 역사를 단행하신다. 살리는 것은 성령이시다.

죽은 문자에 불과하던 말씀이 살아 역사하여 죽었던 영혼을 살려 내는 것이다. 죽은 심령을 살려 소생시키어 다시 태어나게 하신다. 죽은 자를 다시 살리는 역사는 하나님 아니고는 할 수 없는 일이다. 성령 하나님이 역사하므로 죽은 자가 다시 태어날 수 있다.

그리스도의 영이 없으면 그리스도의 사람이 아니다. 성령으로 거듭나지 않은 자는 성령의 사람이라 할 수 없다. 자기 스스로 거듭난 줄 착각할 뿐이다. 가짜 거듭남이다. 엉터리로 이단에 걸려 거듭난 줄 잘못 오해해서 그렇다.

진정으로 거듭난 심령은 누가 봐도 거룩한 사람이다. 하나님이 사람이요 그리스도인이다. 거듭난 자는 죄를 범할 수 없다. 감히 죄 성에 묻힐 수 없다. 거듭나지 않은 자들이 거듭났다 하며 온갖 못된 짓을 행하는 것이다. 거듭나 하나님 나라를 보지도 못했으면서도 하나님 나라에 들어갔다고 떠드니 엉망진창이 되는 것이다. 그러한 자들로 인하여 주님께서 십자가에 다시 못박히시는 것이다. 성령의 역사가 욕을 먹으며 하나님의 교회가 조롱당하는 것이다.

아니다. 거듭나는 역사는 성령이 행하시는 신령한 역사다. 성령께서 거듭나기를 간구하는 백성을 불쌍히 보시고 행하시는 초월적 주권 역사이다. 거듭나기 위해 발버둥치는 간구를 불쌍히 보시고 탄식하며 우리로 거듭나게 역사하신다. 마귀라도 용내낼 수 없는 절대적인 성령의 주권이요 긍휼하심의 역사이다. 주님 오실 때 우리의 누추한 몸이 홀연히 변화하여 신령한 몸이 되듯이 거듭남은 성령의 바람이 부는 역사이다.

임의로 바람이 불 듯 성령께서 예수님의 말씀을 붙들고 늘어지는 심령에 홀연히 역사하는 성령의 주권적 역사이다. 시들해진 영혼을 소성시키시며 되살아나게 하신다. 소성시키시며 항상 함께 머무르신다. 거듭난 자로 함께하사 거듭난 자 즉, 하나님의 자녀임을 입증하신다. 하나님의 자녀로서 이 땅에 사는 동안 영적 권세자로 살아가게 하신다. 비굴하지 않게 인도하시며 하나님의 자녀답게 형통케 하신다. 하나님 나라의 평안을 보장하시며 누리게 하신다. 하나님의 자녀만이 갖는 은혜를 허락하시는 것이다.

그리스도의 마음을 품게 하여 이 힘든 세상에서도 넉넉히 이겨 나가게 하신다. 거듭난 자로 살아감에 있어 최선을 다하는 모습을 긍휼히 보시고 탄식함으로 도우시는 것이다. 언제 어디서 바람이 부는지 모르지만 바람이 불어 시원하듯 우리의 심령을 시원하게 하신다. 막힌 담을 뚫어 대로를 열 듯 막힌 장애를 허물어 푸른 초장으로 인도하신다. 우는 사자같이 달려드는 마귀를 제압하고 성도로 하여금 잔잔한 물가로 인도하신다.

성령은 한 번 거듭난 영혼은 방치하지 아니하고 하나님 나라에 들어갈 때까지 책임져 주신다. 성령의 조명을 받는 자는 이 사실을 인지하며 성령 안에서 평강을 누린다. 이러한 신령한 삶을 거듭난 자는 현실적으로 인지하며 성령 안에서 의와 평강과 희락을 누린다.

하나님 나라의 삶을 이 땅에서도 누리는 것이다. 하나님 나라는 먹고 마시는 나라가 아니라 의와 평강과 희락이다. 성령 안에서 의와 평강과 희락을 누린다면 그는 이미 하나님 나라를 보고 들어간 자이다. 거듭난 자가 들어갈 하나님 나라를 이미 이 땅에서 누리고 있다 할 것이다. 생사고통의 한 많은 이 땅에서 비관하며 원망하는 삶이 아니라 하늘의 평강을 누리며 산 소망으로 살아가는 존재인 것이다.

영원히 누리며 누릴 의와 평강과 희락의 삶이다.

5. 하늘의 일

하늘의 일은 거듭남이다.

거듭나는 일이 그만큼 중요하다는 뜻이다. 거듭나는 일만큼 귀중한 건 없다. 그러기에 땅의 일이 아니고 하늘의 일이라 하였다. 거듭나게 하는 일을 위하여 인자가 하늘에서 땅으로 오셨다. 하나님의 아들이 아버지의 뜻을 받들어 누추하고 천한 마구간에 오셨다. 인간의 생각을 뛰어 넘는 모습으로 땅에 오신 것이다. 땅의 일을 이루고자 하심이 아니라 하늘의 일을 이루시려 함이다. 하늘의 일을 땅에서 이루시려 하니 이 땅의 반대기 심하며 모르고 박해하며 미워하는 것이다.

세상은 하늘의 뜻을 모른다. 알아도 피상적일 뿐이다. 표면적으로만 판단하지 이면적인 깊은 생각은 관심이 없다. 눈에 보이는 이익을 갖기 위해서 광분한다. 자신이 생각하는 정도로 성취하면 만족하고 행복하다 여긴다. 그리고는 이제 것 잘 됐으니까 한 번 해 보자고 한다. 욕심을 더 부려 보고 나중에는 탐심이 발동한다. 끊임없는 욕구가 분출되는 것이다.

땅의 일은 세상의 일이다. 세상은 온통 먹고 마시는 데 정신이 없다. 세상의 일은 주로 의식주이다. 더 많이 더 높이 올라가야 잘 사는 거라 생각한다. 그래서 싸움이 일어나고 분쟁이 끊어 지질 않는다. 툭하면 전쟁이요 고소요 고발이다. 로마가 법 문화가 고도로 치솟았 을 때 망 했듯이 세상은 법, 법하고 있다. 문명의 고도화요 발전이 아니라 스스로 망할 징조다. 마귀가 그렇게 타락한 인간 이성을 사용하는 것이다.

하루 세 끼면 족할 줄 모르고 먹고 토하던 로마같이 맨 먹자판이다. 여행 가서도 맛 집 찾기 다정한 친지를 만나도 먹는 얘기 그저 먹는 게 인생

전부다. 먹기 위해 일하냐 살기 위해 일 하냐다. 먹기 위해 태어나고 사는 인간 같다.

의식주가 중요한 줄 모르겠는가?

짐승같이 먹거리에 집중하니 그렇다. 단지 문화라는 이름으로 포장했을 뿐 본질적으로는 짐승의 본능과 다를 바 없다. 먹고 죽자는 식이다. 먹다 죽은 귀신이 때깔도 좋다는 식이다.

유능한 인재들은 너도 나도 패션 디자인에 몰리고 있다. 뉴욕, 파리 등 유명 디자인 대학에 우수한 인재들이 모인다. 유명해지고 돈도 벌고 지위도 인정받고 잘 살기 위해서다. 옷이 우리의 몸을 보호한다는 개념보다는 옷 디자인을 통해 자수성가해 보자는 생각이 더 앞선다. 화려한 의상 유행을 선도하는 감각이 돈이 되는 세상이다.

아테네의 잘사는 도시의 유명인들과 하등 다를 바가 없다. 사치스런 옷을 입고 누비는 라오디게아 교인들과 동일하다. 실상 주님은 벌거벗은 수치를 모르느냐고 하시는 데 아랑곳하지 않는다. 무화과 나뭇잎으로 음부를 가리면 되는 줄 아는 어리석은 현대인들이다. 정말 관심을 기울여야 하는 일에는 관심이 없고 사라져가는 허망한 것에만 머리를 박는 오리들이다.

잠 잘 곳만 있으면 감사할 일인데 더 많은 부동산을 갖겠다고 언제나 부동산 광풍은 불어 닥친다. 언제나 요지부동의 부를 인정받게 해 주는 부동산이야말로 최상의 인생 가치라 여긴다. 더 가져야 아방궁 같은 저택을 지녀야 성공한 줄 믿는다. 세상에 믿을 건 집 밖에 없음을 잘 아는 것이다. 그러니 부동산 투자에 목숨을 거는 것이다. 인생이 다 집이냐 하지만 더 있기만 한다면 마다할 이유가 없음을 잘 안다. 가장 안전하고 확실한 투자는 부동산이다. 부동산 왕국만이 자신이 편안히 살길이다.

눈에 보이는 의식주를 소유함이 인생의 성공여부와 직결되는 것이다. 가지지 못하면 실패한 자이다. 없으면 불쌍한 자이다. 가져야 한다. 더 많이 먹고 더 잘 입고 더 안락한 집에 살아야 한다. 그게 인생이다.

그러나 곰곰이 생각해 보면 맞는 것 같지만 그렇지도 않다. 주님은 부자의 예를 들어 말씀하였다. 어느 부자가 있는데 '올해도 농사가 잘되었으니 곳간을 더 늘려 지어 더 채워야겠다'고 생각하면서 '넉넉하다. 인생 잘 풀린다' 미소 짓고 있었다.

그런데 그 날 밤에 숨이 끊어지고 말았다. 그러면 그가 애써 평생 일군 사업은 어찌 되었겠는가?

"공수거 공수래"이다. 눈에 보이는 게 다가 아니다. 눈에 보이는 게 다이며 진리인 양 떠든다. 눈에 보이지 않는 것에 대해서는 말하지 말라고 한다. 똑똑한 말이다. 현대 분석학의 명증 논리다.

그러나 한편에서는 맞는 것 같으나 실은 어리석은 말이다. 보이지 않는 세상이 하늘에 있음을 믿지 않기에 그럴 뿐이다. 눈에 보이는 빙산만 보고 그게 다 인 줄 알면 큰 일 난다. 그 밑에는 엄청난 빙산이 깔려 있기 때문이다. 그 잘난 하나님의 백성들이 광야에서 모세가 사십 일간 시내 산에 올라 보이지 않으니 한 일이 바로 금송아지 만드는 거였다.

우리를 인도하신 보이지 않는 신이 바로 이 금송아지라고 했다. 참으로 기막힌 처신을 했는데 오늘날은 더 미사여구로 그럴 듯하게 말할 뿐 하나도 다를 바가 없다. 아니 더하면 더 타락했지 제정신인지 모를 일이다. 그 후손들은 한 술 더 떴다. 북 이스라엘은 단과 벧엘에 두 금송아지 성전을 만들었다. 하나님이 그렇게도 싫어하는 금송아지 형상을 만들어 놓고 하나님이라 했으니 기가 찰 일이다.

그런데 더 심각한 일은 오늘날 교회가 이보다 더하게 물신을 들먹이면서도 예수 이름을 도용하고 있음이다. 황금만능의 돈이 헌금 액수로 평가받는 상황인 줄 알면서도 모른 척하고 있는 실정이다. 헌금 액수가 믿음의 크기를 결정한다.

가난했던 제자들은 믿음 없는 자들이다. 물질 축복을 받지 못했으니 그렇다. 영혼이 잘됐으면 범사에 복을 받았어야 한다. 범사엔 당연히 물질도 포함된다. 고등사기꾼들이 모이는 현대 교회 모습이다. 그러나 믿음은 보이지 않는 것들의 실상이다.

가나안으로 갔던 모세와 백성들은 보이지 않는 가나안을 향하여 믿음의 길을 걸었다. 이 땅에 가나안은 있었지만 저들은 보지 못했던 젖과 꿀이 흐르는 곳이었다. 그 보이지 않는 가나안을 하나님께서 주셨으므로 믿고 전진했다. 눈에 보지는 못했지만 믿는 마음으로 갔을 때 요단강을 건너 입성할 수 있었다. 오늘날 배역한 자들은 눈에 하나님 나라를 보이라고 한다. 거듭나지도 않았으면서 말이다. 그러니 볼 수가 없다. 땅만 보일 뿐이다.

이 땅의 일은 혈통과 육정이요 사람의 뜻이다. 하늘의 일은 하나님의 뜻으로 난 하나님의 사람들이다. 어느 사회든지 혈통은 중시된다. 요즘에는 많이 달라졌지만 성골 진골 따지던 게 엊그제이다. 부모가 죽을 시도 그 재산을 사회 환원시키기 보다는 자식인 혈육에게 유산으로 남기기 일쑤이다. 아직도 중요한 일은 자녀에게 맡기는 경우가 허다하다. 그만큼 혈육은 중요한 인간관계이다.

핵가족 시대에 자녀와 부모 사이는 더 밀접하다. 성경에서도 누구의 아들 누구라는 식으로 신분을 밝히며 혈통을 알린다.

예수님도 "다윗의 후손 예수여"라고 불려졌다. 유대인들은 혈통을 강조한다. 아브라함의 자손임을 자랑스러워한다. 자랑을 넘어 '아브라함의 자손'임으로 선택 받은 백성임을 강조한다. 그 말은 천국 간다는 말이다.

아브라함의 혈통을 이어 받았으니 아브라함의 품에 안기리라는 생각이다. 부자와 나사로 비유에서 부자는 당연히 아브라함의 품에 안기리라 믿었다. 그런데 놀랍게도 부자가 아니라 거지 나사로가 아브라함의 품에 있었다. 나사로가 더 착한 일을 해서가 아니다.

나사로가 비록 거지로 부자의 대문에서 구걸했지만 그는 하나님을 사모했다. 부자는 재산 증식에 몰두했지 하나님을 사랑하지 않았다. 지옥에 떨어진 본질적 이유다. 혈통은 아브라함의 자손이었지만 아브라함의 믿음은 없었다. 표면적인 유대인 이었을 뿐이다. 나사로는 이면적으로 하나님을 흠모한 이면적 유대인이었다. 겉으로 아브라함의 혈통을 받았지만 둘은 그 심령의 믿음은 달랐다. 달라도 한참 달랐다. 하늘과 땅만큼이나 달랐으니 천국과 지옥의 차이였다.

부자는 육정의 사람이었다. 대문에서 구걸하는 거지 나사로에게 조금만치의 동정심도 없었다. 동냥은커녕 게을러서 저렇게 구걸이나 한다고 냉정히 대했다. 육정에 따라 모든 걸 결정했다. 자신의 육정을 따라 재산을 긁어 모으며 그것이 잘사는 길이라고 만족했다. 재산 모으기가 자신이 살아가는 최대의 관심사였다. 천국 같은 보이지 않는 미래는 관심이 없었다. 속으로 생각하기를 자신은 육적으로 아브라함의 후손이니까 당연히 가리라고 믿으면서 말이다. 큰 착각 인데도 그렇게 안심했다.

오늘날의 사람들도 똑같다. 살면서 큰 죄 짓지 않고 살아가니까 지옥은 가지 않을 거라고 생각들 한다. 천만의 말씀이다. 천국의 주인이신 예수님을 제대로 믿지 않고 자신 뜻대로 사는 게 죄이다. 자기 생각대로 산 죄인이 예수님의 나라에 들어간다는 말은 말도 안 된다. 육신의 욕망을 따라 가고 안 가고 하는 나라가 아니다.

인간의 욕망은 좋은 면도 있지만 욕심으로 흐르는 순간 변질되고 만다. 타락하고 마는 성질이 있다. 욕심이 과해지면 탐심으로 변한다. 과한 욕심은 탐심이 되면서 범죄를 동반한다. 죄인이 악인으로 변모하고 만다. 탐심은 우상숭배라 하였다.

하나님보다 돈을 더 사랑한 바리새인같이 되는 것이다. 그러한 자들이 자신의 조상은 아브라함이니까 천국은 따 놓은 당상이라 하니 큰 일이다. 그런 일은 벌어지지 않을 터인데 그러리라 믿으니 어리석은 자들이다. 하나님의 은혜로 바리새인이 되었다고 자신은 아브라함의 축복을 받았다고 한다. 아브라함같이 성공한 자라고 위안한다. 사실은 예수님께서는 독사의 자식이라고 하셨는데 말이다. 세상에서는 돈도 잘 벌어 성공하고 미래에는 아브라함 품에 안기고 한다 하니 과히 대성공한 자들이다.

오늘날도 예수 믿어 영혼이 잘되고 영혼이 잘됨 같이 범사가 잘되는 게 성공한 크리스천이라는 주장이 편만해지고 있다. 그리 설교하는 교회가 잘되고 그렇게 설교하는 목회자들이 성공했다고 유명해지는 세상이다. 그런데 성경은 성공했다는 말보다는 형통하다는 말씀을 한다. 예수님 믿어 형통하다는 말은 세속적 성공보다는 예수님을 믿어 어찌되든지 형통하다는 의미다. 예수님을 믿어 거듭난 성도가 예수님 때문에 박해를 받아도 세상 말로 잘 안 되도 형통하다는 말이다.

예수님 때문에 감옥에 간 바울은 오히려 그곳에서 찬양하며 감사했다. 육신은 비록 갇혔지만 영혼은 더욱 감사했다. 장차 받을 상급이 보였기 때문이다. 영혼이 잘됨 같이 범사가 잘된다는 말씀은 통속적인 육신의 성공을 말함이 아니라 예수님의 뜻대로 사는 게 천국에서는 형통하다는 뜻이다.

하나님의 말씀을 사람의 뜻대로 해석해서는 안 된다. 천국을 오해한 바리새인들을 향하여 예수님은 성경도 모르고 말씀을 오해한 결과라고 하셨다. 천국은 시집, 장가가는 곳이 아니다. 천국은 거듭난 자들이 가는 곳이다. 성경을 성령의 조명 하에서 깨닫지 못하고 사람의 뜻으로 푸니 오해하는 것이다. 성경은 사람의 뜻으로 지어진 게 아니다.

하나님의 계시를 받은 하나님의 사람들이 받은 계시를 기록한 것이다. 성령의 감동, 감화를 받지 않고는 성경은 보이지도 믿어 지지도 않는 것이다. 그래서 예수님께서는 하나님의 말씀을 볼 때 성령의 역사가 바람같이 일어나야 거듭난다고 하셨다.

성령의 역사 없이는 거듭날 수가 없다. 성경이 깨달아 질 수 없다는 말이다. 성령의 감동을 받아야 성경의 음성이 들리는 것이다. 광야에서 장대에 달린 놋뱀이 보이고 예수님이심이 깨달아지는 것이다. 사람의 생각으로는 동정녀 탄생이 믿어질 수가 없다. 성령의 감동이 있어야 예수님이 성령으로 잉태하므로 우리도 성령으로 거듭날 수 있음이 이해되고 믿어지는 것이다.

예수님이 사람의 뜻으로 탄생하지 않고 하나님의 뜻으로 성령 잉태하심으로 우리도 하늘로서 거듭날 수 있음이 선명해지는 것이다. 사람의 뜻으로 성경을 보니 희한한 신학들이 마구 생겨나는 세상이다.

민중신학, 여성신학, 흑인신학과 자유신학, 요새는 주체신학이라는 말도 있나 보다. 만들면 다 신학이 되는지 모르겠다. 신학은 거룩한 하나님의 말씀을 궁구하는 일인데 말이다.

하늘의 일은 거듭나는 일이다. 거듭난다는 말은 하나님께로 낳아진다는 뜻이다. 이 일을 위하여 예수님께서는 하늘로부터 이 땅에 내려오셨다. 가장 높으신 곳에서부터 가장 낮고 낮은 모습으로 내려오셨다. 극악무도한 죄인들을 구하고자 놋뱀같이 십자가에 달리신 것이다. 가장 비참한 모습으로 장대에 높이 들림을 받으셨다. 십자가의 주님을 바라보는 자는 영생을 얻는 게 바로 복음이다.

하나님께로 낳아지는 길이다. 하나님께로 낳아진다는 일을 예수님께서 본을 보여주셨다. 말씀이 육신을 입으시는 일이다. 하늘의 말씀이 육신을 입으셨다. 말씀은 하나님이다. 성자 하나님이 인간 육신을 입었다는 말이다.

하나님께로 나은 자들도 말씀을 입을 수 있다. 예수님의 말씀을 먹고 먹어 말씀이 체질화 되면 말씀을 입게 되는 것이다. 그것을 아는 방법은 말씀을 묵상하고 상고하여 체질화 되면 진리와 은혜가 충만해짐을 체험하게 되는 것이다. 말씀으로 충만해지면 성령이 역사하여 자신이 진리 가운데 은혜가 충만해짐을 터득할 수가 있다. 이는 전적으로 예수님께서 주시는 은혜이다. 거듭난 자는 말하지 않아도 스스로 체험하게 된다. 성령이 함께 하실 때 은혜와 진리는 충만하게 된다.

이렇게 예수님의 말씀을 통하여 성령이 역사함이 하늘의 일이다. 하늘의 역사에 동참하는 자들이 하나님께로 나은 자들이다. 말씀으로 전신갑주를 입은 자들이 하나님의 자녀가 된다. 이 거듭난 자녀들로 예수님은 공중의 정사 어둠의 주관자인 마귀와 싸우게 하시는 것이다.

거듭나지 않은 바리새인을 가지고는 싸울 수 없다. 마귀와의 혈투는 이 땅의 육적 싸움이 아니고 하늘에 있는 악의 영들과 전쟁이다. 바로 하늘의 일들이다. 악한 대 마귀들과 싸우려면 진리의 허리띠를 띠고 의의 흉패를 두르고 평안의 복음의 신을 신고 싸워야 한다. 영적 싸움은 치열하다. 언제 어디서 마귀가 우는 사자같이 달려들지 모른다. 항상 깨어 기도하며 준비하고 있어야 한다. 그렇지 않으면 도둑같이 날러드는 마귀의 공세에 패배할 수밖에 없다.

거룩한 영적 혈투에서 이기기 위해서 말씀을 상고하며 기도할 의무가 있는 것이다. 항상 성령 충만 하라는 명령이 다 이유가 있다. 조금이라도 방심하면 낭떠러지에서 급전 낙하할 수 있기에 그렇다. 말씀으로 거듭나고 말씀으로 충만해야 비겁하게 뒤에서 무차별적으로 공격하는 마귀의 술수를 무찌를 수가 있다. 조금만 방심하더라도 마귀는 기가 막히게 틈을 타 공격하는 것이다.

그러므로 경성해 있는 파수꾼같이 말씀과 기도로 연마하여 불꽃 같은 눈으로 살피고 마귀의 급소를 쳐 승리해야 한다. 그러한 거룩한 삶이 하늘의 뜻이며 하늘의 일이다.

말씀이 육신을 입으신 예수님의 본을 따라 거듭날 뿐 아니라 거듭난 자로서 살아감은 마땅한 일이다. 나의 뜻과 생각을 포기하고 예수님의 말씀으로 무장하여 우리를 삼키려는 마귀와 대항 함은 당연한 일이다. 말씀을 소유한 자를 성령은 기뻐하시며 주가적으로 함께하시어 임무를 완수하게 하신다. 하나님께서는 자신의 자녀들이 허무하게 죽기를 원하시지 않는다. 당연히 살리시기를 원하시는 바 그 일이 바로 거듭나게 하사 살리시는 일이다. 그 일이 바로 하늘의 일이다. 거듭나게 하사 영원히 함께 하시기를 기뻐하신다.

예수님의 말씀과 성령의 역사로 가능하게 하신다. 이 일을 위하여 예수님께서 이 땅에 오신 것이다. 말씀이 육신을 입으신 이유다. 우리로 말씀과 성령으로 거듭나게 하시는 까닭이다. 이 땅에서 하나님께서 가장 초점을 맞추시는 이유다.

성령이 교회들에게 하시는 가장 귀중한 음성이다. 교회들이 이 말씀을 듣기를 가장 원하시고 계신다. 예수님의 음성 말이다. 성령의 음성을 듣는 일이 바로 하늘의 일이다.

6. 위

위는 하늘이고 아래는 땅이다. 하늘은 하늘과 하늘의 하늘이 있다. 하늘은 과학시대인 지금은 눈에 보이는 우주이고 하늘의 하늘은 보이지 않는 우주의 위 하늘이다. 하늘이 이층천이라면 하늘의 하늘은 삼층천이다.

하늘인 궁창을 하나님께서는 윗물과 아랫물로 구분하셨다. 노아 홍수 후로는 윗물은 사라졌다. 윗물이 내려와 아랫물과 합쳐 천지 창조 후 최대의 홍수를 이루었다. 우주과학 시대인 지금 하늘에는 물이 없다. 지상으로부터 일-이 킬로미터만 올라가도 영하 기온이라 물은 얼음이 되어 땅에 떨어진다. 그런데 옛날에는 윗물이 있었다니 신화라고 치부한다.

사람이 그리도 잘 났으면 천지 창조할 당시 살아있었던 자는 있었나? 아무도 살아있지 않다는 걸 잘 안다. 아무도 살아남아 있지 않다.

그러니 어찌 윗물이 존재했는지 인간은 모른다. 성경에서 윗물은 예사로운 표현이 아니다. 많은 함축적 의미가 있다. 아래의 물과는 사뭇 다르다. 물은 하나님의 말씀을 이른다. 물과 성령으로 거듭나라고 하셨다. 물로 씻어 말씀으로 깨끗하게 하여 거룩하게 거듭나라고 하였다. 물은 말씀을 뜻한다. 하나님의 말씀을 믿고 깨달을 때 거듭나는 것이다.

또한, 생수의 근원은 하나님이라고 하셨다. 생수의 근원이신 하나님을 떠난 오늘날 세대가 혼돈에 빠진 이유다. 오늘날 말세의 징조는 돈이 없어서가 아니라 생명의 근원이신 하나님의 말씀을 버린 까닭이다.

예수님도 생수를 주시는 분이시다. 사마리아 여인에게 예수님이 누구인지를 알았다면 영원히 목마르지 않는 생수를 달라고 하였으리라고 하셨다. 예수님 자신이 생수를 주시는 근원이란 뜻이다. 물에는 윗물과 아랫물이 있는데 윗물은 하늘 위에 있으니 하나님의 말씀이다. 아랫물은 땅에 있으니 우리가 마시는 물이요 사람의 말이다. 사람의 교훈이며 사람의 계명이다.

윗물인 하나님의 말씀도 잘 받아야 한다. 사람의 생각으로 받아들이면 아랫물이 되기 십상이다. 그리스도의 복음을 사람의 말로 받으면 망한다고 하였다. 예수님의 말씀을 성령 안에서 믿어야 하나님의 말씀으로 바르게 해석할 수 있다. 사람의 생각으로 해석하는 경우가 많아서 오해하고 망하는 것이다.

하나님의 말씀은 위로부터 성령의 역사함으로 오는 말씀이므로 거룩한 마음으로 받을 때 능력으로 역시하는 것이다. 위와 아래는 하늘과 땅만큼 차이가 있다. 그 의미뿐 아니라 그 능력의 역사에서도 다른 것이다.

하나님의 말씀은 살았고 운동력이 있어 심령을 감찰하고 쪼개기까지 한다. 사람의 말은 죽은 자를 살려내지 못한다. 살은 자를 죽일 따름이다. 사람의 말은 영원하지 못하다. 다 사라지고 만다. 하나님의 말씀만이 영원하다. 천지는 사라져도 하나님의 말씀은 영영히 서는 것이다.

위의 하늘은 영원하다. 윗물도 영원히 마르지 않는다. 생명수 강은 하나님 보좌로부터 영원히 흘러 넘친다. 생명 강 주위에는 생명 나무가 다달이 열매를 맺는다. 시냇가에 심은 나무가 시절을 좇아 과실을 맺듯이 말이다. 윗물인 하나님이 사라진 게 아니라 보이지 않을 따름이다.

지금도 윗물은 하나님 보좌로부터 흘러 넘치고 있다. 아니 거듭난 심령 가운데 흘러 넘치고 있는 것이다. 성령 이 역사하는 심령 안에서 하나님의 말씀은 역사하고 계시다. 거듭나지 못했기에 감각이 없고 그래서 듣지 못하고 있을 뿐이다.

현대의 현자들은 하나님은 보이지 않으니 거론조차 하지 말라고 주장한다. 그러면서도 보이지 않는 위 즉, 우주를 논한다. 인간이 만든 망원경으로 다 보이지 않는 우주를 다 보는 양 말한다.

그런데 하나님은 영이다. 신령과 진정으로 예배하는 자들은 하나님을 다 체험하며 경배한다. 신령한자들에게 하나님이 성령으로 나타나기 때문이다. 거룩하지 않은 자들에게는 그가 아무리 똑똑해도 드러나지 않으신다.

이유는 당연하다. 가장 귀한 보석을 가지고 있는 사람이라면 보석의 존재는 가장 사랑하는 사람에게만 알려준다. 도둑에게 알려줘서 도둑맞을 이유가 없다. 아주 쉬운 일이다.

예배하지 않는 마귀의 자식에게 하나님이 나타날 까닭이 없으시다. 영이시므로 보이지 않으시는 하나님께서 동일한 본체이신 예수님을 통해 나타나셨는데도 믿지 않는다. 과거에 나타났던 한 인물로 치부해 버린다.

공자가 잘 이야기 했었다. 죽음 뒤의 일을 제자가 묻자 "눈에 보이는 세상의 정치도 제대로 파악하여 파라다이스로 만들지도 못하는데 무슨 보이지 않는 저승의 일을 논하겠는가 나는 잘 모른다"고 말이다.

오히려 공자의 말이 더 솔직하게 보인다. 눈에 보이는 공간 즉, 위의 우주도 제대로 파악하지 못하는 자들이 하나님은 보이지 않으니 거론조차 말라고 하니 오히려 그들이 어리석은 자들이다.

눈에 보이는 하나님의 아들도 거부하면서 눈에 보이지 않는 하나님을 거부하니 참으로 우둔한 자들이다. "낫 놓고 ㄱ자도 모르느냐"고 하지만 오늘날 현자들이 바로 그러한 무식을 자랑하고 있는 것이다.

하나님은 전능하다. 빛이 있으라 하매 빛이 있었던 말씀도 전능하다. 하나님과 하나님의 말씀은 전능하다. 그러므로 하나님의 말씀과 하나님은 동일하다. 말씀이 육신을 입으신 예수님도 동일하다. 그러므로 예수님은 하나님과 동일한 본체이다. 하나님과 동일한 그러한 아들을 미신이라 치부하는 자들이야말로 가장 귀한 것을 모르는 자들이다.

하나님의 말씀을 진지하게 상고해 보지도 않고 섣부른 판단을 해버린 헛 똑똑이들이다. 하긴 뚫린 입을 가지고 무슨 말을 못하겠느냐 한다. 무고한 사람들을 죽이고도 인권이라고 떳떳이 자기 주장을 피는 세상이니 무슨 말을 하랴 말세는 말세다. 땅에서 나온 거짓 선동의 앞잡이인 새끼 양의 후손들이다. 입에는 독설과 가증한 말로 가득 찬 흉악한 족속들이다. 참으로 뻔뻔하고 가증한 흉악한 자들이다.

눈에 보인다는 위도 확실히 규정도 못하면서 영이신 하나님을 보이지 않는다고 하니 그 아들도 보았으면서도 아니라고 하니 참으로 한심한 일이다. 하긴 눈에 보인 아들이신 예수님도 십자가에 못박은 자들의 후손이니 뭘 기대하겠는가 마는 생각해 보면 안타까운 일이다.

예수님은 "위로부터 오신 분"이시다(요 3:31). 위로부터 오시는 분은 성령 밖에는 없다. 오직 성령은 육체가 아니고 영이시므로 위로부터 올 수 있다. 시공간을 뛰어 넘어 자유롭게 활동할 수 있는 유일한 존재이다. 이 성령과 그 본체에 있어 동일한 예수님만 예외이다. 예수님의 영이 성령과 본질에 있어 동일하기 때문이다. 예수님만 성령으로 잉태했다는 이유이다.

예수님은 성령으로 잉태하였다. 우리로 하여금 위로 거듭나게 할 수 있는 기반을 이루시었다. 인간이 어찌 위에서 태어날 수 있는가 불가능한 일이다. 예수님이 위로부터 잉태하므로 우리도 위로부터 거듭날 수 있게 된 것이다.

예수님은 믿지 않는 유대인들을 향하여 너희는 아래에서 났고 나는 위로부터 났다고 분명히 말씀하였다. 예수님은 위로부터 성령으로 잉태하였으나 인간은 아래 어미 모태에서 태어났다는 의미이다. 그 출생의 근원부터 다르다는 이야기이다. 인간은 누구도 예외 없이 어머니의 모태를 통해 나올 수 밖에 없다. 예수님도 인간 마리아의 모태를 통해 나오셨다. 그런데 그 시작이 다르다.

예수님은 성령으로 잉태한 것이다. 우리는 아버지의 정자를 입고 나왔지만 예수님은 요셉의 정자 없이 성령을 통해 잉태하셨다. 성령이 위로부터 임하신 것이다. 예수님이 위로부터 오셨음을 그 출처를 밝히신 대목이다.

그러므로 예수님께서는 위를 모르는 자들에게 위의 나라 천국에 대해 말씀하셨다. 보지도 못하고 유전으로 들은 나라에 대해 논하는 유대인들은 낯선 이야기요 믿을 수 없는 말이었다. 그래서 반대하고 미워하였다.

극렬히 모함하며 죽이려 한 태도를 보였다. 아래 것에만 대가라고 인정받아왔던 그들에게 예수님의 위의 나라 이야기는 헛소리요 위험천만한 다른 나라 이야기였다.

아래 것만 보이는 것들에 대해서는 박식했던 그들은 보이지 않는 것들에 대해서는 침묵하라는 오늘날 현자들과 동일하게 그 사상적 기반을 아래에 두고 있는 것이다. 아래서 태어난 자들이기에 동일한 뿌리를 가지고 있다. 위에서 난 자와 아래서 난 자들과의 극명한 차이점이다. 생각도 다르고 말도 다를 수밖에 없다. 당연한 차이다.

예수님은 위에서 내려오므로 이 땅에 속하지 않는다. 천국 이야기를 주로 하신다. 반면에 바리새인들은 아래 즉, 땅에 속했기에 아래의 사상으로 판단하고 결정하였다. 아래에 속한 모습을 예수님은 마귀에게 속하였다고 진단하였다. 저들이 예수님의 말씀을 믿지 않는 이유는 다름이 아니라 마귀에게 속하였기에 그렇다는 이야기이다. 사탄 마귀에 속해 독사의 자식이 되었으니 물고 뜯고 죽이려 하는 것이다. 달라도 너무 다른 상극의 관계이다. 도저히 섞일 수 없는 그런 원수이다. 독사의 무리들은 위를 보지 못했다. 봤다 해도 공중만 보았다.

그러니 공중 권세 잡은 마귀의 자식이 될 수밖에 없었다. 악령의 영만 받아서 악한 짓만 골라서 하는 것이다. 욕심만 많아 가지고 예수님 주위에 사람들이 모이자 빼앗길까 봐 전전긍긍하며 예수님을 배척하였다. 한 명이라도 자신들의 밑천에 손해가 나지 않도록 가지 못하게 하며 방해하며 심지어 죽이기까지 하였다. 진리가 그 속에 없으므로 진리에 서지 못하는 것이다. 진리가 없으니 거짓으로 거짓을 덮으려 하니 거짓만 양산하는 것이다.

거짓말쟁이 아비를 따라 거짓과 사기만 일삼았다. 거짓의 아비가 되려고 혈안이 되어 거짓으로 영혼을 삼키는 자가 되었다. 하는 일이 오직 거짓과 음모와 흉계뿐이다.

나중에는 아비 가인을 따라 살인까지도 마다하지 않는 지경에 이른 것이다. 배우고 익힌 것이 오직 험담하는 것이요 죽이는 것이 다인 자들이다. 아래의 온갖 더러운 짓을 저지르는 악행의 선봉에 선 자들이다.

반면, 예수님은 위로부터 나신 분이다. 그래서 위인 하나님 나라를 보았을 뿐 아니라 아들로서 주인이시다. 하나님 나라의 아들이신 예수님이 위로부터 오셨기에 위로서 나아져야 하나님 나라를 볼 수 있는 것이라 하신 것이다. 위로부터 거듭나야 예수님 같이 하나님 나라를 보며 들어갈 수 있는 이치다. 위로 거듭나지 못하면 항상 아래에 머물며 아래의 존재로 살다 끝나며 지옥의 백성이 될 수밖에 없는 것이다.

바리새인들이 아래의 생각으로 사람의 뜻대로 성경을 해석하다 망한 것이다. 나중에는 마귀의 앞잡이가 되어 예수님을 핍박하며 죽이기까지 한 이유이다. 위로 나지 아니하면 누구도 아래에서 벗어날 수가 없다.

아래에 속해 신음하다 영원히 형벌 아래서 심판 받게 되는 것이다. 위에 속한 존재가 되어야 공중 권세 잡은 마귀의 손아귀에서 놓임을 받을 수 있다. 그 유일한 길이 바로 위로부터 거듭나는 일이다.

예수님은 만물 위에 계신 분이시다. 승천 후 하나님 우편 보좌에 앉아 계시다. 보좌 아래 모든 것을 감찰하고 계시다. 어느 하나도 빠짐없이 예수님의 감찰 아래 놓여 있다. 우리의 심령까지도 통찰하고 계시다. 하나님께서 전능하시듯 예수님도 전지전능하다. 우리의 모든 사정을 꿰뚫고 계시다. 하나님의 말씀이 전능하듯 예수님의 말씀도 전능하다. 죽은 나사로를 일으키신 말씀이다. 사망과 죽음의 권세를 깨시고 죽은 자를 살리시는 말씀이다. 그 권능의 말씀으로 지금도 모든 것을 다스리고 계시다.

지금도 모든 것을 다스리시는 예수님께서는 기록된 말씀을 성령의 음성으로 듣는 자들에게는 역사하고 계시다. 하늘의 보좌에서 하감 하시며 성령을 통하여 모든 믿는 자의 심령에 역사하고 계시다.

예수님을 하늘로서 오신 분이라고 한 까닭이다. 예수님의 말씀이 성령으로 역사하는 곳에 하나님의 나라가 있다는 증서이다. 하나님의 나라는 여기저기에 있는 게 아니라 말씀이 성령으로 역사하는 곳에 존재하며 그리하여 하나님 나라를 체험하는 것이다. 초대 교회 성도들이 가졌던 하나님 나라의 기쁨이 넘치는 것이다. 하나님의 성전을 이루라는 말씀을 의미한다. 영원한 기쁨과 소망이 넘치는 거룩한 성전의 경이로움이 임재하는 성전으로 변화하는 곳이다.

아래에 속한 자들은 도저히 상상할 수도 없는 신령한 성전이 심령 가운데 임하는 것이다. 마귀가 있는 우상의 성전에는 음모와 시기와 죽이려는 살기만 가득할 뿐이다. 욕심과 탐욕만이 득실거리며 비명과 탄식만이 비통하게 퍼질 뿐이다. 우상의 제물은 먹으며 씩씩거리며 광기에 자기 몸도 어찌할 바 모르며 광란의 굉음만 울려 퍼질 뿐이다. 아래 지옥에서 나는 소리 말이다.

초대 성도들이 체험한 하나님 나라는 실질적으로 바울과 사도 요한도 보고 들어간 사실을 성경은 증거하고 있다. 위로부터 거듭난 성들은 누구 하나 없이 모두 하나님 나라를 보았음을 말하고 있다. 예수님을 하늘로서 오셨다고 하였는바 이는 곧 하나님 나라로부터 오셨음을 증거하고 있는 것이다. 하나님으로부터 낳았음을 뜻한다.

위 하늘은 시공간의 개념도 되지만 더욱 영적 의미로서 그렇다. 모든 거듭난 성도가 위로부터 거듭났다는 의미는 바로 하나님으로부터 자녀로 인정받았음을 말한다. 이를 성령과 피로서 거듭났다고 찬송가에서는 노래하고 있다. 피 뿌린 옷은 하나님의 말씀이다. 예수님의 피 같은 말씀을 믿을 때 성령이 역사하면 거듭나는 것이다. 예수님의 피의 말씀과 성령의 말씀은 동일한 말씀이다. 피 뿌리신 말씀은 성령이 교회들에게 하시는 말씀과 똑 같은 생명의 말씀이다. 그 근원은 바로 위 즉, 하늘로서 내리는 말씀이다. 하늘로서 내리는 하나님의 긍휼 하심이 은혜의 말씀이다.

하늘로서 내리는 피의 말씀을 성령이 교회들에게 하시는 말씀으로 듣는 자들은 모두 긍휼과 은혜를 입어 거듭나는 새 생명을 얻는 것이다. 하늘의 은혜를 입는 게 믿음의 능력이다. 하늘로서 오시는 이 즉, 예수님의 은혜를 입는 일이다. 하늘로서 오시는 예수님과 성령의 은혜를 입어야 함은 말세 마귀의 발광에서 우리를 보호하는 유일한 길이다. 예수님의 피의 말씀을 성령이 교회들에게 하시는 말씀으로 들을 때 우리가 아는 말씀은 온전해지는 것이다. 온전해짐으로 실천할 수 있는 능력이 샘솟듯 우리 마음에서 솟구치는 것이다. 목마르지 않는 물처럼 우리의 배에서 성령이 솟아나는 것이다.

거듭남에 목마른 자들이 값없이 나와 목을 축이며 하나님의 은혜를 노래하는 기쁨이 솟아나는 것이다. 그리할 때 바울이 셋째 하늘을 보았듯 거듭난 자들이 하나님 나라를 보게 되는 것이다. 셋째 하늘에 들어가 거룩하며 생생한 기이한 노래를 들었 듯 하늘의 놀라운 찬양을 들을 것이다. 시온산에 선 하나님의 자녀들이 부르는 영원한 찬송을 듣게 될 것이다. 또한, 성령의 인도함을 받아 하나님 보좌에 올랐던 요한과 같이 우리도 하나님 우편 보좌에 앉으신 예수님을 뵙게 될 것이다.

밧모 섬에 유배된 자유 없는 육신이지만 그 영혼은 자유롭게 하나님 보좌 앞에서 흐르는 생명강수에서 다달이 열리는 생명나무의 열매를 먹게 되는 것이다.

이보다 더 귀한 일은 이 세상에 없는 거룩한 영원한 생명의 모습이다. 마귀가 들끓는 세상이지만 하나님께서는 붉은 용이 방해를 받지 아니하고 하늘의 평안을 누릴 수 있도록 주님의 능력의 말씀으로 하늘의 기쁨을 누리게 하시는 것이다. 하늘 곧 위로부터 오는 거룩한 하나님의 능력의 평안을 사탄 마귀는 방해할 수 없는 것이다. 온전한 하늘의 거듭난 평안을 내리시는 것이다.

7. 영

영이란 무엇인가?

영은 보이지 않으므로 말들이 많다. 마구 자신들의 견해를 쏟아 놓는다. 모두들 일단의 것을 드러낸다. 보이지 않으니 옳고 그름을 말하기 쉽지 않다. 나름 의미가 있는 논의들이다. 영성이라는 말도 많이 회자되고 있다. 혼란스러운 상황이다. 영이라는 말 하나를 놓고도 말이 많은데 영성이란 말 또한, 한마디로 규정하기는 힘들다.

하지만 자세히 성경을 살피면 영에 대해 분명하게 알 수 있다. 대표적으로 "하나님은 영이시다"라고 하였다. 보이지 않는 하나님을 정의할 때 "영이시다" 라고 하였다. 영이신 하나님을 아는 사람이면 신령과 진정으로 예배 드린다. 신령과 진정으로 예배 드리는 사람이라면 하나님을 알고 체험하는 사람이다.

그러니 영은 보이지 않으니 제각기 주장한다고 다 영이 아니라 영이신 하나님은 분명히 존재한다는 말이다. 보이지 않는다고 맘대로 주장해서는 안 된다는 의미이다. 하나님을 인식하는 사람은 신령하게 사는 법이다. 신령하다는 의미는 성령에 인도되는 삶을 산다는 뜻이다.

악령이 아니고 사람의 영대로 사는 게 아니라 성령에 따라 사는 삶이다. 사람으로 신령 하다는 게 아니다. 신령한 도사처럼 산다는 게 아니라 성령에 사로잡혀 사는 삶이다. 성령을 체험하고 성령에 붙들리어 사는 것이다. 그 바른 삶은 진리의 영이신 성령에 의해 사는 삶이다. 성령은 진리의 영 즉, 하나님 말씀을 따라 사는 사람이 영이신 하나님을 알 뿐 아니라 그 생활에서 영이신 하나님을 따라 사는 것이다. 태초에 천지를 만드실 시부터 수면 위에 운행하시던 성령이 오늘날도 동일하게 우리가 체험하며 따라 살 수 있는 것이다.

영이신 하나님의 임재를 체험하며 능히 살 수 있다. 영이라니까 추상적으로 생각나는 대로 말한다고 다 영이 아니고 확실하고도 분명하게 우리의 삶 속에서 체험할 수 있는 것이다. 하나님은 말씀이시라고 하였다(요 1:1). 성령은 진리의 영이시다고 하였다(요 14:17). 하나님은 성령과 그 본체에 있어 동일하다는 뜻이다. 하나님의 말씀을 자세히 궁구하면 영이신 하나님을 인식하며 체험할 수 있다는 말이다. 그러니까 영성이라 하여 다 참다운 영성이 아니다. 영이신 하나님을 제대로 파악하고 믿는 영성이 참다운 영성이다. 하나님은 살아계신 분이시다. 관념적으로만 파악되는 존재가 아니라 영혼과 육신적으로 인지되는 살아계신 하나님이시다.

하나님은 죽은 자의 하나님이 아니고 살아있는 자의 하나님이시다. 믿음이 살아있는 거듭난 자의 하나님이시다. 머리만 명석한 바리새인의 하나님이 아니고 예수님을 따르던 살아있고 역동적인 제자들의 하나님이시다.

가인의 하나님이 아니고 믿음의 아버지 아브라함의 살아계신 하나님이시다. 아브라함의 삶 속에서 말씀하시는 현장의 하나님이시다. 다윗의 물멧돌에 힘을 실으시며 구체적으로 골리앗을 넘어뜨리게 하시는 분이시다 명목상의 헛된 주문이나 외우게 하는 우상이 아니라 구체적인 삶 가운데 역사하시는 분이시다.

오늘날은 성령을 통하여 역사하고 계시다. 교회들에게 말씀을 통하여 구체적으로 믿는 자의 심령에 역사하신다. "하나님은 영이시다"라는 말씀은 "하나님은 성령이시다"라는 말과 동일한 의미로, 하나님으로부터 성령이 나온다는 뜻이다.

성령은 하나님으로부터 시작된다. 하나님께서 보내셔서 하나님의 일을 감당하고 역사하게 하신다. 성령의 감동을 받은 심령은 신령해져서 하나님을 향하여 예배 드리게 되는 것이다. 하나님께 성령 안에서 진정으로 예배를 드릴 수 있는 것이다.

성령을 떠나서는 하나님께 온전한 예배를 드릴 수 없는 이치이다. 성령 밖에서 예배 드린다면 이는 우상에게 예배 드리는 것이라고 밖에는 설명할 길이 없다. 성령이 아닌 영이라면 악령에 의해 조종되는 악한 영으로 하는 악한 행위에 불과하다. 성령이 떠난 사울의 심령을 악한 영이 지배했던 것과 같다. 주의 영이 떠난 가룟 유다의 심령에 예수님을 팔 생각이 침투 했듯이 악한 영의 지배를 받게 되는 것이다.

그러니 하나님께 예배 드리는 자는 성령 안에서 신령하게 참 마음과 정성을 다해 예배 드려야 한다. 그래야 하나님께서 신령하게 드리는 예배를 받으시고 기뻐하신다. 아벨의 예배를 받으신 하나님께서는 아벨의 어린양의 재물과 동시에 아벨 자신도 받으셨다고 하셨다. 아벨의 제사를 하나님께서는 성령 안에서 드린 예배로 보신 것이다.

구체적인 성령의 임재는 기도하는 가운데 이루어진다. 기도는 하나님께 대한 자신의 고백적 간구이다. 부족한 자신의 모습을 보며 하나님께서 받아 주시고 자신의 간구를 들어주시기를 간절히 바라는 게 기도이다. 이를 위해 최선을 다해 마음과 뜻과 정성을 다해 간구하는 것이다.

엘리야가 갈멜산에 제단을 쌓아 놓고 기도 드릴 때 무릎을 꿇고 그 사이에 머리를 대고 간절히 불이 내림과 비가 내림을 기도했을 때 기도는 응하였다. 하늘에서 불이 내려와 흠뻑 젖어있던 장작을 태워 삼켜버렸다. 엘리야가 다시 기도할 때 하늘에서 삼 년 반 만에 큰 비가 내렸다.

기도는 자신의 마음을 그냥 다스리는 정신 수양의 묵상이 아니다. 간구한대로 이루어지는 하나님께서 긍휼을 베푸시는 역사이다. 기도는 중요한 성령의 통로다.

예수님께서 말씀하신 대로 순종하여 마가 다락방에 모여 십일 간 전혀 기도에 힘쓰던 백이 십 성도들이 성령을 받았다. 불의 혀같이 성령이 임하여 언어가 다른 각 나라에서 왔던 성도들이 각각 제 나라의 말을 했는데 다들 이해하는 기적이 일어났다. 성령을 받자 두려움과 회의가 사라지고 새 힘을 얻어 선교의 불이 타올랐던 것이다.

신령하게 드리는 예배는 반드시 성령이 역사하여 기도의 내용을 이루심으로 하나님께서 살아 계심을 구체적으로 증거하는 것이다. 그러니 신령하게 예배를 드리는 자는 자기 생각나는 대로 드리는 게 아니라 성령의 감동을 받아 드리는 것이다. 신령으로 드리는 영적 예배란 성령의 감동, 감화로 드려지는 예배를 의미한다. 그저 생각나는 대로 자기 나름 대로 드리는 게 아니다. 성령을 통해 자기 자신을 번제물로 드리는 거룩한 하나님을 향한 간구이다.

또한, '진정으로' 예배 드려야 한다. 진정은 진리라는 의미이다.

하나님은 진리 자체이시다(시 31:5). 하나님은 진실하시며 공의로우시다. 진리의 하나님이시기에 그렇다. 하나님께서 하시는 말씀은 하나도 거짓이 없으시다. 하신 말씀은 하나도 땅에 떨어지지 않는다. 모두 빠짐없이 이루어지는 능력의 말씀이다. 하나님의 속성은 말씀하시는 분이시다. 진리의 말씀을 하시고 말씀으로 이루신다. 하나님이 말씀하면 성령을 통하여 역사하신다. 반드시 이루시므로 진리이다.

하나님께서 말씀하신 것 중 이루어지지 않은 것은 하나도 없다. 성경을 통해 말씀하신 일은 다 이루시고 이루실 것이다. 예수님도 진리이다. 예수님도 "나는 진리이다"라고 하였다. 예수님께서 하신 말씀들은 하나도 빠짐없이 다 이루셨다. "죽은 지 삼 일 만에 살아나시리라" 하신 말씀대로 삼일 만에 부활하셨다. 예수님은 "다시 오시리라"고 하셨다. 그 조짐이 하나 둘씩 일어나고 있다. 이럴 때 일수록 성령을 통해 기억나게 하시는 주님의 말씀을 깊이 숙고해야 한다. 주님의 말씀을 수시로 생각나게 하시는 성령의 음성을 듣는 게 살길이다.

예수님은 하나님의 아들이시므로 아버지와 함께 아들도 진리 자체이시다. 성령도 진리의 영이다. 성령은 진리의 영이므로 진리를 이루도록 역사하는 것이다.

예수님께서 승천하신 후 오늘날 교회는 성령이 운행하신다. 성령이 교회들에게 하시는 말씀을 들으라고 하심은 성령이 진리의 영이기 때문이다. 성령은 예수님의 말씀을 기억나게 하며 생각나게 한다.

그러므로 성령의 말씀은 예수님의 말씀과 똑같다. 예수님의 말씀은 아버지 하나님의 말씀을 대언하시는 것이므로 하나님의 말씀과 동일하다. 하나님 아버지와 아들 되시는 예수님과 성령이 교회들에게 하시는 말씀은 동일한 말씀이다.

신령과 진정으로 예배 드리는 자는 성령과 하나님 말씀으로 바르게 드리는 것이다. 이렇게 올바로 예배 드리는 자는 물 즉, 하나님 말씀과 성령으로 거듭난 자이다.

거듭난 자가 하나님께 예배 드릴 자격이 있는 자이다. 물과 성령으로 거듭나지 못한 자는 신령과 진정으로 예배 드릴 수 없는 이치이다. 영이신 하나님께 온전히 예배 드리는 자는 거듭난 사람이기 때문에 가능하다. 하나님의 영이란 성령을 의미하는 바 신령과 진정으로 예배 드리는 자는 스스로 성령으로 드리는지 거짓으로 드리는지 너무도 잘 아는 것이다.

가인이 스스로 교만하게 하나님께서 명령한 첫 성인이 되어 피의 제사를 드려야 함을 알면서도 곡물 제사를 드림으로 저주를 받았던 것이다. 자신의 죄를 회개치 아니하고 하나님 앞에 비진리와 불순종으로 나아갔을 때 하나님은 가인과 그 제사를 열납하지 아니하였다. 불경건과 악령에 사로잡혀 드리는 오늘날 혼잡한 예배를 받지 아니하시는 것과 같다. 거듭나지 아니한 자들이 드리는 예배는 헛된 것이며 울리는 꽹과리에 불과한 것이다. 거듭나지 않은 영은 거짓의 영에 불과하다.

거듭나지 않은 자들이 드리는 예배는 하나님의 응답이 없는 것이다. 거룩한 평안과 영원한 소망이 없는 것이다. 바알 앞에 쌓은 제단에는 불이 내리지 않았음과 같다. 팔백오십 명이나 되는 많은 수의 선지자들이 모였으나 상관이 없었다. 오직 불은 신령과 진정으로 홀로 제사 드린 엘리야의 제단에 불이 내린 것이다. 엘리야는 철저히 하나님의 말씀을 따라 제사를 드림으로 하나님의 응답하심으로 하늘에서 불이 내려 제단의 번제물을 태웠다. 이로써 신령과 진정으로 드리는 예배는 단지 사람의 생각을 따라 경건하니 불경건하니 하는 정도의 차이가 아니라 구체적으로 하나님께서 받으시는지 아니 받으시는지를 명확히 알 수 있는 것이다.

하나님은 영이시니 보이지 않는다고 아무 말이나 다 일리가 있는 듯 해서는 안 된다. "하나님은 영이시라"라는 말은 "하나님은 말씀이시다"라는 말과 같다.

말씀이 보이지 않는다고 아무렇게 해석할 수는 없다. 분명히 말씀을 이해할 수 있기 때문이다. 어떠한 해석도 올바르게 혹은 바르지 않은지도 분별할 수 있다. 거듭난 자는 이해하는 것이 성령을 따라 하는 것인지 자기 나름으로 해석하는 것인지 알 수 있기 때문이다.

예수님의 성품에 참여한 거듭난 사는 겸손한 양심으로 파악하고도 남음이 있는 법이다. 스스로 명석하다고 교만한 이성으로 성경을 가지고 자기의 입장을 변호하는 세대이다. 사탄이 예수님을 미혹할 때 성경을 인용했던 것과 같다. 성경을 인용했다고 다 진리가 아니다. 성경을 가지고 거짓을 합리화시키는 사들이 많다.

성령으로 거듭난 자는 금방 알 수 있다. 신령한 마음으로 판단할 수 있는 것이다. 하나님의 말씀이면 거듭난 자의 양심은 즉각 반응한다. 하나님의 말씀이 아니면 즉각 거부한다. 성령으로 거듭났기에 가능하다. 성령의 사람이라면 그 정도의 분별력은 있기 마련이다.

예수님은 내가 너희에게 이른 말이 영이며 생명이라 하셨다. 제자들에게 친히 하신 말씀이 영이다. 진리의 말씀이 영이다. 이 영은 모호하거나 이상한 소리가 아니다. 예수님께서 직접 하신 말씀이다. 중언부언한 얘기가 아니고 방언도 아니다. 친히 나사로에게 무덤의 문을 열고 "나오라" 하신 분명한 말씀이다. 나왔으면 좋겠다는 바람이 아니라 나사로에게 나오라는 명령이다. 이는 구체적이며 명확한 말씀이다. 누구나 들어도 똑같은 분명한 명령이다. 나오면 좋고 안 나와도 좋은 불명확한 소리가 아니다.

나와야 예수님의 영적 권위가 서는 분명한 메시지다. 안 나오면 명령은 우습게 되며 예수님은 우스운 사람이 되고마는 무서운 명령이다. 죽은 나사로가 무덤에서 나오지 않으면 예수님은 아무것도 아닌 자가 되는 순간이다.

그런데 나사로는 죽은 지 나흘이나 되어 냄새가 났는데도 붕대를 감은 채 무덤에서 걸어 나왔다. 주님께서 하신 말씀이 눈앞에서 이루어지는 광경이 펼쳐진 놀라운 일이 벌어졌다. 죽은 자가 살아났다. 이 최첨단 과학시대에도 일어나지 않는 사건이 일어난 것이다. 예수님의 말씀은 진리의 영이다. 말씀하신 대로 이루어지는 진리의 말씀이다.

이 진리의 영은 생명이다. 육적인 생명이기 보다는 영생의 말씀이다. 영생을 주는 생명의 말씀이라는 뜻이다. 인간의 말은 아무리 능력이 있다 해도 죽은 자를 살아나게는 못한다. 오직 예수님의 말씀만이 생명을 주되 그 영혼에 영생을 줄 수 있는 것이다.

살리는 것은 영이다. 영인 주님의 말씀만이 죽은 자를 살릴 수 있다. 육의 말은 죽은 자를 살릴 수 없다. 육은 육일 뿐이다. 영인 성령만이 살릴 수 있다. 진리의 영인 성령만이 교회들에게 말씀하사 죽은 영혼을 살려 내는 것이다.

예수님의 말씀은 진리로서 성령의 역사를 통하여 죽어가는 영혼을 살려내는 것이다. 살리는 것은 영인 바 진리의 말씀이신 주님의 말씀으로 죽어가던 영혼이 힘을 얻어 사망을 이겨내는 것이다. 주님의 말씀은 죽어가는 영혼을 살려내는 힘의 영이다. 이는 의문으로 하는 게 아니라 살리는 영으로 하는 역사이다. 의문으로 하는 일은 단지 인간의 무능력한 행동일 뿐이다. 한 영혼도 살릴 수 없는 인간의 헛된 노력일 따름이다. 성령으로 해야 죽은 영혼을 살려낼 수 있는 법이다. 성령이 아니고는 그 어떠한 영혼도 살려 낼 수가 없다.

육으로 난 것은 육일 뿐이다. 육으로 난 것이 생명이 될 수 없다. 영생할 수 없다는 말이다. 오직 성령으로 난 것만이 생명이며 영생의 길로 나아갈 수 있다. 바람같이 다가와 우리의 심령에 감화를 주어 우리를 일으키시는 성령이 역사할 때 죽은 심령은 감화를 받아 일어나는 것이다. 베드로의 고백같이 영생의 말씀이 여기 있는데 어디로 가겠느냐고 하는 것이다. 영생을 줄 수 있는 건 영생의 말씀 밖에는 있을 수 없다.

생명은 귀한 것이다. 이 세상에서 사람의 생명 보다 귀한 것은 없다. 천하보다 귀한 생명이다. 이 사람의 생명을 살리는 일 보다 더 귀한 일은 없다. 이 살리는 일은 예수님의 말씀 이외는 없다. 살려내어 영생을 주는 말씀이기에 중요하다. 예수님의 말씀이 곧 영이요 생명이며 영생이다. 예수님을 믿는 자는 죽어도 살리라고 하신 이유이다. 육은 비록 죽지만 **결국은** 영혼이 살기에 육도 신령한 몸으로 다시 사는 것이다.

예수님이 이른 말이 '영'이다.

영이라고 하신 것은 성령을 이름이다. 예수님의 말씀은 진리의 성령의 말씀과 동일하다. 속성이 영원하며 진실하다. 영생의 성령이며 영생의 말씀이다. 주님의 말씀으로 난 것은 영생의 거듭남이며 성령으로 난 것도 영이다. 성령으로 거듭나는 것이다. 성령으로 거듭나지 않은 것은 참으로 거듭난 게 아니다. 착각이며 거짓이다. 바람같이 성령의 감화로 주님의 말씀이 들려질 때 거듭나는 역사가 불일 듯 일어나게 되는 것이다.

거듭나는 역사는 분명한 새로운 탄생이며 거듭난 자는 누구나 체험하는 거룩한 탄생이다. 모호한 이상한 탄생이 아니라 확실하며 불가항력적인 영적인 탄생이다. 이 혼란한 말세에 가장 중요한 일이 바로 거듭나는 일이다. 이보다 더 시급한 문제는 없다. 세속에 빠져 욕망을 탐닉하는 자들에게는 크게 상관없는지는 모른다.

하지만 진지하게 자신의 생애를 조금이나마 성찰한다면 거듭남은 최대 중요한 일임을 금방 알 수가 있다. 영이며 생명인 주님의 말씀을 듣고 상고하여 성령의 역사로 거듭나는 일은 그야말로 가장 시급하며 중대한 것임을 인식해야 할 것이다.

제5장

거듭남의 삶

1. 씨

씨는 하나님의 말씀이다. 예수님이 우리에게 이른 말이 영이요 생명이다. 예수님의 말씀은 생명의 씨이며 거듭남의 씨이다. 예수님은 씨 뿌리는 비유에서 천국을 비유로 말씀하셨다.

땅에는 좋은 땅과 나쁜 땅이 있다. 나쁜 땅에는 길가와 돌 짝 밭과 가시나무 밭이 있다. 나쁜 땅에 떨어진 씨는 아무리 종자가 좋아도 결실을 이루지 못한다. 길가에 뿌려지면 새들이 와서 쪼아 버리니 농사가 허사다. 돌멩이 밭에 뿌려지면 뿌리를 내리지 못하여 자라지 못한다. 가시 떨기에 뿌려지면 자라기는 하는데 그늘에 가려 열매를 맺지 못한다. 나쁜 땅에 뿌려진 결과는 아무런 소득이 없는 것이다.

반면 좋은 땅에 뿌려진 씨는 삼십 배, 육십 배, 백 배의 수확을 거둔다. 좋은 땅은 농부가 물을 수시로 주고 빛도 잘 비추게 해 주니 잘 자랄 수밖에 없다. 천국은 마치 좋은 땅에 뿌려진 씨가 많은 결실을 맺듯이 풍성한 곳이다.

씨에는 좋은 씨와 나쁜 씨가 있다. 좋은 씨는 농부에게 이익을 준다. 많은 알곡들을 맺으므로 수확의 기쁨을 충분히 준다. 반면 나쁜 씨는 가라지이다. 원수가 시기하여 잠자는 밤 사이에 몰래 뿌려 놓았다. 모든 자양분을 빨아먹어 농사를 망치게 한다. 천국에 가고자 하는 심령에 온갖 방해를 해서 가지 못하게 하는 것이다. 좋은 땅에 뿌려진 좋은 씨는 잘 자라게 되어 있다. 무럭무럭 자라 듯 가을에는 삼십 배, 육십 배, 백 배의 결실을 얻는다.

씨가 자라 듯 하나님의 말씀은 자라는 특징이 있다. 믿음은 자란다. 자라지 않는다면 문제가 있다. 마귀 원수가 개입하여 성장을 가로 막았기에 그렇다. 씨가 심겨지면 싹이 나고 줄기가 자라고 **결국에는** 열매를 맺는다. 하나님 말씀의 씨도 마음 밭에 심겨지면 자라게 되어 있다. 겨자씨는 나중에 나무로 자라 공중의 새들이 깃들 정도로 크게 자란다. 짐승들이 쉬어갈 정도로 엄청나게 자란다. 하나님의 말씀도 크게 성장한다. 젖먹이 씨가 자라 장성한 자가 된다.

생명은 자란다. 살아있는 말씀은 마음에 자라 싹을 내고 나중에는 성숙한 자가 된다. 작은 말씀이 성령의 은혜 역사하심으로 무럭무럭 자라서 장성하게 된다. 하나님의 예정하심을 받은 자는 거듭나는 말씀을 받아 거룩한 의롭다 하심을 받는 믿음의 사람으로 자란다. 세속화되었던 자가 회개한 후 하나님의 양자가 되는 특권을 누린다. 거룩한 성화를 이루어 어떠한 상황에서도 끊을 수 없는 하나님의 사랑의 견인을 이룬다.

결국에는 하나님께 영화를 돌리는 장성한 자가 되는 데까지 이른다. 온전한 구원에 이르는 여정은 한결 같은 성령의 은혜로운 역사로 가능하다. 좋은 밭에 뿌려진 좋은 씨가 반드시 자라 열매를 맺듯 좋은 마음 밭에 뿌려진 하나님의 말씀은 반드시 구원을 이룬다.

거듭남의 씨도 마찬가지다. 한 번 뿌려진 거듭남의 말씀은 사리지지 아니하고 잘 자라 완전한 구원을 이루는 것이다. 이 거룩한 일을 위하여 예수님께서 니고데모에게 성경을 풀어주신 것이다.

매듭이 꼬여 성경이 풀리지 않던 니고데모에게 성경의 매듭을 풀어주지 전광석과 같이 그는 성경의 의미를 파악하였다. 민수기가 풀리며 바람 같은 성령의 역사로 놋뱀이 말하는 거듭남에 관한 의문이 해소되었다. 속사람이 성경을 이해하며 실타래가 풀리는 거듭나는 체험을 하게 되었다. 서서히 싹이 움트고 줄기가 자라게 된 것이다.

거듭남의 씨도 하나님 말씀이다. 하나님의 말씀은 생명 자체이다. 생명이기에 자라는 성질이 있다. 생명은 자란다. 딱딱한 아스팔트라도 틈만 있다면 생명이 있는 풀은 산다. 아무리 못된 자라도 일말의 양심을 가지고 예수님을 만나고자 한다면 긍휼의 주님은 마다 하지 않으시고 불쌍히 여겨 주신다. 주님의 은혜이다.

거듭남은 누구의 전유물이 아니다. 누구든지 주님의 은혜를 사모하는 자라면 주께서 허락하시는 거룩한 선물이다. 그리하여 아무리 작은 말씀이라도 바라는 자의 마음에 떨어진다면 왕성하게 자라 결실하게 된다.

거듭남의 씨는 하나님의 생명의 말씀이다. 하나님의 말씀은 죄인을 거듭나게 하는 원천이다. 씨와 같이 하나님의 말씀이 우리들 마음에 뿌려지면 거듭나는 싹이 움트게 된다.

거듭남의 말씀이 뿌려지면 거듭나는 역사가 일어난다. 생명의 씨이기 때문이다. 생명은 자라게 되어 있다. 거듭난 자는 그 믿음의 말씀이 자라나게 되어 성숙한 자가 되는 것이다. 생명이 다시 태어났으니 어린아이가 자라듯 거듭난 생명은 자라는 것이다.

주님을 만나 새 생명을 얻은 자는 거룩한 생명으로 다시 자라게 된다. 어린 생명이 자라듯 거듭난 생명은 거룩하게 자라게 되어 있다. 천국에서 태어난 생명이므로 천국의 사람으로 자란다. 속사람이 하늘의 기쁨과 소망으로 자라게 된다.

하나님 나라의 백성으로 거룩한 기쁨과 소망으로 자란다. 세속적인 기쁨과 소망이 아닌 하늘의 말씀으로 백 배의 기쁨과 소망으로 자란다. 길가나 돌밭에 떨어지지 않고 옥토에 뿌려졌으니 힘차게 자라나는 것이다. 하나님 나라를 보며 그 나라에 들어갈 소망으로 자라게 된다. 주님을 만나 주님의 말씀을 성령으로 들은 자는 그 믿음이 자라나게 되어 있다. 하나님 나라 백성의 기질로 자라는 것이다.

그런데 바울은 거듭나는 말씀에는 두 종류의 씨가 있다고 하였다(벧전 1:23). 같은 하나님의 말씀일지라도 사람의 말로 들으면 그들은 말씀은 썩어지게 된다. 하나님의 말씀을 사람의 계명으로 들으면 그 말씀은 소용없는 것이 된다.

하나님의 말씀을 하나님의 계명으로 들어야 한다. 거듭나게 하는 하나님의 말씀을 사람의 말로 듣게 되면 성령이 역사하지 않게 됨으로 썩어지는 말씀이 되고 만다. 하나님의 말씀이라도 잘못 해석하면 오히려 약이 되지 않고 우리 영혼에 독이 되는 것이다.

하나님의 말씀을 사사로이 풀어 대는 이 시대 정말 주의해야 할 필요가 있는 부분이다. 자의적으로 하나님의 말씀을 푼다는 자들이 문제다. 성령의 감동 없이 성경을 푸니 하나님의 능력도 나타나지 아니하고 성경도 시원하게 풀지 못한다. 제멋대로 해석하다 사탄의 올무에 걸려 마귀의 앞잡이가 될 뿐이다.

성경을 오해하고도 오해한 줄도 모르고 떠드는 세상이다. 많은 말씀들은 쏟아지는데 진정 마실 물은 없는 갈한 시대이다. 넘쳐나는 설교들은 홍수같이 쏟아지는데, 진정 들을만한 영혼의 생수가 없는 게 문제다. 거듭나지도 않은 자들이 성경 좀 봤다고 가르친다며 설쳐대니 그렇다.

성령의 감동, 감화 없이 성경을 머리로만 보고 다 아는 듯 큰 소리를 치니 세상이 어지러운 것이다. 하나님의 말씀은 영원히 썩지 않는 말씀인데 인간들이 흙탕물을 튕기고 어지럽히는 것이다.

하나님의 말씀으로 거듭난 자는 그 생각과 말이 말씀을 중심으로 변하는 것은 당연한 일이다. 말과 행위가 하늘로서 난 사람처럼 거룩한 자로 바뀌는 것이다. 그렇지 않고 말은 성경 이야기를 하는데 행위는 세속사람과 별반 다르지 않다면 사실 거듭난 자라 할 수 없다. 관념적으로만 거듭난 것이지 실은 거듭난 게 아니다.

이러한 추상적으로만 거듭났다고 하는 자들이 차고 넘치는 게 현대 교회의 문제점이다. 머리로만 성경을 통달한 것처럼 공부하여 스스로 영지수의나 관념주의에 빠진 자들이 많다. 현대 지식 사회에서 성경을 지식적으로만 파악하여 스스로 깨달은 줄 알고 바리새인같이 된 자들이 허다하다. 성령의 역사가 없으므로 감동, 감화 없이 스스로 거듭난 줄로 착각하고 라오디게아 교인같이 살아가는 것이다.

옛 뱀이 아담을 속여 타락하게 했듯이 영지주의는 많은 자들로 하여금 성령으로 진리를 깨달았다고 착각하게 만든다. 뱀은 아담에게 선악과를 먹으면 하나님같이 지혜롭게 되리라 하면서 타락시켰다. 교만의 영으로 거짓말을 하여 아담으로 범죄하게 하였다.

영지주의도 마찬가지다. 고도의 성경 지식으로 교만하게 하여 인간을 악한 지혜로 타락시키는 것이다. 니골라 당과 같이 헛된 사설로 인간의 욕망을 자극시켜 진리에서 떠나게 하는 것이다. 되지도 않는 지혜를 소유하게 되었다고 착각하게 만들어 비진리의 거짓으로 범죄하게 하는 것이다. 굉장히 영적으로 우월한 사상을 가진 것처럼 착각하게 만들어 교만해지게 하고 마귀의 밥이 되게 하는 것이다.

현대 지식은 현대인들로 하여금 타락한 이성의 추구를 진리 탐구 인양 착각하게 만들어 버렸다. 고도의 성경지식으로 새로운 진리를 터득한 것처럼 유혹하여 자신도 알 수 없는 관념주의에 빠지게 만들고 말았다. 아는 건 많은데 생명 없는 성경 지식이 믿음인 줄 착각하는 게 절망이다. 과학만능주의로 인하여 관념주의는 더욱 정교하게 가다듬고 있다. 고도의 이론이 진리인 줄 착각하게 하며 과학으로 증명하는 것 같이 하여 혼란을 가중시키고 있다.

플라톤의 이데아론 같이 실재하지 않는 관념을 실재하는 것처럼 만들고 있다. 그러면서 이처럼 말하며 성경을 멋대로 짜깁기하는 것이다.

어떻게 죽은 자가 살아나?
전부 다 예수님이 권능자임을 과장하려는 것이지?
실상 살아나지 않아도 그렇게 믿으면 좋은 거지?

덧붙여 과학으로 증명한다고 그럴싸하게 설명하며 성경을 분해하고 있다.

그런데 이러한 고도의 성경 해석 지식은 아무런 힘도 발휘하지 못하는데 문제가 있다. 성경을 자신만이 해석한다고 자부할 지는 모르지만 실재적으로 죽은 자가 살아나지 못하니 능력이 없는 것이다.

이러한 인간주의 성경 해석은 죽은 씨이다.

그러니 아무리 성경 공부를 하여도 실질적인 능력이 나타나시 않는 게 허점이다. 주님의 거룩한 깨달음도 느끼지 못하며 주님의 그윽한 평안도 느끼지 못하며 시간만 낭비하는 것이다. 주님이 주시는 하늘의 위로의 소리 없이 다가오는 따스함도 체험하지 못한다. 그저 자신들의 지적 욕구나 스스로 채워나갈 따름이다.

스스로들 죽인 말씀을 진리라고 상고한다고 하니 꼭 라오디게아 교인들 같이 곤고하고 가련한 영혼들이다. 겉은 화려한 지적 이력과 품위 나는 옷은 입었지만 벌거벗은 자들이다. 인본주의의 한계만 드러날 뿐이다. 안약을 발라 눈병을 치료해야 하건만 시력이 2.0이라고 아무 문제가 없다 하니 어려운 일이다.

인간이 무엇이기에 영생을 줄 수 있겠는가?

인간은 유한한 존재에 불과할 따름이다. 그걸 깨닫지 못하면 탐욕인 우상 숭배에 빠져 영원히 심판 받을 대상으로 전락할 뿐이다. 성령이 개입할 여지를 주지 아니하고 교만에 빠져 말 놀이의 유희에 더 깊이 들어가 회개할 기회마저 박탈당하고 말 뿐이다. 스스로 부요하다고 수백만 달러가 있으니 아무 걱정 없다고 큰 소리칠 지는 모르지만 날라가는 휴지처럼 돈이 사라질 때 가슴을 치며 후회하여도 아무런 소용도 없게 될 것이다.

유명한 선지자가 지구를 수십 차례 돌며 전도했다 해도 실은 영적 불륜녀를 만나려고 했던 게 아니냐고 주님이 책망하시면 어찌 고개를 들어 변명이나 하겠는가?

회개할 일이다. 죽은 씨를 뿌려 놓고는 싹이 날 걸 기다리는 라오디게아 교인들을 향하여 주님은 회개하라고 책망하는 소리를 들어야 한다. 그렇지 않고는 다 쓸어 담아 넓은 지옥 문으로 던져 버리실 것이다. 교만해진 말들을 하나님 말씀이라고 떠들고 있으니 생명이 살아날 길이 없는 건 당연한 일이다.

회개하지 않으면 니골라의 운명을 따라 갈 수 밖에 다른 도리는 없다. 겉만 교회인 현대 교회는 속을 냉철하게 숙고하고 살길을 찾아야 한다. 그리곤 살아있는 씨를 뿌려 새 생명이 자라는 주님의 기쁨을 누릴 일이다. 사람의 지혜로 하지 말고 주님의 지혜로 할 일이다.

거듭남은 인간의 훌륭한 말로 되는 게 아니라 하나님의 말씀인 썩지 아니할 씨로 되는 것이다. 생명의 씨가 생명을 움트게 하지 죽은 씨는 제아무리 물을 줘도 싹이 트이지 않는다. 썩어가는 인간의 말로는 그 누구도 거듭나게 하지 못한다. 오직 예수님의 말씀만이 죄인을 거듭나게 한다. 예수님의 말씀은 하나님의 말씀과 동일하다.

하나님의 말씀은 거듭남의 원천이다. 하나님의 말씀은 하나님과 그 본질상 같다. 태초에 말씀이 계셨는데 그 말씀이 곧 하나님이라고 하였다. 그 속성이 영원하고 완전하다는 의미다. 하나님의 말씀은 영원하고 완전하다. 거듭나게 하는 말씀도 오늘 지금도 똑같다. 거듭나기를 갈망하는 자는 그 누구라도 거듭날 수 있다. 단지 오늘날 사람들의 관심은 거듭남이 아니라 세상 부귀 영화인 게 걸림돌이다. 예수님이 천국 가는 길이 좁은 길이며 좁은 문이라 하신 이유다. 주님은 거듭남의 문을 두드리는 데도 문을 열지 않는 군상들이다.

거듭나야 영원히 살 수가 있다. 다시 죽음을 맛보지 않아도 된다. 그렇건만 오늘 인생들은 뭐가 그리 바쁜지 거듭남의 진리에 귀를 기울이지 않는다. 썩을 양식에만 매진하는 모습이다. 하나님의 말씀은 죽어가는 인간의 영혼을 살려내는 말씀이다. 죄와 허물로 죽었던 본성을 살려 내어 예수님의 생명을 소유하는 거룩한 말씀이다.

하나님의 말씀에 성령이 역사할 때 영혼은 거듭나게 된다. 씨에 물을 주고 햇빛을 주어야 자라 듯 성령이 역사할 때 영혼은 거듭나게 된다. 성령이 역사하여 주님의 말씀을 기억나게 하고 생각나게 하여 감동, 감화를 받으면 거듭나게 되는 것이다. 씨가 발아하 듯 하나님의 말씀을 확연히 깨닫고 믿고 회개하여 거듭나게 된다. 거듭남의 원천인 하나님의 말씀이 역동적으로 역사하는 것이다.

거듭남의 씨는 하나님의 말씀이다. 하나님의 말씀은 죄인을 거듭나게 하는 원천이다. 씨와 같이 하나님의 말씀이 우리들 마음에 뿌려지면 거듭나는 싹이 움트게 된다. 거듭남의 말씀이 뿌려지면 거듭나는 역사가 일어난다. 생수의 근원은 하나님이시다. 거듭남의 원천은 하나님의 말씀이다. 예수님의 말씀이 니고데모를 거듭나게 하였다. 예수님의 말씀이 거듭남의 근거다.

예수님께서 이르신 말씀이 죄인을 거듭나게 한다. 거듭남의 씨가 되어 믿음의 성정을 이루게 한다. 죽어있던 영혼을 살려내어 새 생명을 갖게 한다. 씨가 움을 트 듯 예수님의 말씀은 좋은 밭에 떨어져 거듭남의 싹을 틔우는 것이다. 죽은 영혼을 살려내어 하나님의 나라를 소망하는 새로운 사람을 창조하는 것이다.

　이는 바람 같은 성령의 역사로 이루어지는 위로부터 내려오는 하나님의 은혜이다. 사모하는 자에게 주시는 하늘의 선물이다. 거듭남으로 하나님의 나라를 보는 예수님의 특권이다.

2. 풀이

　예수님께서는 거듭나지 못하여 답답한 심령으로 찾아온 니고데모에게 거듭나야 한다고 성경을 풀어주셨다. 이스라엘의 성경 선생이 "거듭남을 모르면 되겠느냐"고 하셨다. 구약에서 하나님께서 말씀하신 거듭남을 몰라서는 안 된다는 말씀이다.

　"거듭나지 못했기에 심령에 하늘의 평안이 없으니 거듭나야 하리라"고 하셨다. 대화를 하면서 같은 이스라엘의 선생으로 성경을 논하려고 찾아온 그에게 예수님은 거듭나라고 성경을 자세히 풀어주었다. 거듭나야 하나님 나라를 보게 되는 것이다. 구체적으로 하나님의 말씀과 성령으로 거듭나야 하나님의 나라에 들어가게 된다는 것이다.

　니고데모는 구약을 잘못 풀어 거듭나지 못했었다. 그는 "사람이 어떻게 어머니의 뱃속에 다시 들어가서 다시 태어날 수 있느냐"고 반문하였다. 그는 철저히 성경을 육신적인 눈으로 읽었기에 잘못 해석하고 있었다.

　거듭난다는 의미는 사람이 다시 한 번 태어난다는 말이다. 사람이 죽었기에 다시 태어나 살게 되었다는 뜻이다. 사람의 안에 있던 영이 죽었기에 그 영이 새로운 생명을 얻는다는 게 영적 탄생의 거듭남이다.

사람이 다시 태어나 새사람으로 사는 일은 지금까지 인류사에 없었다. 죽었던 사람이 다시 태어나 사는 사람을 본 적이 없다. 죽어서 장례를 치렀는데 다시 살아나서 지금까지 사는 사람은 어디에도 없다. 죽으면 다시 볼 수가 없다. 육체로 죽어서 다시 태어났다는 말을 들어본 적이 없다. 다 죽었다는 말이다. 그것이 현실에서의 사람의 모습이다. 죽은 사람은 그것으로 끝이다.

그러므로 여기서 말하는 거듭남이란 육체의 소성을 말하는 게 아니다. 육체는 죽은 것 같았지만 다시 살아난다 해도 얼마 못가 죽게 되어 있다.

그런데 놀랍게도 옛날부터 사람의 영혼은 죽지 않고 산다는 전해오는 말이 많았다. 그 사람의 혼이 돌아왔다느니 죽었던 부모님의 얼굴을 보았다느니 죽었었던 분이 나타나 나에게 중요한 말을 했다는 등 사람의 영혼은 죽는 게 아니고 영원하다는 증언들이 많다. 죽었던 개가 나타나 말을 했다는 이야기는 듣지 못했다. 개도 생각을 한다. 그러나 개의 영혼이 영원하다는 얘기는 없다.

사람과의 차이이다. 개는 죽으면 끝나지만 사람은 좋은 일을 했던 자는 극락 세상으로 못된 짓만 골라 했던 자는 지옥으로 갔다고들 말한다. 우연이라고 하기는 어렵다. 희미하나마 옛날 분들이 살아가면서 체험했던 일들이므로 가치가 있다. 죽으면 끝이라고 무시하기에는 너무 많은 옛날 분들의 증언이 많다. 그래서 사람은 죽어서 이름을 남겨야 한다고 하였다.

영원히 살지 않는다면 그 이름이 남는 게 뭐 그리 대수겠는가!

어렴풋이 사람의 가치가 영원할 수 있기에 선한 일을 하고 선한 사람이 되라고 평생을 교육했을 것으로 본다. 사람과 개의 차이는 여러 가지 있겠지만 그중 가장 다른 게 있다면 사람에게는 영이 있으나 개에게는 혼은 있지만 영이 없다는 사실이다. 개도 사고를 한다. 그러나 개가 하나님을 믿는다는 이야기는 들어 본 적이 없다. 이 이유는 개도 생각을 할 수 있지만 사고력이 극히 적어서 하나님을 인식하지 못하는 게 아니고 영이 없으므로 믿을 수가 없다. 그 이유는 하나님께서 개에 영을 주시어 하나님을 믿게 하지 않았기 때문이다.

하나님이 오직 사람에게만 특히, 믿는 사람에게 영을 주시어 하나님 앞에 나오는 길을 열어 주었는 데 이를 말하여 거듭난 사람이라 한다. 거듭났다는 말은 하나님께서 주신 영을 받으므로 하나님과 교통할 수 있게 되었는바 이를 영이 거듭났다고 하는 것이다.

사람이 태어나려면 요건이 충족되어야 태어날 수가 있다. 상식적으로만 봐도 잉태되기 위해서 적어도 성년 남녀가 동침을 해야 아기가 잉태될 수 있다. 남녀가 모두 건강해야 하고 난자와 정자가 튼튼해야 한다. 난자와 정자가 어미 모태의 자궁에 착상 되어야 잉태 가능하다. 자궁 밖이나 아무데서나 임신이 되는 게 아니다. 적어도 임신의 필요한 최소한도의 요건이나 환경이 조성되어 있어야 잉태가 가능하다.

이같이 영적인 새 생명도 구체적인 환경이 만들어져야 영적 출생이 가능하다. 즉, 영혼 그 가운데서도 살아있는 혼이 방황하고 있을 때 답답하여 자신의 혼을 만족시킬 무언가를 찾고 있을 경우가 중요하다. 자신의 영혼의 갈급함을 채워 줄 누군가를 만나기를 소망하고 있을 때 주님의 영은 그 갈급한 혼에 다가오시기 때문이다. 갈급한 혼이 이 생각 저 생각 방황하며 절박한 심정으로 헤매고 있을 때 성령은 그 혼을 불쌍히 여기고 찾아와 만나시기를 원하신다.

예수님의 육체는 보지 못하지만 영혼이라는 영적인 세계에서는 시공간을 초월하여 예수님이 보낸 성령은 거듭남의 영적 탄생을 도와주고 계시다. 영적인 새 생명이 탄생하기 위해서는 갈급한 심령의 사람과 성령의 만남이 필요하다. 이 성령과의 만남은 성경을 통하여 가능하다. 성경은 예수님의 증거를 기록한 사건으로 사람의 혼이 거듭나게 하기에 필요하고도 충족한 책이다.

성경은 예수님의 증거의 말씀이 기록되어 있으므로 성경의 말씀과 내 혼의 생각이 일치되면 충분히 거듭남의 역사가 이루어 질 수가 있다. 갈급한 혼과 성령이 만나게 되면 인간의 생각을 뛰어 넘는 영적 잉태의 사건은 가능하고도 남는 일이 된다. 성령은 시공간을 초월하는 예수님께서 말씀하사 하나님께서 보내신 성령이기 때문이다. 성령의 역사는 다양한 방법으로 역사하시기 때문에 여러 가지 다양한 형태로 갈급한 혼에 활동하사 거듭나게 하신다.

사람은 겉으로 보이는 육신과 눈에 보이지 않는 영혼으로 구성되어 있다. 예수님은 크게 육체와 영혼으로 구분하시어 말씀하셨다. 범죄한 육체의 손을 찍어 버리고 천국에 가는 것이 백 번 낫다고 하셨다(마 18:8).

이를 바울은 세분하여 영혼은 영과 혼으로 이루어져 있다고 하였다(살전 5:23). 사람은 태어날 때부터 영과 혼을 가지고 태어났지만 영은 죽은 상태로 태어났다고 할 수 있다. 아이가 태어나자마자 하나님을 찾아 경배하는 게 아니라 자라서 자의적으로 하나님을 경배하는 자가 되었을 때 영으로 예배 드린다고 할 수 있다.

하나님의 음성을 듣고 예배 드리는 일은 아브라함이 하나님의 음성을 듣고 믿음으로 순종했을 때에야 비로소 영적 예배를 드렸다고 할 수 있다.

그 이전 하나님을 모르고 우상을 숭배할 때의 아브람은 영적으로 거듭난 상태가 아니었다. 혼적으로 살아가던 시절이었다. 하나님의 부르심을 따라 하나님의 음성을 듣고 순종하여 갈대아 우르를 떠나기 시작했을 때 거듭난 믿음의 시작이 이루어진 것이다. 아담의 불순종의 후예로 태어난 사람은 누가 시킨 것도 아닌데 어려서부터 거짓말하고 못된 습성을 따라 가는 것을 보면 인간은 태어나면서부터 누구나가 하나님의 영적 사람이라고 하기는 어렵다.

혼은 살아서 별 생각을 할 수 있을지 모르지만 영은 죽어서 하나님과는 긴밀한 교제를 나누지 못하는 존재임은 틀림없다. 이는 영적으로는 하나님과 멀리 떠나 있는 영이 죽은 상태임을 말하고 있다.

거듭난다는 말은 태어날 때부터 성령 없이 태어났던 사람이 자라다가 예수님을 만나 예수님의 영으로 다시 태어나 하나님께 예배하는 사람으로 다시 그 죽었던 영이 살아난 사람이 되는 것을 뜻한다. 이 거듭나는 일은 예수님과의 깊은 만남이 있어야 되는 일이다. 니고데모도 거듭나지 못한 상태에서 예수님을 만났다. 그러한 영적 상태를 보시고 거듭나야 한다고 말씀하셨다.

민수기 21장의 말씀을 풀어주심으로 바람 같은 성령의 강력한 역사로 니고데모는 거듭나게 되었다. 니고데모는 민21장은 잘 알았지만 그 의미를 잘 몰랐다. 예수님께서 민수기를 풀기 전까지는 알 수가 없었다. 예수님께서 민수기를 푸실 때 바람같이 성령이 감동을 주어 그는 놋뱀을 쳐다보는 게 바로 예수님의 말씀을 믿는 것임을 깨닫게 되었다.

하나님께서 구약을 허락하신 것은 전적으로 아들 예수 그리스도를 알게 하려 하심이다. 구약의 중심은 예수 그리스도이다. 구약의 말씀은 아들을 예언하고 성취하는데 그 모든 게 있다 해도 과언이 아니다. 하나님께서는 구약의 말씀을 통하여 예수 그리스도를 발견하기를 원하셨다. 니고데모는 구약을 통하여 눈앞에 계신 이가 약속하신 그리스도이심을 발견하지 못하고 단지 거룩한 능력 있는 선생 정도로 인식하고 있었다.

그러니 구약이 풀리지 않았고 거듭남이 어떤 것인 줄도 몰랐다. 민수기 21장의 광야 사건은 잘 알면서도 그 놋뱀이 무엇을 의미하는지 그 이면적 뜻을 알지 못했다. 하나님 나라를 보지도 못했고 볼 수도 없었다. 그저 성경에 능통하고 율법을 잘 준행하고 있으니 천국에는 갈 것으로 생각하고 있었다. 성경을 하나님의 뜻대로 풀어주는 이가 없으니 당연한 결과였다. 머리로는 다 잘 알고 있었지만 본인이 거듭난 적이 없는 게 문제였다.

거듭나는 성령의 역사가 체험되지 않고 있었다. 제대로 성경이 풀렸다면 당연히 그는 거듭나야 했었다. 하지만 그는 성경의 말씀을 제대로 풀 수 없었다. 구약에서 말씀하시는 예수님이 그리스도이심을 풀 수 없었기 때문이다. 구약을 장로의 전통으로만 풀었기에 그렇다. 인간적으로 표면적으로 해석하고자 했으니 심령은 메마르고 영혼은 피곤하였다. 그러한 그의 상태를 보시고 예수님은 구약을 제대로 풀어 줌으로 바람 같은 성령의 역사를 일으킨다.

인간의 해석으로는 성경은 성령의 감동, 감화 하심을 이끌어 낼 수가 없다. 인간의 이성은 죄와 허물로 이미 타락한 상태이기 때문이다. 성령의 역사가 일어나야 말씀의 이면적 의미를 파악할 수 있고 예수님이 하나님의 아들이며 그리스도이심이 믿어질 수 있다.

그렇지 아니하면 어떻게 나사렛 예수가 그리스도인가 하는 의심과 의문만 꼬리를 물고 일어날 뿐이다. 초라하며 맥없이 죽어간 예수가 나하고 무슨 관계가 있다고 그리스도인가 하는 반문만 일어나기 마련이다. 왕으로서의 권위를 드러낸 것도 없고 재벌로 나눠준 돈도 없는 그저 병자들과 죄인들과 살아가던 나사렛 예수가 어떻게 나의 죄를 사해 준다는 말인가 있을 수 없는 공상 만화에 불과한 일이다.

구약에서 말하는 하나님의 말씀은 예수가 그리스도임을 말하는데도 말이다. 창세 전에 감추어 두셨던 큰 비밀이 예수 그리스도인데도 믿어질 수가 없다. 현실적인 예수에게 하늘의 왕으로서의 권세가 구체적으로 드러나지 않기에 그렇다. 힘없이 십자가에 매달린 죄인 예수가 나의 미래를 책임진다는 게 알 수도 없고 믿어지지 않는다, 그런데도 하나님은 구약에서 이 나약하게 보이는 사람의 아들이 실상은 하나님의 아들이라고 그게 비밀이라고 하는 것이다.

이는 사람의 이성으로는 이해가 되지 않으나 성령의 조명을 받으면 깨달아 지는 진리라고 하는 것이다. 이를 믿을 수 있도록 가르쳐 알게 하는 게 성경 풀이의 핵심이다. 이는 추상적 사색적 논리가 아니라 성령의 감동을 통해 위로부터 내리는 역사이다. 생각지도 않게 바람이 불듯 성령의 바람이 불어서 보고 있던 성경 말씀이 깨달아지는 것이다. 니고데모가 민수기 21장의 말씀을 예수님이 말씀하실 때 가졌던 놀라운 거듭남의 성경 풀이였다.

성경 말씀은 예수님이 그리스도임을 확증하는 데 중점을 두고 있다. 예수 그리스도를 알고 믿어야 거듭남의 사건은 일어난다. 예수님이 그리스도이심이 믿어지지 않으면 거듭남은 발생하지 않는다. 요사이 저마다 재림 예수라는 자들이 여기저기 나타나는데 이야말로 성경을 오용하는 타락한 성경 풀이들이다. 예수님께서 말세에 일어날 징조로 거짓 그리스도들이 나타날 것이라고 하셨는데 어김없이 현상들이 일어날 뿐이다. 나사렛 예수님만이 다시 온다. 구약에 예언한 그리스도가 예수님이고 다시 오실 분도 예수님이다.

성경을 푸는 목적은 바로 예수님을 알아 예수가 그리스도임을 알고 믿게 함이다. 베드로가 구체적으로 주는 그리스도시요 살아계신 하나님의 아들이라고 고백한 말씀이 나의 심령에 일어날 때 비로소 영생의 말씀으로 거듭나는 것이다.

성경을 바로 풀어야 심령 가운데 성령이 역사함으로 기쁨과 소망이 생기게 된다. 그렇지 않으면 성경 풀이는 망상이 되고 마귀의 미끼에 걸려 혼돈의 늪에 빠져 버리고 말게 된다. 마귀의 밥이 되는 것이다.

하나님을 아는 것이 영생인데 하나님을 아는 길이 먼저 예수 그리스도를 알아야 한다. 이는 표면적인 성경 풀이로는 인격적인 감화로 이어질 수가 없다. 깊이 말씀을 묵상하고 성경을 상고하며 말씀을 풀 때 깨달아지고 믿어지게 된다. 힘써 성경을 알고자 할 때 성령이 역사하여 그리스도를 통하여 거듭나는 거룩한 기쁨을 소유하게 된다.

성경은 성경으로 풀어야 그 모든 비밀이 풀리며 믿어지게 된다. 모든 성경 말씀에는 감동된 말씀이므로 바로 읽는 자는 감동이 있기 마련이다. 거룩한 감동으로 성경을 대하면 매듭이 풀리듯 성경은 거룩한 감동으로 풀려지게 되어 있다. 관주로 엮여 있는 한 묶음의 구슬이 성경이다. 성령이 우리의 악한 마음을 열고 부드럽게 하면 성경은 풀리게 되어 있다. 성령의 감동 없이 스스로의 머리로만 풀면 머리만 아플 따름이다.

성령의 감동에 따라 성경을 풀면 실타래가 풀리듯 모든 말씀은 다 이해할 수 있는 것이다. 예수 그리스도임을 알면 자연적으로 모든 성경은 풀어지는 것이다. 말씀과 성령으로 거듭나 모든 성경이 열리는 것이다. 젖 먹이 이해에서 자라나 장성한 믿음의 사람이 되는 것이다. 풀리지 않던 성경이 풀리는 환희를 맛보는 것이다. 어렵던 말씀들이 눈 녹듯 풀어지며 물과 피와 성령이 하나가 되는 체험을 하게 된다. 하나님께서 주신 지각으로 말씀들이 이해되어 풀어지며 온전히 말씀으로 새로워지게 된다.

인격적으로 예수님의 온유하고 겸손한 성품을 닮아가게 된다. 예수님 안에 거하는 거듭난 성숙한 사람이 된다. 성령이 마음을 열어 성경을 깨닫게 하시고 하나님께 영광을 돌리는 삶을 살아가게 한다. 성경 말씀이 풀어지므로 하나님의 나라를 보는 영적 눈이 열리게 된다. 성경이 풀어지는 경험은 예수 그리스도를 아는 확증적인 실례이다. 예수 그리스도를 고백하는 체험은 성경을 푸는 핵심적인 일이다. 예수 그리스도가 풀리지 않으면 바로 된 성경 풀이는 불가능하다.

예수님께서 니고데모에게 민수기를 풀어 주신 목적은 그를 살게 하시고자 하심이다. 죄와 허물로 죽어 있던 그를 말씀을 풀어주심으로 거듭나 하나님 나라를 보게 하심이었다. 죽어서 보지 못하던 하나님 나라를 거듭남으로 볼 수 있게 하시고자 하심이었다. 성경을 제대로 봄으로 성경에 이면적으로 감추어져 있던 하나님 나라를 보게 하셨다. 성령이 역사함으로 그는 말씀을 깨닫고 다시 태어날 수 있었다. 보이지 않았던 감추어져 있던 진리를 보며 예수님이 그리스도임을 깨닫게 되었다.

성경을 바르게 풀어주심으로 죄악 된 세상에서 방황하던 그의 영혼을 다시 태어나게 하셨다.

3. 확신

　예수님으로부터 성경을 제대로 풀려 거듭난 니고데모는 확신에 찬 믿음의 삶을 새롭게 영위해 나갔다. 그 증거는 바리새인들 앞에서 예수님을 변호하는 데까지 이르렀다. 예수님에 대한 확신이 없다면 바리새인들 앞에서 변론한다는 일 자체는 있을 수 없는 일이다. 이단의 괴수로 낙인 찍힌 예수를 좋게 언급하는 자체가 위험한 일이다. 잘못하면 출회라는 무서운 선고를 받을 수 있다. 당시 유대교에서 출회 당한다는 사건은 거의 죽은 목숨이 되는 걸 의미했다.

　종교적 출회는 유대인의 사회생활 공동체에서 떨어져 나감을 뜻했다. 모든 사회생활에서 배제되는 형벌이었다. 자기 아들이 눈을 떴는데도 예수님이 베푼 기적이라고 말하지 못한 부모의 상황이 잘 말해 주고 있다. 예수님이 눈 뜨게 해 주었다고 말하면 예수를 인정하는 꼴이므로 말할 수 없었다. 사람들 앞에서 예수를 인정하는 모양새는 출회를 당하는 상황이었기에 그렇다. 이러한 엄중한 상황에서도 니고데모가 예수님을 옹호하는 말을 한다는 것은 그가 모든 어려움을 뛰어 넘어 진리를 밀고가 하는 확신이 있었음을 증거한다.

　예수님께서 초막절에 성전에서 가르치시니 많은 유대인들이 믿었다. 가르치시는 말씀이 여느 선생들이 가르치는 것과는 너무도 뛰어나고 놀라운 말씀이라 유대인들이 믿게 되었다.

　이에 바리새인들이 예수님을 잡으려 하속을 보냈는데 그들이 돌아오지 않으니 미혹된 게 아니냐고 저주받은 자들이라고 힐난했다. 예수님은 믿는 자들에게는 배에서 생수가 흘러 넘치리라 하셨는데 성령으로 충만할 것임을 말씀하셨다. 바리새인들은 분이 가득하여 말하기를 예수는 마귀에 씌어 헛소리를 하는 것이라고 하였다. 이에 니고데모가 말하기를 율법은 그 행한 것을 알고 나서 판결하는 게 아니냐고 예수님을 변론하였다.

그러자 바리새인들은 "성경을 상고해 보라 갈릴리에서 선지자가 나겠느냐 예수는 갈릴리 출신이니 하나님이 보내신 선지자가 아니지 않느냐"고 하였다. 니고데모가 예수님을 변호한 일은 거의 목숨을 내놓고 한 발언이다. 바리새인에게 찍히면 곧 출회요 사회생활은 끝나는 것이다. 이 말은 니고데모는 목숨을 내 놓을 정도로 예수님의 말씀이 진리임을 확신했다는 뜻이다. 그가 거듭난 증거이기도 하다

니고데모가 거듭날 수 있었던 이유는 예수님으로부터 성경을 성령으로 들었기에 가능하다. 그는 지금까지 성경을 장로의 유전인 율법으로 들었고 배웠고 가르쳤다. 육으로 성경을 다루었기에 기쁨도 산 소망도 없었다. 알기는 많이 아는데 오히려 아는 게 짐이 되어 거듭나지 못했다. 그는 진리를 불의로 막는 자가 되었고 경건의 모양은 있으나 경건의 능력은 상실한 채 살아가고 있었다. 아주 육적으로 세상적인 출세의 삶을 살아갔다. 속은 텅 비었고 인간적 욕망으로 채워져 있었다.

그런 그에게 예수님이 하나님에게서 오는 성령으로 거듭남을 말씀하자 그는 거듭나는 깨달음을 얻었다. 성령이 바람같이 불어와 가르치자 그는 거듭나는 체험을 위로부터 받게 되었다. 신령한 거듭남의 진리를 받게 되었다. 이는 사람의 말로 된 게 아니라 하나님의 말씀으로 된 일이다.

신령한 일은 신령한 진리의 말씀으로 가능하다. 거듭남의 진리가 진리의 영인 성령으로 말미암아 들려질 때 그는 성경이 깨달아졌다. 거듭나야 영생의 말씀을 얻을 수 있음이 믿어졌다. 육으로 난 말은 육일 뿐이다. 길

어야 십 0여 년 사는 육으로는 영생을 얻을 수 없다. 육은 유한하고 부패하여 상할 수밖에 없다. 썩어 가는 육으로는 영원을 상상할 수 없다. 영혼이 거듭나야 영원한 생명에 참여할 수 있다.

영원한 생명은 신령한 영생이다. 영생의 진리는 신령한 진리이다. 신령하지 않고는 영생에 도달할 수 없다. 신령한 일은 신령함으로 분별할 수 있다. 신령한 일은 하나님의 신령한 말씀으로 되는 일이다. 이는 전적으로 성령께서 예수님의 썩지 않는 말씀을 생각나게 하며 깨닫게 함으로서 되는 신령한 일이다.

성령으로 나야 영생이 된다. 육으로 다시 나봐야 도로 십여 년에 불과하다. 사람의 말은 논쟁적일 수밖에 없다. 어느 면에서는 맞는다 해도 다른 면에서는 틀릴 수 있다.

예를 들면 나봇에 관한 일이다. 바알 숭배자인 이세벨은 남편 고민을 해결하기 위하여 비루 두 명을 증인으로 세워서 나봇을 역모죄로 죽였다. 이 비루들의 증언은 거짓 중 거짓이다.

인간의 말은 믿을 수도 없는 거짓된 일이 될 수도 있다. 거짓으로 하는 말도 인간적으로 보면 승리할 수 있다. 인간의 일은 어떤 상황에 들어가면 전혀 다른 결과를 나타낼 수 있다. 인간은 타락한 상태임으로 절대적일 수 없다. 인간의 말을 가지고는 어떤 말도 확신으로 말할 수 없다. 사람이 가르치는 말은 신령하지 않다. 타락한 사람의 말은 겉으로는 확신에 차 있다고 해도 절대적일 수 없다.

확신은 성령이 가르칠 때에 비로소 가질 수 있다. 성령은 절대적인 영원한 생명의 영이기에 그렇다. 성령이 역사하지 않으면 신령할 수가 없다. 성령이 역사할 때 신령한 것이 분별된다. 성령이 떠나면 어둠에 가득 차고 그 곳에는 마귀가 득세하게 된다. 모든 것은 상하고 썩게 된다. 거룩한 일은 있을 수 없고 냄새 나는 부패만 발생하는 것이다. 확신보다는 의심과 불신으로 망해 가는 것이다. 마귀가 선동하는 곳에는 저주와 멸망 뿐이다. 온갖 혼란과 고통과 절망만 드러나는 것이다. 이런 막장의 상황에서는 소망과 생명은 불가능하다.

확신은 절대적인 믿음이 있을 때에 가능하다. 믿음이 없으면 확신은 나올 수 없다. 잘못 확신을 드러내다 가는 거짓으로 발견될 수가 많기 때문이다. 인간이 하는 일들은 완벽하지 않은 경우가 많다. 당시에는 가장 진리라고 확신에 차서 말할지라도 시간이 흐르면 아닌 경우가 종종 생긴다.

인간 자체가 절대적인 존재가 아닌데 인간이 어찌 확신에 차서 모든 것을 판단하겠는가?

불가능하다 하겠다.

그래서 확신은 절대적인 존재로부터 지지를 받아야 가능하다. 그 절대적 존재가 성령이다. 성령은 신령한 절대적 영이다. 성령으로 되는 절대적인 생명을 소유할 수 있다. 성령으로 거듭나야 참 거듭나는 이유이다.

성령이 아닌 인간적인 것으로 되는 모든 일은 신령하지 않다. 썩어져 가는 구습을 따라 절대적이 되기를 기대할 따름이다. 신령한 일은 성령이 역사할 때 만이 가능하다. 거듭나는 신령한 일은 성령으로만 가능한 까닭이다.

성령이 역사하지 아니하면 거듭남은 일어나지 않는다. 거듭나는 신령한 일은 성령의 역사로만 일어난다. 성령으로 거듭나기에 거듭난 확신 가운데 머물 수 있다. 거듭난 자는 거듭났음을 알며 또한, 스스로 확신 가운데 머문다. 거듭난 사람은 거듭남이 본인이 행하여 된 게 아니라는 사실은 인지한다.

본인 스스로 행하여 거듭난다는 일은 불가능함을 알기에 그렇다. 성령이 역사하여 자신의 영혼이 거듭났음을 잘 알기 때문이다. 성령의 절대적인 역사로 거듭났으므로 거듭났다는 확신을 가질 수 있는 것이다. 인간의 일이 아니라 성령의 일이었음을 인지하는 것이다. 성령이 행하신 신령한 일임을 알기에 본인이 거듭났음을 확신하게 된다.

구원의 확신을 갖는 이유와 동일하다. 거듭남의 확신도 예수님이 그리스도이심을 믿는 일이다. 구원의 확신은 로마서의 말씀을 확고히 고백하는 일이다. "마음으로 믿어 의에 이르고 입으로 시인하여 구원함에 이르게 됨"이다. 마음으로 믿는 일이 우선이다. 마음은 심리학에서 말하는 일반적인 마음이 아니다. 마음은 중심이다.

다윗의 중심은 하나님 말씀이다. 진정한 마음으로 예수님을 그리스도로 고백함이다. 마음의 중심이 다른 데 치우치지 아니하고 오로지 예수님의 말씀에 집중하는 삶이다. 전심으로 주의 말씀을 따를 때 하나님의 의에 도달하게 된다.

하나님의 의에 우리는 이를 수 없다. 예수님의 십자가의 은혜가 필요하다. 주님의 죗값을 치른 십자가의 의를 통하여 하나님으로부터 의롭다 칭함을 받을 수 있다. 죄인의 이로운 도덕적 착함이 아니다. 하나님의 뜻에 순종하여 지신 아들의 죗값을 통한 '무한 긍휼'이다. 하나님께서 나의 의를 보지 않으시고 십자가의 보혈의 의를 보시고 죄인인 나를 간과하신 은혜이다. 그 주님의 은혜에 감격하여 주께서 원하시는 거듭난 자의 생활을 영위하는 모습을 보시고 모든 죄를 덮어 주시는 하나님의 은혜이다.

하나님의 긍휼하심을 알고 감격하여 입술로 찬양하고 주님을 그리스도이심을 증거할 때 구원함에 이른 것으로 인정하시는 것이다. 구원은 예수 그리스도임을 입으로 확신을 가지고 증거함으로 구원받은 자임을 세상에 드러내는 것이다. 하나님으로부터 구원받았음을 스스로 나타내는 일이다.

하나님으로부터 구원받은 자는 그중심에 구원받았음을 의심 없이 확신한다. 이는 성령이 주시는 확증이다. 사람으로부터 나오는 결단이 아니다. 어느 상황 어느 곳에서도 흔들리지 않는 영혼의 자기 확증이다. 반석과 같은 신앙고백이다. 마음이 중요하다. 구원의 확신에는 이면적인 속사람의 고백이 필요하다.

가장 마음의 깊은 곳으로부터 흘러나오는 심중의 확신이 중요하다. 썩어지지 않는 씨인 하나님의 말씀으로 심겨진 확신이다. 썩어가는 인간의 결심으로부터 나오는 자기 생각이 아닌 생수의 근원이신 예수 그리스도로부터 흘러나오는 고백이 절대 필요하다.

성령이 허락하는 시인이 바로 구원받은 증거이다. 성령의 감동으로 시인하는 고백이어야 절대 확신이다. 인간의 동의는 믿을 수 없다. 언제 어디서 변할지 모른다. 자신의 유불리에 따라 언제든지 변할 수 있는 확신에 불과하다.

오늘 아무리 사람들 앞에서 구원의 확신을 말했다 해도 내일이 되어 상황이 바뀌면 얼마든지 부인할 수 있는 게 인간이다. 믿을 수 없다는 말이다. 진정한 구원의 확신은 성령의 감동, 감화가 있어야 가능하다. 성령은 진리이므로 언제 어디서나 동일하게 구원의 확신을 드러낸다. 구원받은 자가 변하지 않고 구원의 고백을 하는 토대이다. 반석 같은 구원의 확신을 동일하게 드러내는 기반이다. 영혼의 중심으로 나오는 예수 그리스도를 고백하는 확신이 성령으로 가능함을 말하는 이유이다.

구원의 확신과 마찬가지로 거듭남의 확신의 핵심은 예수 그리스도의 고백이다. 나의 죄를 위하여 물과 피를 다 쏟으신 분이 예수 그리스도이심을 알고 믿는 확신이다.

하나님께로 난 성령의 사람은 스스로 거듭난 자임을 자인하며 확신에 찬 고백을 하는 자이다. 예수님이 그리스도임을 아는 지식으로 충만하며 누구 앞에서도 자백할 수 있는 자이다. 예수 그리스도께서 영생의 길로 인도하심을 상고하는 기쁨이 충만한 자이다. 영생은 그리스도를 알고 믿는 것임을 성령을 통해 깨닫는 것이다. 중심으로 인정하며 거듭난 자의 삶을 영위하는 자이다. 자신의 삶을 통하여 거듭난 자의 거룩한 증거를 드러내는 자이다.

세상을 바라보던 시선이 완전히 바뀌어 하나님 나라를 보았기에 그 나라와 의를 구하는 삶을 추구한다. 예수 그리스도를 본받아 거룩한 삶을 추구함을 당연한 것으로 여기는 증거를 나타낸다. 하나님 나라가 본향임을 믿기에 천국을 사모하며 그 어디나 하늘나라를 드러내는 것이다.

하나님 나라를 앙모함으로써 죄에서 떠난다. 하나님으로부터 나왔으므로 죄와는 상관없는 생활을 이룬다. 하나님의 씨인 말씀이 속사람 안에 거하므로 범죄할 수가 없는 법이다. 하나님으로서 났으니 마귀 짓을 할 수가 없는 까닭이다. 죄에서 빠져 나왔으니 다시 죄 가운데로 들어가는 우를 범할 수 없다. 거듭났으므로 굳은 죄성을 버리고 부드러운 마음을 갖는다.

니고데모는 예수님의 말씀을 듣고 성령의 역사로 성경 속 거듭남의 말씀을 깨달았다. 그 후 그는 성령의 인도함을 따라 주님의 말씀을 기억하고 생각하며 상고하였다. 수많은 상고를 통하여 거듭남의 확신을 얻었다. 그 증거로 바리새인들 앞에서 예수님 편에 서서 율법으로 변론하였다. 당시만 해도 이단자 예수를 위해 발언한다는 말은 목숨을 걸고 하는 확신이 아니고는 불가능한 일이었다. 그는 성령으로 다시 태어났기에 죽음도 불사하고 예수님을 위해 발언했다. 거듭남의 확신을 갖지 않고는 할 수 없는 변론이었다.

당사자인 예수의 이야기도 들어보지 아니하고 소문만 듣고 잡는다면 율법을 어기는 행위라는 말이었다. 증거는 없이 제3자의 의견만 가지고 피의자로 몰고 체포한다면 이는 명백히 율법을 어기는 행위라고 변론하였다. 이는 그가 거듭난 확신이 없으면 할 수 없는 변론이다. 목숨을 건다는 말은 확신이 없으면 할 수 없는 일이다.

그는 예수님의 성경 풀이 말씀으로 분명히 거듭났다. 성령의 인도함을 따라 거듭난 확신 가운데 서 있었다. 그는 바른 소리를 할 수 있는 용기와 담대함을 사람들 앞에서 발표하였다. 진리의 말을 확신에 차서 반론할 수 있었다.

"너희는 믿음 안에 있는지 시험해 보라"고 하였다. 니고데모는 거듭난 믿음 안에서 자신을 시험했고 진리를 확신 가운데 발언함으로 믿음을 확인하였다. 그가 만난 예수님이 바로 구약에서 예언한 그리스도이며 예수님을 통하여 거듭났음을 확인하였다. 어두운 가운데 있었던 자신을 하나님의 말씀의 빛 가운데로 예수님이 끌어내셨고 지금은 성령의 빛 가운데 거함을 증명하였다.

예수 그리스도를 믿는 확신을 드러내는 상황이었다. 영적으로 죽어 있었던 그가 예수님의 말씀과 위로부터 불어온 바람 같은 성령의 역사로 말미암아 새롭게 살아난 것이다.

하나님의 거룩한 자녀의 능력으로 그는 주저 없이 예수님을 변론하였다. 선악과를 먹고 정녕 죽었던 그의 영혼이 거듭나 진리를 진리라 발언하는 생생한 믿음의 사람이 된 것이다. 바로 니고데모의 죄와 허물로 죽었던 굳어버린 심령이 성령의 바람을 맞고 소성하여 예수님을 변론하는 데까지 성장하였다. 예수님의 말씀을 듣고 일어나 살아난 것이다. 하나님 아들의 음성을 듣고 어둠에서 벗어나 빛 가운데로 인도함을 받은 것이다.

만약 그가 거듭나지 못했다면 감히 바리새인들 앞에서 이단으로 몰린 예수님을 위해 발언하지 못했으리라 본다. 얼마나 위중한 종교 상황이었냐 하면 예수님을 체포하자고 하속들을 보냈다. 예수 편을 든다면 똑같이 체포되어 모든 권익을 포해야 하는 지도 모를 일이었다. 작은 이익이라도 손해 볼 것 같으면 눈치 보며 빠지는 게 인지상정이다. 더구나 돈이 걸리거나 목숨이 걸린 문제면 다 뒤로 물러나게 마련이다.

무슨 이익이 생긴다고 가만히 있으면 될 일을 그가 예수님 편에서 발언했겠는가?

이는 그가 거듭난 진리의 확신이 없다면 불가능한 일이다. 그런데도 그는 거침없이 예수님을 위해 발언을 하였다. 이는 그가 예수님을 하나님의 아들로 믿고 입으로 시인한 사건이다. 중심으로 예수님의 거듭나게 하시는 말씀을 믿고 확신에 차서 입으로 증거한 일이다. 자기가 만나 대화한 예수님이 바로 성경에서 예언한 그리스도임을 입으로 시인한 일이다. 거듭난 그가 구체적인 삶 속에서 거듭난 증거를 확실히 보여 주었다.

그것은 바로 머뭇거림 없이 즉시로 '예수님이 그리스도이심을 발언한 사건'이다.

4. 변론

니고데모는 예수님을 만나 대화하기 전 성전을 청결케 하신 일을 생각했다. 그는 이 사건을 보면서 하나님께로부터 온 선생으로 인식했다. 주님과 대화할 당시 표적들을 행하신 것들을 보고 이 놀라운 일들을 보건대 틀림없이 하나님에게서 왔다고 판단했다.

예수님과 계속 대화하면서 그는 거듭남의 비밀스러운 말씀들을 직접 듣고 깨닫게 되었다. 그는 계속되는 예수님의 기적들과 말씀들을 통하여 상고를 거듭하며 예수님이 바로 성경이 예언한 그리스도임을 믿게 되었다. 성령의 인도함을 받으며 성경을 상고한 그는 초라한 모습이며 예수님이 이사야서에서 예언된 그 분임을 믿게 되었다. 하나님께서 창세 전 감추어 두셨던 아들이 자신을 거듭나게 하신 예수님임을 바로 보았다.

말씀의 근원되는 생수의 원천이 예수님임을 인식하게 되었다. 삼십 팔년 된 병자를 일으키시며 오병이어의 기적을 베푸시는 예수님은 죽어가는 불쌍한 영혼들을 살리고자 하나님께로부터 보내심을 입은 하나님의 아들이라고 굳게 믿게 되었다. 그 확신의 사건이 예수님을 체포하고자 난리일 때 예수님을 변론한 그의 용기 있는 발언에 잘 나타나 있다.

예수님이 풀어 주신 말씀을 듣고 거듭난 니고데모는 계속 말씀들을 깊이 상고하면서 성장했다. 그 실례가 바로 유대인들 앞에서 예수님을 변론한 일이다. 명절 날 대제사장들과 바리새인들은 분기가 탱천한 모습들로 예수님을 체포하고자 혈안이 되어 있었다. 예수님을 체포하여 구금시키고자 하속들을 보냈다.

그런데 하속들이 그냥 돌아왔다. 예수님을 잡으러 갔는데 그 하시는 말쏨이 다른 자들과 너무도 달라서 양심상 잡을 수가 없었다는 것이다. 하시는 말씀들이 놀랍고 기이하고 권세가 있었다. 예수님처럼 말하는 사람을 본 적이 없었다고 고백하였다.

그러자 바리새인들은 화가 나서 너희도 예수 이단에 미혹되었느냐고 꾸짖었다. 좋은 기회를 놓쳤다고 여긴 바리세인들은 어찌할 바를 모르고 어찌되었건 체포하고자 혈안이 되어 있었다. 그때 니고데모가 예수님을 위하여 변론하였다. 율법 어디에 사람들의 말만 듣고서 그가 행한 일이 잘못된 죄인지 아니면 선한 일인지를 어떻게 판단 하겠느냐는 것이었다. 직접 당사자의 말도 들어 보고 행한 결과도 보고 나서 판단해도 늦지 않는 것 아니냐는 발언이었다. 가서 행한 일들을 보지도 않았으면서 어떻게 사람들 말들만 듣고서 판결하겠느냐는 것이었다.

그러자 바리새인들은 성경을 잘 상고해 보라며 어찌 갈릴리에서 선한 것이 날 수 있겠느냐고 힐문했다. 너도 갈릴리 출신이냐고 빈정대곤 더 이상 반론하지 않았다. 더 이상은 따지지 않고 대제사장들과 바리새인들은 충충히 가지 집으로 돌아 갔다. 분명히 니고데모의 반론을 듣고 양심에 꺼림직하여 더 이상 반박하지 않고 서둘러 각자 집으로 피신했다고 볼 수 있다. 얼마든지 말발에는 지지 않는 자들인데 그리고 대제사장들과 함께 있으므로 얼마든지 권력을 사용할 수 있었는데도 집으로 간 것을 보면 확실히 양심의 가책을 받은 게 분명하다.

그만큼 니고데모의 변론은 인간의 지혜를 뛰어넘는 능력이 있었다. 성령이 역사하지 않고는 있을 수 없는 변론이었다. 독사들의 큰 입들을 침묵하게 만든 유명한 변론이었다. 당연한 발언이었고 또한, 너무나도 모든 이가 수긍할 수밖에 없는 말이었다. 바리새인들은 자신들의 유대인들 앞에서 위기를 모면하기 위해서 급히 집으로 돌아갔다. 그들은 자신들의 흉계를 감추고자 갈릴리를 상고해 보라 하였다. 자신들이 예수를 체포하려는 것은 성경에 비춰서 하는 정당한 일이라고 항변했다.

갈릴리를 상고하라!

갈릴리는 비천한 곳이다. 이 비천한 땅에서 무슨 고귀한 그리스도가 난단 말인가, 말도 되지 않는 가당치도 않는 얘기다. 갈릴리 출신은 이방인과 같은 동급의 우상숭배자들과 다를 바 없다. 그리스도가 흉악범만 안되어도 다행이다. 이방 땅 갈릴리에 소망을 두어서는 안 된다. 저주받은 땅이요 버려진 지역이다. 아무것도 선한 게 없는 쓸모 없는 불모지다. 깊이 성경을 상고해 보라고 그들은 니고데모에게 말하였다. 멸시받지 않으면 다행인 갈릴리 출신이 예수라는 현실이다.

주제도 모르고 하나님의 아들 운운하며 병 좀 고친다고 떠드는데 병 고침도 실상은 귀신의 능력을 힘입어 하는 행위라고 뒤집어 씌었다. 모든 예수의 행위들을 못마땅하게 보았다. 트집거리로만 보였다. 갈릴리에서 선한 선지자 하물며 그리스도라니 말이 되느냐는 것이다. 있을 수 없는 망언이다. 성경을 깊이 상고하지 않은 까닭이니 니고데모에게 다시 한 번 상고해 보라고 하였다.

바리새인들의 성경 상고는 철저히 악의적으로 성경을 오용하고자 하는 악한 의도에서 나온 결과이다. 저들은 독사의 자식답게 예수님을 시험하던 대장 마귀와 같이 시편 신명기처럼 성경을 악용하여 자신들을 합리화하였다. 이방 갈릴리를 영화롭게 하리라는 이사야의 말씀은 무시하고 갈릴리에 대해 평판한 안 좋은 말씀들만 인용하였다.

이것은 전형적인 마귀의 수법이다. 각종 편견만 앞세워 예수님 출신이 갈릴리니 하는 모든 일이 안식일을 범하고 귀신 들린 악한 일이라고 중상모략하였다. 너도 죽고 싶지 않으면 입 다물고 있으라는 협박이었다.

우리들은 대제사장 힘도 있고 너 하나쯤 없애는 건 아무 지장도 없다는 압박이었다. 사망의 땅 출신이라면 더더구나 조용히 있으라는 뜻이었다. 잔말 말고 성경에서 갈릴리에 대한 예언이나 상고하라고 하였다. 갈릴리에서는 참 빛이 나올 수 없고 사망의 그림자만 나타난다는 게 성경 상고의 결과라는 말이었다. 성경을 상고하지 않고서 예수를 변론하지 말라는 경고였다.

니고데모의 변론은 매우 중요한 충고였다. 만약 예수님의 행직이 하나님께로부터 받은 권세라면 예수 체포는 하나님을 대적하는 것이니 조심하라는 말이었다. 니고데모가 이 정도로 예수님 편에 설 수 있었던 것은 그의 철저하고 바른 성경 상고의 결과였다.

절대적인 확신이 없다면 이러한 변론은 할 수 없는 터이다. 그는 예수님을 만난 후 더욱 더 성경을 상고하며 예수님이 바로 성경에서 말씀한 그리스도 메시아라고 믿었다. 성령의 감동으로 상고한 즉 영생의 주이신 예수님을 제대로 변증할 정도로 확신 가운데 있었다. 그의 이러한 확신은 깊은 성경 상고에서 나왔다. 그는 사마리아 여인과 주님의 만남과 일어난 사건을 깊숙이 상고했다.

생수의 근원은 하나님이시다. 이스라엘이 망한 이유는 저들이 생수의 근원되시는 하나님을 버린 까닭이다. 생수의 근원되시는 하나님을 버리고는 스스로 웅덩이를 팠다. 물을 얻으려고 팠지만 웅덩이는 터져 버렸다. 생수를 얻지 못하니 기력이 쇠하여 이방인의 침공을 받고 멸망을 당했다. 너무나도 유대인들은 잘 기억하고 있는 역사이다. 하나님의 생수를 마시지 못한 지 너무나 오래된 사마리아 여인에게 주님은 생수를 주시겠다고 하셨다. 이 말씀을 통하여 그는 예수님이 하나님의 아들이심을 믿었다. 사마리아 여인과 동일하게 예수님이 기다리던 메시아이심을 깨달았다.

니고데모는 자신이야말로 기다리던 메시아가 바로 자신을 거듭나게 하신 예수님임을 분명히 성경을 상고함으로 알게 되었다. 영생의 생수가 예수님의 말씀으로 나오는 줄 믿게 되었다. 그는 성경을 묵상하고 상고함이 자신 스스로 하는 게 아니라 성령의 조명을 받아 깨닫게 됨을 인식하였다. 그의 성경 상고는 생기를 얻었고 생명이 넘치는 기쁨이었다. 성경을 상고하면 상고할수록 예수님이 그리스도이심을 더 믿게 되었고 그 깊이는 더욱 깊어만 갔다.

또한, 예수님께서 삼십 팔년 된 걷지 못하는 병자를 일으키심을 들었다. 예수님이야말로 하나님의 능력을 드러내심을 인지하게 되었다. 자신을 포함해 바리새인들은 성경을 알기는 많이 알지만 삼십 팔 년 된 병자를 일으키는 능력을 보여준 적은 한 번도 없었다.

그런데 예수님은 많은 자를 낫게 하며 더군다나 병이 삼십 팔 년이나 들어 다 죽은 송장 같은 병자를 한마디 말씀으로 일으키었다. 하나님의 아들이 아니고는 있을 수 없는 일이다. 하나님의 아들의 권세가 아니고는 행할 수 없는 기적을 행하신 것이다. 이는 말로만 하는 성경 말씀이 아니라 하나님의 능력을 행하시는 주님이심을 그는 확신했다. 죽어가던 삼십 팔 년 병자에게 새로운 삶을 허락하시는 권능이었다.

새로운 생기를 주시는 생수의 근원되시는 주이심을 드러내신 것이다. 병이 깊어 거의 죽어가던 병자를 앉은 자리에서 일어나라는 한 말씀으로 일으키시니 이는 하나님의 능력이 아니고는 설명할 수 없는 능력의 주님이시다.

니고데모의 성경 상고는 지식적인 차원에만 머문 게 아니라 몸소 체험하는 놀라움 자체였고 확신 자체였다. 영생의 주인이 아니고는 있을 수 없는 능력의 주님이시다. 그는 성령의 감동으로 성경을 새 영으로 조명하고 깨닫게 되었다. 그렇기에 그는 바리새인들 앞에서 담대히 예수님을 변호할 수 있었다.

더구나 그는 더 놀라운 사건을 마주하게 되었으니 오병이어의 사건이었다. 어린아이가 가져온 물고기 두 마리와 보리떡 다섯 개로 장정 오천 명을 먹인 일이다. 듣지도 보지도 못한 일을 듣고 그는 성경을 다시 보며 상고할 수록 성경의 주인이 예수님임을 더욱 확신하게 되었다.

예수님이 주인이 아니라면 성경을 설명할 방법이 없음을 그는 인식하였다. 성경은 예수님을 증거하기 위해 쓰여졌음을 바로 알게 되었다. 성경의 모든 말씀이 예수님을 가르치고 있음을 알게 되었다. 성경에서 예수님을 뺀다면 성경은 존재하지 않음을 인식하게 되었다.

성경을 상고할 수록 예수님이 거듭난 영생을 허락하신다는 생각을 더욱 굳히게 되었다. 예수님이 축사하시고 제자들이 오병이어를 떼어 주자 하늘의 기적이 일어나 오천 명을 먹이고도 열두 광주리가 남는 기적이 일어났다. 이는 하늘의 일이지 이 땅의 일이 아니었다. 하나님의 일이지 마귀의 일이 아니었다. 예수님이 행한 하늘의 일이 아니고는 일어날 수 없는 능력의 기적임을 그는 확신하였다. 유대 회당에서는 하나님의 기적을 가르쳤지만 직접 이런 일이 일어나는 걸 본 적도 들어본 적도 없었다.

모세나 엘리야의 기적 행한 일은 들어는 보았지만 지금 현실적으로 일어나는 오병이어의 놀라운 사건은 처음이었다. 이를 행하시는 예수님이야말로 성경에서 예언한 메시아가 아니고는 행할 수 없는 일임을 그는 더욱 믿게 되었다.

 니고데모의 성경 상고는 더욱 장성하여 누구 앞에서라도 입으로 예수님을 그리스도이심을 시인하게 되었다. 성숙한 그리스도인으로 성장하였다. 생명력 있는 성경 상고를 성령을 통하여 탐구하고 있었다. 말과 행동이 하나가 되는 성경 상고였다.

 머리만 크게 하는 오늘날의 성경 연구는 많은 지식은 주지만 경건의 능력은 드러나지 않는다. 알기는 아는데 마귀를 대적할 힘이 없는 게 문제다. 성경의 연구는 있는데 삶의 능력이 없는 게 어려움이다. 죽어가는 영혼이 새 영을 받아 생기를 띠어야 하는데 생기는 상실한 게 문제다. 죽은 성경 상고를 하기에 그렇다.

 오늘날의 성경 연구는 거의 지식만 강조하기 일쑤다. 복잡하고 체계적이기는 한데 능력이 나타나지 않으니 성경을 오해해서 그렇다. 경건의 모양은 있는데 성경을 상고할수록 즉, 영생의 능력은 없는 게 현실이다. 맥없는 성경 상고와 의미 없는 성경 공부가 문제다. 살아있는 성경 상고와 영생의 환희를 얻어야 한다. 그래야 이 혼탁한 말세지말에 마귀와 싸울 수 있는 것이다.

 바리새인들은 나름대로 깊이 성경을 상고함은 그리스도를 눈앞에서 보면서도 체포해 죽인 것은 저들이 욕심으로 성경을 보았기 때문이다. 바리새인들의 성경 상고는 악의적이다. 그 아비가 마귀인 고로 성경을 상고해도 예수님을 시험하고자 악용하였다.

 사마리아 여인의 이야기를 듣고도 예수를 믿고자 하는 게 아니라 생수를 준다니 무슨 말은 못하냐며 믿지 않았다. 말로는 뭔들 못 주냐며 빈정거렸다. 귀신이 들어 헛소리하는 것으로 치부했다. 생수의 근원이신 하나님은 안다는 자들이 하나님 믿기 보다는 돈을 더 탐욕하는 자들이다. 예수님이 하나님의 아들임을 알면서도 극단적으로 부인하며 시비를 삼아 체포하고자 했다.

삼십 팔 년 된 병자가 일어났을 때도 찬송하기는커녕 어느 멀쩡한 사람을 시켜 쇼나 한 것으로 치부 했으리라.

그러고도 남을 만한 독사의 새끼들이다. 성경을 가지고 예수님을 시험하던 아비의 버릇은 못 버리고 오히려 질타하였다. 바알세불을 힘입어 저런다고 혹평하였다. 저들의 성경 상고는 반대를 위한 반대에 치중했다. 오병이어의 기적을 듣고는 각자 도시락을 싸가지고 와서 먹은 걸 가지고 사기 친다고 평가절하했다. 그러고도 남을 만한 자들이다.

그러니 니고데모가 예수님을 변호하자 "갈릴리를 상고해 봤느냐 선한 것이 나올 수 없지 않느냐"고 뒤집어 씌울려고 했다. 니고데모와는 정반대의 결론에 도달하였다. 악령의 인도를 받았기에 그렇다. 니고데모는 성령의 인도함을 받았기에 예수님 말씀을 곰곰히 상고할수록 더욱 그리스도임을 확신했다.

반면, 바리새인들은 악령을 따라 예수의 흠집을 증명하고자 혈안이 되었다. 참으로 극명하게 다른 성경 상고이다. 이방 땅 같은 갈릴리라 할지라도 니고데모는 예수님의 행적을 찬양하는 데까지 이르렀다면 바리새인들은 정반대로 선한 것이 나올 수 없다고 단정했다.

달라도 너무 다른 결과이다. 하나님과 사탄이 다른 것과 같이 그 씨도 다르다. 바리새인들은 예수님 편을 드는 니고데모도 잡으려고 성경이란 덫을 놨지만 걸려 들지 않았다.

오늘날도 마귀는 온갖 거짓으로 교회를 미혹시키고 있다. 온갖 세상적인 것들을 동원하여 불신자를 전도한다는 미명하에 사용하고 있다. 온갖 문화시설과 세상적 편리를 제공하며 교회를 세속화 시키고 있다. 담배 못 끊는 사람들을 끌어 들인다고 심지어 교회 안에 담배 피우는 방까지 만들고 있다. 너무나도 인간적인 방법들을 인간의 머리로 합리화시키며 세속화시키는 형국이다. 하나님께서 그렇게도 싫어하시는 동성애까지도 교회가 받아들이다니 참으로 말세는 말세인가 보다.

오늘날 성도들은 니고데모가 예수님을 변호 했듯이 예수님을 변증해야 한다. 변증할 대목도 많은 때이다. 세속화로부터 이단들, 무신론자들까지 변증할 일이 많다. 게다가 교회 안에 서식하는 자유주의자들의 준동과 니골라 같은 영지주의 흐름들과 온갖 말을 쏟아내는 관념주의자들과 과학주의자들을 변증해 물리쳐야 한다. 제대로 변증하려면 성경을 깊이 있게 상고해야 한다.

성경을 통달할 정도가 되어야 변증할 실력을 갖추는 것이다. 어설프게 성경을 논하다 본전도 못 찾고 낭패를 당할 수밖에 없다. 니고데모와 같이 변증함으로 저들 바리새인들 각자가 집으로 가게 해야 한다. 성령을 따라 살아있는 성경 상고를 하여 적들을 섬멸해야 한다. 온갖 기교를 부리며 기기묘묘하게 우는 사자같이 공격하는 어둠의 세력들을 격파할 수 있는 썩지 않는 궁구함이 필요하다.

바울과 어거스틴 같지는 못해도 어느 정도의 실력은 있어야 한다. 그러할 때 무슨 말을 해야 할지 모른다 해도 두려워하지 않을 것은 성령께서 할 말을 주심을 믿게 되는 것이다. 성령의 살아있는 능력으로 말씀을 생각하고 기억하고 상고했기에 성령을 통해 할 말을 담대 할 수 있는 것이다.

어떻게 이런 변증을 할 수 있을까?

성령이 함께하심으로 가능한 것이다.

성경을 상고 함은 영생을 얻고자 함이다. 영생을 얻으므로 예수 그리스도를 변증하는 것이다.

오늘날 노골적으로 재림 예수라며 이빨을 드러내는 자들을 물리쳐야 한다. 서슴없이 재림 예수의 이단 교리를 앞세워 한 영혼이라도 삼키려 발광하고 있다. 이럴 때일수록 성경을 숙고하여 흉악한 자들을 대적하고 승리를 쟁취해야 한다.

성경 상고로 영생의 거듭난 확신으로 말세의 혼미한 모든 궤계를 이겨내야 한다. 확신에 찬 거듭남의 말씀으로 예수 그리스도를 변증하는 참 믿음의 사람이 되어야 한다.

5. 함께

거듭난 자의 영적 체험은 예수님과 함께 동행하는데 있다. 사랑을 하면 늘 함께 있기를 바란다. 사랑하는 사람들은 결국, 함께하는 생활을 한다. 거듭나는 사람들도 마찬가지다. 자신을 거듭나게 한 분과 함께하기를 갈망한다.

니고데모도 예수님의 말씀으로 거듭났으니 주님과 함께하기를 사모했다. 거듭난 후에 그는 주님과 함께 전도 생활을 하지는 않고 자신의 일을 계속했다. 공회원의 일을 계속했지만 그의 마음은 예수님의 일에 집중되어 있었다. 자신같은 죄인들을 구하고자 애쓰시는 주님을 응원하며 돕고자 애썼다고 본다.

그가 주님의 장사에 참여하여 최선의 몰약과 침향 백근을 아낌없이 쓴 것을 보면 알 수 있다. 자신이 누구와 함께하고 있는가를 살피면 무엇을 하고 무엇을 바라는 삶을 살고 있는지 가늠할 수 있다.

다윗은 늘 하나님을 사모하는 삶을 살았다. 그의 중심을 보시고 하나님께서는 다윗과 함께하셨다. 쫓겨 도망 다니던 시절에도 하나님은 함께하셨다.

아둘람 동굴에 피신해 있을 때 다윗은 인생 최대 위기를 맞았다. 사울왕 정예병 군사 삼천 명이 다윗을 포위해 옥조여 오고 있었다. 독 안에 든 쥐 꼴이었다. 잡히면 죽는 절체절명의 위기였다. 그 때 하나님께서는 다윗을 홀로 두지 아니하시고 블레셋이 이스라엘을 공격하게 함으로 침공 급보가 사울의 귀에 들리게 하였다.

하나님께서는 사울의 마음에 다윗 정도야 다음에 잡으면 되지 지금은 블레셋을 막는 게 현명하다고 결심하게 하였다. 블레셋 침공 소식을 듣자 다윗 잡는 일은 뒤로 미루고 먼저 퇴각해 블레셋을 막으라는 명을 내리게 한다. 사울은 마귀 편에 서서 다윗을 죽이려 했다. 사울의 마음에 악한 영이 들어가 다윗을 미워하게 하고 자기의 왕위를 위협하는 적대 자로 인식했다. 사실은 자기 편에 두면 충성을 다하는 장수이며 절대로 왕권을 탐하지 않는데도 깊이 의심했다. 마귀와 함께하는 불안하고 초조한 사울의 심령 상태를 잘 보여 주는 사건이었다. 이로서 하나님께서는 다윗과 함께하심을 보여 주시며 그를 보호하셨다.

예수님을 변호했던 니고데모도 바리새인들의 눈총을 받으며 어려운 삶을 살았으리라 본다. 어려운 상황 가운데서도 주님을 만나 거듭난 그는 주님이 함께하므로 넉넉히 어려운 시기를 보냈다. 많은 상고와 묵상 가운데 그는 예수님을 장사 지내는 마지막 순간에 주님 곁에 있었다. 주님의 십자가에 동참한 장성한 성도가 되어 있었다. 믿음은 삼십 배, 육십 배, 백 배로 자라는 특성이 있다. 하나님의 나라는 자라는 곳이다. 누구와 함께하느냐는 매우 중요하다. 망하느냐 흥하느냐는 누구와 함께 하느냐에 달려있다 해도 과언이 아니다.

북이스라엘 왕 아합은 음녀 이세벨과 함께함으로 멸망당했다. 아합은 악한 이방 여인 이세벨과 혼인함으로 그 인생이 파멸을 맞이했다. 아합은 바알과 아세라 우상을 섬기는 이세벨을 따라 금송아지 우상을 만들었을 뿐 아니라 우상숭배에 열을 올렸다. 하나님의 말씀을 멀리하고 바알 선지자 사백오십 명과 아세라 선지자 사백 명을 왕궁에서 키우며 하나님의 선지자는 무시했다. 완전히 우상에 빠져서 이세벨의 미혹에서 벗어나지 못하고 우상을 숭배하였다.

갈멜산에서 엘리야의 승리를 보면서도 그 악한 탐욕은 그치지 않고 도탐심이 솟아 나봇을 죽이고 조상의 포도원마저 빼앗는 천인공노할 일도 서슴치 않았다. 악한 범죄를 저지른 결과 아합은 그 피를 개들이 핥아 먹는 저주를 받았다. 악한 여인 이세벨과 함께한 결론은 망조였다. 간부 이세벨도 그 시체를 개들과 공중의 새들이 뜯어먹는 저주를 받았다.

아담도 옛 뱀과 함께한 결과 죽음을 맞이하였다. 먹지 말라는 선악과를 함께한 뱀의 유혹에 빠져 먹은 결과 죽음이 인생에 들어왔다. 한 사람 아담의 범죄로 말미암아 인생은 사망의 존재가 되고 말았다. 옛 뱀의 말은 선악과를 먹으면 하나님 같이 된다는 거짓이었다. 하나님같이 될까 봐 먹지 말라고 한 것이니 하나님같이 되면 결단코 죽을 수 없으니 걱정 말고 먹어도 된다고 꾀였다. 달콤한 거짓말에 넘어간 아담은 덜컥 선악과를 먹으므로 뱀의 마수에 걸려 들고 말았다. 결론은 사망이었다.

모든 생노병사의 고통이 인간을 괴롭히는 작금의 상황은 바로 하나님의 말씀을 불순종한 아담이 지은 죄의 대가이다. 뱀과 함께한 아담의 비극이다. 뱀이 미혹할 때 하나님의 말씀을 명심하고 물리쳐야 했다. 마귀와는 대화로도 함께하면 안 된다 우리의 생각을 뛰어넘는 미사여구로 유혹하기에 그렇다.

사기를 치는 인간들의 화술과 학식은 놀라울 정도로 고도화되어 있어서 웬만한 사람 아니면 듣고 다 넘어갈 수 밖에 없다. 기가 막히게 거짓말을 진실보다도 더 그럴듯하게 이야기를 하는 것이다. 넘어가지 않고는 당해 낼 방도가 없을 정도다.

삼손을 넘어뜨린 들릴라를 봐도 간부의 미혹과 끈길김은 상상을 초월하는 것이다. 간부의 미혹을 이기는 방법은 딱 한가지 하나님 말씀을 기억하는 것이다. 보디발의 아내가 매일 동침을 요구할 때 요셉은 어찌 하나님 앞과 보디발 앞에서 득죄하겠느냐고 자리를 피했다. 하나님 말씀을 따라 요셉은 보디발의 아내와 함께하지 않았다.

그것만이 살길이다. 보디발의 아내는 숱한 금은 보석으로 요셉을 미혹했다. 신분도 노예에서 자유인으로 살게 해 주겠다고 육탄으로 달려들었다. 요셉은 하나님 말씀을 믿는 거듭난 믿음으로 모든 제안을 거절하였다.

요즘 같은 세상의 젊은이들이라면 아마도 무시하는 게 아니라 많은 수가 돈과 지위에 팔려서 한 번쯤 괜찮겠지 방심하며 유혹당했다고 본다. 요셉은 그렇지 않았다. 하나님이 보고 있는데 감히 음란죄를 범하겠냐며 모든 제안을 거부했다.

거듭난 삶이 믿음이 무엇인지를 보여 주는 거룩한 결단이다. 요셉은 보이지는 않지만 자신과 함께 하시는 하나님을 의심없이 믿고 의지했다. 요셉은 이 일로 감옥에 갇히는 어려움을 당했지만 낙심치 않고 하나님이 함께하심을 믿었다. 하나님 말씀을 믿음으로 요셉은 함께하시는 하나님의 인도하심을 받았다.

오늘날 사람들은 누구와 함께 하며 사는지 걱정스럽다. 대부분 잘 살게 되었다는 유럽을 보넌 참으로 기가 막힌다. 배가 불러서 그런지 음란하기 짝이 없고 교회들은 참으로 부끄럽기 짝이 없는 지경에 이르렀다. 사람들이 먹고 사는 게 어려움이 없어서이지 교회 예배에는 관심이 없고 들로 산으로 놀러 다니기에 바쁘다.

똑똑해진 젊은이들은 보이지도 않는 하나님을 믿느니 자신을 이롭게 하는 과학지식을 더 신뢰한다고 하며 교회를 떠났다. 교회 건물들은 헌금이 줄어들자 건물 유지비 등 경영비를 유지도 못하여 팔려 나가고 있다. 이슬람에게 도서관으로 식당으로 책방으로 심지어 술집, 디스코장, 스트립쇼장으로 팔린다. 기가 막힌 현상이다. 하나님을 떠난 소돔과 고모라같은 세상이다. 하나님을 고소한다는 세상이니 무슨 할말이 더 있겠는가 끝나가는 말세 현상이다.

바리새인들은 성경을 샅샅이 상고한다고 하면서도 결론은 예수님을 영접한 게 아니라 죽이는 데 앞장섰다. 마귀의 종자들이었기에 그렇다. 독사의 새끼들은 같은 성경을 보면서도 자신의 악한 의도를 충족시키는 데 성경을 사용했다.

이것은 공산주의자들이 자신의 이념을 증명하고자 성경을 악용하는 것과 같다. 불순한 의사를 가지고 성경을 대하니 결론은 완전히 다르게 나오는 것이다. 이단 교리나 자유주의 신학의 결론이나 매우 유사한 이유이다.

확연히 다르다고 변명할 지는 모르나 그 내용을 깊이 드려다 보면 인간 두뇌를 고도로 이용한 흔적은 똑같다.

뱀의 거짓말들이다. 붉은 용이 일곱 머리 열 뿔 짐승과 새끼 양을 앞세워 세상을 지배하는 속내를 잘 보여 주는 거짓 논리들이다. 권력과 거짓으로 똑똑하다는 현대인들을 파국의 정신 상태로 몰아 가고 있는 것이다.

정말로 깨어 성령이 교회들에게 하시는 말씀을 들어야 한다. 그렇지 않다가는 마귀의 거짓에 모두 속아 마귀 밥이 될 수 밖에는 없다.

니고데모는 자기의 일을 하면서도 예수님과 함께하였다. 거듭난 그의 심령은 예수님의 일거수일투족에 집중되어 있었다. 이런 거룩한 일은 그가 거듭난 후 하나님 나라를 보고 있으므로 가능했다. 예수님을 주님으로 영접한 그는 성경을 보는 눈이 달라져 성경이 열리면서 또한, 하나님 나라를 보게 되었다.

창세기에서 야곱이 본 하늘을 보며 천사들이 자신을 옹위하며 함께함을 느꼈다. 외로운 광야에서도 하나님께서 꿈 속에서라도 보여 주신 하늘 꼭대기까지 다다른 사닥다리를 보았다.

천사들이 오르락내리락하는 놀라운 광경을 보았다. 고독한 야곱을 위로하시는 하나님의 은혜의 돌베개 잠이었다. 홀로 주님의 말씀을 상고하며 주님을 묵상하는 그에게 다윗이 본 하나님 보좌 우편에 서신 분이 바로 예수님이심을 본 것이다.

야곱이 하나님 나라를 보았듯 그는 하나님 나라의 주인이신 예수님을 직접 보았다. 다윗이 찬양 가운데 하나님 우편에 서신 주님을 보았듯 살아 계신 예수님이 그 분임을 인지했다. 놀라운 변화요 성경이 열리며 이해되는 순간이었다. 꽁꽁 관념 속에 머물러 있던 하나님 나라가 예수님을 통하여 모두 보여지는 경이로움 자체였다. 자신이 만나 거듭나는 말씀을 다름이 아니라 깨달았던 성경이 하나님 나라를 생생히 간직하고 있는 하나님 나라의 보고임을 깨달았다.

예수님은 하나님의 본체이시며 거룩하신 겸손과 온유한 하나님의 성품을 지닌 분임을 알 수 있었다. 예수님을 만나므로 보이지 않던 하나님이 어떠함을 체득할 수 있었다. 예수님의 겉이 아니라 속 중심이 하나님의 아들이신 말씀의 주체이심을 안 것이다. 하나의 죄도 없으신 예수님의 인격을 대한 그는 예수님이 이디 계시든 성령 안에서 함께하는 심령의 소유자가 되었다. 그의 심령의 중심이 예수님과 함께하였기에 예수님을 장사 지내는 이 땅에서의 마지막 순간까지 그는 주님과 함께 하였다. 그는 확실히 성경이 열리며 하나님 나라를 본 것이다.

모든 자가 보고 싶어도 볼 수 없는 하나님 나라를 주님의 말씀으로 볼 수 있었다. 성령의 감동하심으로 시공간을 초월하여 거룩한 하나님 나라를 보게 되었다. 놀랍고도 신비한 하나님 나라를 경이롭게 체험하였다.

사도 바울이 자신의 몸에서 빠져나와 말할 수 없는 경이로운 하나님 나라를 보았듯 그도 성경을 상고하며 예수님을 묵상하는 가운데 주님의 말씀대로 하나님 나라를 보았다. 그러기에 바리새인들의 눈총을 두려워하지 않고 장사 지내는 곳에 나아가 자신의 헌신을 주님께 드렸다. 아리마대 요셉과 함께 예수님의 시체를 싸서 장사 치른 것이다.

이러한 행위는 유대인들에게 특히, 바리새인들에게 들키면 두려운 일이었다. 모든 것을 잃을 수도 있는 심각한 일이 될 수도 있었으나 니고데모는 주님의 시체를 장사 지내는 일을 몸소 처리했다. 그가 어떻게 참으로 거듭났나를 보여 주는 구체적인 실례였다.

사도 요한이 죽는 날까지 예수님을 섬기다 밧모섬에서 하나님과 함께 보좌에 앉으신 예수님을 보았듯 니고데모도 예수님의 죽으심에 동참하는 성도가 되었다.

거듭난 사람이 어떻게 변하고 예수님을 따르는 삶은 어떠한지 니고데모는 구체적으로 보여 주었다. 심령이 새로워진 사람이 되었다. 새로운 피조물로 다시 태어났다. 성령으로 인도함을 받아 그는 예수님 장사하는 곳까지 함께 하였다. 예수 그리스도 안에 예수님 말씀으로 성령의 역사하심을 따라 예수님과 함께 하였다.

새롭게 마음을 지음 받은 그는 성령의 인도함을 받아 어려운 상황 즉, 예수님의 장사에 함께 했다. 이러한 행위는 참으로 자신의 안위를 상실할 수도 있고, 모든 것을 잃어버릴 수도 있었다. 그의 거듭난 믿음은 자라 예수님 장사에까지 동참하는 장성한 자의 믿음으로 자랐다.

거듭난 믿음은 자라는 특성을 가진다. 그의 믿음은 어린아이에서 자라 죽음의 자리에 참여하는 장성한 자의 자리에 이르렀다. 예수님에 대한 사랑이 차고 넘쳐서 이 땅에서 누리는 모든 것을 다 상실해도 주님을 따르겠다는 거룩한 의지의 표현이었다. 만약 유대 당국에 잡혀 죽는다 할지라도 예수님을 따라 능히 낙원에 가리라는 확고한 믿음의 표현이었다.

그 어느 것도 그의 행동을 제어할 것은 없었다. 기근이나 적신이나 감옥이나 죽음도 그의 앞길을 막을 수 없었다. 그의 예수님에 대한 믿음은 그 어느 것도 막을 수 없는 절대적인 신뢰요 사랑이었다. 그는 거듭나 하나님의 나라를 보았을 뿐 아니라 들어감을 확실히 믿었다. 돌을 맞아 죽어 가면서도 우편 보좌에 앉으신 예수님을 보았던 스데반과 같이 그는 예수님의 시체가 부활할 것을 믿었다.

예수님은 그를 거듭나게 하사 영생의 길로 인도하고 하나님 나라의 백성으로 받아 주신 것이다. 그렇지 않고는 감히 예수님의 장사에 동참할 수는 없었다. 제자들까지도 모두 도망친 상황에서 자발적으로 몰약과 침향을 들고 자진해서 장사에 참여한 담대함은 진정 죽음을 넘어선 행위 자체이니, 성령이 함께하지 않고는 있을 수 없는 결단이었다. 일사각오의 정신으로 그는 예수님과 함께하였다.

그의 거듭남은 썩어질 씨로 된 게 아니라 썩어지지 않는 하나님의 말씀으로 된 거룩한 일임을 보여준 사례였다. 거듭남이란 오늘날 말로만 감정적으로만 되는 게 아니고 진정으로 예수 그리스도를 믿는 행위가 어떠한지를 보여 주는 거룩한 일임을 잘 보여 주었다.

몇 년, 몇 월, 몇 일, 몇 시에 거듭났다고 점쟁이식으로 떠드는 그런 가짜 거듭남이 아니라 진심으로 거듭난 성도가 어떻게 주님을 섬기는 지를 보여준 거룩한 행위의 산물이 바로 주님의 장사에 동참한 광경이었다.

인간의 모든 역경을 뛰어 넘어 주님과 함께하는 거룩한 자의 믿음의 결과였다. 온전히 성령이 함께한 담대한 결단이었다.

거듭난 자의 확실한 모습은 확신에 찬 예수님과의 함께임이다. "궁궐이나 초막이나 내 주 예수 모신 곳이 하나님 나라"임을 스스로 보여 주는 동행이다. 하나님과 함께함 보다 더 귀한 일은 없다. 전지 전능하신 하나님과 동행하는 일이야말로 인간에게는 가장 귀한 시간이다.

애굽의 종살이를 수백 년 동안 이스라엘 백성에겐 소망이 없었다. 얼마나 괴로웠으면 저들의 울부짖음이 하늘에 들렸다고 했다. 모든 것을 잃어버린 소망 없던 저들을 하나님이 들었다. 지지리 하나님 말씀을 듣지 않고 제 멋대로 살던 결과가 애굽의 종살이로 전락하는 것이었다. 하나님께서는 저들을 다시 한 번 생각하사 출애굽을 허락하셨다. 젖과 꿀이 흐르는 가나안을 소망의 땅으로 보여 주셨다.

그런데 그 출애굽 여정은 '광야'라는 거칠고 힘든 땅을 지나야 했다. 먹을 것과 마실 것 하나 없는 광야가 애굽을 떠난 이스라엘 백성이 맞닥트린 땅이었다. 뱀과 전갈이 우글거리고 승냥이의 울음 소리만 가득 찬 황량한 광야가 저들 앞에 놓여있었다. 굶어 죽기 딱 십상인 황폐한 곳이었다.

그런데 놀랍게도 그 곳에 하나님이 함께하는 놀라운 일들이 펼쳐졌다. 반석에서 물이 나오고 새벽마다 이슬에 만나가 내렸다. 더운 낮에는 구름 기둥으로 시원하게 행군하게 밤에는 추위를 녹이는 불기둥으로 잠을 자게 하셨다. 놀라운 하나님의 함께하시는 예상하지 못한 경이로운 은혜였다. 하나님의 함께하심을 체험하는 광야의 삶이었다.

니고데모도 유대인들에게 배척 받는 황량한 외톨이 삶 속이었지만 이런 가운데서도 주님과 깊이 동행하는 갖은 숙고의 삶을 살았다. 그는 예수님의 마지막 죽음의 순간에도 참여하였다. 실로 니고데모는 예수님과 함께하는 모습을 구체적으로 예수님과 함께하는 삶이 어떤지를 보여 주었다.

6. 장사

니고데모는 예수님의 장사에 동참함으로 거듭난 믿음이 무엇인지를 가감없이 확실히 보여 주었다. 바리새인들의 눈총을 받던 그는 예수님의 장사에 적극적으로 개입함으로서 출교뿐 아니라 동조자로 체포 사형될 수도 있었다. 그런 위험한 상황인데도 두려움 없이 주님을 장사지냄은 거듭난 믿음 없이는 할 수 없는 일이었다.

그는 확실히 하나님 나라를 보았고 주님을 따라 그 거룩한 나라에 들어가리라는 확고한 믿음이 있었다. 그렇지 않고 조금이라도 이 세상에 미련이 있었다면 이런 행동 자체가 불가능한 상황이었다. 그는 세상의 속성을 잘 알고 있었고 세상의 가치를 초월해 있었다.

세상은 태생적으로 유한한 존재이다. 인생 자체가 영원하지 않고 십 여 년이면 끝난다고 다들 인정하고 있다. 그러니 "정승이 죽으면 문상을 안 가도 정승 개가 죽으면 문안을 간다"고 한다. 살아있는 정승의 개를 칭찬하여 정승의 환심을 더 사려는 사람들의 세태이다.

사람이 한 번 죽으면 끝이라고 판정한다. 모두가 소크라테스는 죽어 다 끝났다는데 동의한다.

그러나 성경은 끝이 아니라고 가르친다. 육신의 죽음이 끝이 아니라 새로운 시작이 있다고 말한다. 영생이거나 아니면 영벌이 있다는 것이다. 보지 못했으니 아니라고 부인할 뿐이다. 보았다면 그렇게 다 끝이라고 말하지 못한다. 보지 못했으니 봤냐고 따지는 것이다. 오히려 거짓말하지 말라고 주장하는 것이다. 죽음이 끝이 아니라 새로운 시작이라 해도 박박 우기는 게 인간의 자아다.

니고데모도 자아가 강한 사람이다. 그러기에 이 눈치 저 눈치 보면서 예수님을 밤에 찾아왔다. 아무도 못 보는 밤에 온 것이다. 그는 모든 게 갖추어진 공회원이다. 요즘으로 보면 국회의원이다. 명예도 높고 재물도 많고 학식도 가르치는 선생으로 굉장했다. 의식주를 포함하여 모자를 게 없는 사람이었다.

그런데 답답한 게 있다면 그렇게 보고 싶어도 볼 수 없는 하나님 나라였다. 하나님으로부터 온 것 같은 예수님 앞에 자신도 선생이니 한 번 토론 좀 하고 싶었으리라 본다. 그는 예수님의 행적과 말씀을 듣고 판단하여 거룩한 선생님으로 보았다.

예수님은 니고데모에 "거듭나라"고 하였다. 하나님 나라를 여태 보지 못한 까닭은 거듭나지 못했기 때문이라 하셨다. 그러자 그는 "다 자란 사람이 어떻게 어미 모태에 들어가 다시 태어날 수 있느냐"라고 반문하였다. 성경을 육적 시각에서 보았기에 그렇게 답하였다. 예수님은 그에게 성경을 육으로 보지 말고 성령 안에서 보라고 하며 "물과 성령으로 거듭나야 하리라"고 하셨다.

육으로 구약을 해석했던 그는 아무리 성경을 풀어도 제대로 풀 수 없었는데 그 이유는 성경을 자아로 풀었기 때문이다. 아무리 머리가 좋고 가말리엘 문하생이었다 해도 성경을 바로 풀 수 없었던 건 육으로 풀려고 한 까닭이다. 하나님의 말씀은 자아가 아닌 성령의 조명을 받아야 제대로 이해할 수가 있다.

출애굽한 이스라엘 백성들이 가나안 입성을 눈앞에 두고 맞닥뜨린 성이 여리고성이다. 난공불락의 성 여리고는 천혜의 요새였다. 그 누구도 침공할 수 없는 성 여리고는 요단을 건너 이제 가나안 입성을 앞둔 이스라엘 백성에게 놓인 최대의 난제였다. 이 성을 넘지 않고는 가나안의 길은 요원했다. 이 여리고는 바로 우리 자신의 자아를 상징하는 최대 장애이다. 인간의 자아는 하나님 앞에 나아가는데 있어 최대 방해물이다.

인간은 원래 교만하고 이기적인 존재이다. 아담의 타락 후 인간들이 보인 일 중 제일 큰 게 바벨탑 쌓는 일이었다. 성을 높이 쌓아 하늘까지 닿아 보자 하였다. 탑을 쌓는다 해도 수 십 미터에 불과할 것을 하나님의 자리에 올라가 보자는 인간이다.

예나 지금이나 똑같다. 요사이는 더하다. 과학 지식 좀 자랐다고 망원경 큰 것 좀 설치했다고 우주는 하나님이 창조한 게 아니라 폭발해서 되었다고 떠든다. 천국과 지옥은 없는 것이고 죽으면 우주 에너지로 돌아가는 것이라고 한다. 에너지 같은 소리한다. 바벨탑 쌓던 자들의 후예다운 교만한 합창들이다.

여리고는 절대 요새의 난공불락의 성이다. 이 여리고 앞에 선 여호수아의 기도에 하나님의 응답은 너무나 비상식적이었다. 나팔을 불며 육 일은 성 주위를 그냥 돌고 마지막 일곱 번째 날은 제사장들이 일곱 번 양각 나팔을 불라는 것이었다. 곡사포를 쏘든지 불화살로 쏘면서 돌을 쏟아 부어도 될까 말까 할 지경에 나팔만 불라고 하니 마치 무슨 동화 스토리처럼 들린다. 기도 응답 치고는 소설 같은 소리다.

놀라운 일은 이런 하나님 말씀에 여호수아는 한 치의 의문이나 토를 달거나 하지 않고 믿음으로 실행하였다. 경이롭게도 그대로 한즉 여리고성이 무너졌다는 사실이다. 기가 막힌 사건이 일어난 것이다.

인간 자아도 마찬가지이다. 인간이 거듭나는 일은 하나님 말씀대로 자아를 성령에 맡길 때만이 일어난다는 이야기다. 바람 같은 성령이 역사하지 않고는 절대로 인간의 머리 즉, 자아로는 거듭날 수 없다는 사실이다. 바벨탑 정도 쌓고는 홍수를 피하며 하나님의 보좌에 올라 비겨보겠다는 인간의 자아는 "하룻강아지 범 무서운 줄 모르는" 어리석은 교만인 것이다. 그 잘난 과학 지식 가지고 하나님의 깊이를 헤아려 보려는 망상적인 행동들이다.

하긴 명문대 수준의 성경 지식은 높고 높아 오히려 하나님의 절대 능력도 모른 체 성경을 조각내며 오해하고 있으니 할 말 다한 세상이다. 되지도 않은 인간들의 허공을 치는 주장들이다. 참으로 한심한 인간들의 허무하고 의미 없는 메아리들이다.

니고데모는 자존심이 매우 강했다. 그는 새로 떠오르는 인물을 찾음에 사람들의 눈치를 보느라고 밤에 왔다. 잘못 소문나면 자신의 명성에 금이 갈지도 모르는 일이었다. 그는 누구보다 자신의 명예를 귀히 여기며 지금까지 쌓아온 자존심을 지키려 했다. 조금도 자기의 명예에 손상 가는 일은 하고 싶지 않았다.

이상하리만치 괴로운 자기 영혼의 답답함과 예수님에 대한 궁금증을 풀기 위해 밤에 온 것이다. 두루두루 현명한 처신을 한 그에게 예수님은 거듭나야 하리라 말씀하셨다. 거듭나지 않고는 영혼 깊이 둘러쳐진 답답한 상황을 타개할 수 없다고 말씀하셨다.

하나님 나라가 보이지 않으니 영혼이 꽉 막힌 것이다. 답답할 수밖에 없는 그의 영혼의 상태를 예수님은 거듭나는 게 답이라고 말씀하였다. 고도의 자존심으로 가득 찬 자아를 깨고 성경을 보아야 성경이 열림을 가르치셨다. 성령만이 여리고 같은 그의 바벨탑처럼 높이 쌓인 자존심을 무너뜨리고 하나님 나라를 볼 수 있게 하는 일이었다. 하나님을 믿는다고 하지만 하나님의 이름만 도용하여 자신의 자존심만 키운 성벽을 무너뜨리는 능력은 성령이 임재하는 길 이외는 없다.

여호수아는 누구든지 여리고성을 건축하는 자는 저주를 받으리라 하였다. 자아의 성벽을 건축하는 현대인들이야말로 하나님 앞에서 저주를 받지 않을까 심려해야 하는데 회개하기는커녕 교만하게 하나님을 고소하겠다 하니 하늘이 웃을 일이다.

참으로 저주받을 한심한 인간들의 교만의 현장이다. 이 죄의 보응을 어찌 다 받으려 하는지 알다가도 모를 일이다. 한 치 키라도 더 키울 수 없는 게 인간의 육이다. 이를 깨닫지 못하고 하늘 꼭대기까지 다다를 수 있다고 주장하는 인간의 육적 교만이야말로 인간 스스로 망할 최대 약점이다.

니고데모보다 더 교만한 자가 있으니 바울이라고 볼 수 있다. 유대교의 정통 가브리엘 문하생이며 더군다나 로마 시민권자였다. 나름 성경을 통달했고 그 깨달은 신년 하에 예수 믿는 자들을 처리하고자 열심인 자가 바울이었다.

한 번 훑으면 모든 것을 분석하고 착오없이 판단하는 능력자였다. 그의 명료한 판단에 의하면 불량한 이단에 불과한 게 예수쟁이들이었다. 하나님의 아들이라는 자는 중형의 죄인이나 지는 십자가를 진 자였다.

문제는 예수쟁이들이 점점 늘어난다는 사실이다. 그러니 박멸하면 끝나는 일이다. 유대교에 침투하는 자들을 찾아 없애면 끝나는 일이다. 무엇 하나 꿀릴 것 없던 바울은 득의 양양하게 예수쟁이들을 모두 잡아 여호와 하나님께 영광 돌리고자 다메섹을 향해 가다 예수님의 음성을 들었다. 강력한 주님의 빛이 그를 감싸자 그는 꼬꾸라지고 눈이 멀어 버렸다. 자존심을 완전히 상하게 하는 절대적 힘에 의해 꺾여 버린 것이다.

누구 앞에서도 단 한 번이라도 무릎 꿇지 않았던 그가 자신이 그토록 증오하던 예수 앞에 불가항력적으로 쓰러져 버린 것이다. 기가 막힌 놀라운 사건이었다. 예수님이 직접 바울을 눈 멀게 하였다. 바울의 눈이 멀었다는 얘기는 그가 죽었다는 말이다. 총명하고 똑똑한 그가 눈이 멀어 책을 볼 수 없게 되었음은 죽은 거나 진배없었다. 유대교의 율법을 읽지 못하고 읽을 수 없으니 논할 수 없음은 죽은 목숨이었다.

예수님이 그의 눈을 빼앗음으로 바울을 죽이셨다. 그는 아무것도 할 수 없는 무능력자가 되어 살아도 산 목숨이 아닌 신세가 되었다. 졸지에 누가 거들지 않으면 한 걸음도 떼지 못하는 자가 되어 버렸다.

무용지물이 된 바울에게 주님은 아나니아를 보내셨다. 아나니아를 통하여 바울에게 복음을 증거하게 하였다. 아나니아의 복음 증거는 바울로 하여금 성경을 다시 상고하게 하였다. 보이지 않던 성경이 열리며 바울은 성경 전체가 예수 그리스도를 증거함을 깨달았다. 성령을 통하여 성경을 관통하며 다메섹에서 자신을 부르신 나사렛 예수가 성경의 주인이심을 이해하였다.

아나니아의 안수로 눈을 뜨고 강론을 듣던 바울은 너무 큰 충격을 삭히며 아라비아에서 삼 년간 동안 다시 한 번 복음과 성경을 상고하며 자신이 만난 예수님이 바로 성경에서 예언한 그리스도이며 하나님의 아들이시며 역사를 심판하실 분임을 숙고하였다. 그야말로 영혼이 천지 개벽하는 기간이었다.

인간 사상의 역사에서 전무후무한 바울의 인간 존재에 있어 최대의 거듭나는 깨달음의 순간이었다. 바울의 영과 혼과 육이 온전히 죽고 새롭게 태어나는 시간이었다. 바울이 그토록 소중하게 여겼던 고도의 사상과 철학 율법이 무너지고 복음의 진리가 세워지는 사건이었다.

후에 바울은 고백하기를 자신이 그토록 자존심을 지켰던 모든 사상을 배설물로 여기고 버렸다 하였다. 예수 그리스도의 고상한 지식을 얻기 위해서라 하였다. 오늘날 되지도 않는 지식을 좀 섭렵해 봤다고 으스대는 천박한 지식인들과는 차원이 다른 얘기다.

바울은 완전히 죽었다 다시 산 사람이다. 자기 사상 신념 정도를 포기하는 차원과는 다른 얘기다. 인간의 모든 지정의와 인격과 몸 전체와 영혼이 죽어 버리고 고상하고 새로운 인간으로 태어난 것이다. 주님이 쓰기 위하여 인간 사상의 최고봉에서 낙하시켜 죽이시고 새사람으로 거듭나게 하셨다.

세속적인 사상가에서 신령한 하늘의 일을 보며 들으며 전파하는 일군으로 세우시고자 주님은 바울을 다메섹에서 부른 것이다. 땅에서 보던 읽던 행하던 일을 버리고 하늘의 하나님 나라의 고상한 말씀 맡은 자로 수님이 부른 것이다. 바울이 세상의 모든 사상을 주님을 위해 버렸다고 고백한 이유이다. 바울은 완전히 자존심과 자아를 장사 지내고 바울 안에 사시는 주님을 위하여 생애를 불태우는 사명 자가 되었다.

예수님은 하나님을 따르는 자들은 모두 자기십자가를 지고 자기를 부인하라고 하셨다. 제자도는 자기 십자가이다. 누구나 예수님을 따르려는 자는 자기 십자가를 지고 따라야 한다. 자기 십자가를 지지 않고는 주님을 따를 수 없다. 주님은 몸소 십자가를 지고 죽으심으로 그를 따르고자 하는 모든 자에게 본을 보여 주셨다. 자기 십자가를 짐으로서 자기를 죽이고 따를 때 제자의 삶은 시작되는 것이다.

자기 십자가를 짐은 자기를 죽이는 일이다. 자기 자아가 죽어야 새로운 삶이 시작될 수 있는 법이다. 자신이 죽지 않고는 주님의 죽으심을 본받을 수 없는 일이다. 스승이 죽는 길을 가셨으니 제자는 당연히 죽어야 옳은 길이다. 자기를 부정함으로 예수님의 삶을 인정하는 것이다. 우리의 옛사람이 십자가에서 죽음으로써 죄에 더 이상 종 노릇하지 않는 것이라고 바울이 증거하고 있다.

그렇다. 자기 십자가를 지는 일은 자신을 죽이는 일이다. 예수님의 말씀

앞에 나의 생각 나의 주장을 죽여야 주님이 가신 길을 제대로 따라갈 수 있다. 실은 내가 십자가를 지고 죽음으로 내 대신 주님이 내 안에서 일을 할 수 있다.

이것이 내 안에 주님이 사시는 방법이다. 내가 자기 십자가를 지고 죽고 예수님이 내 안에서 사시는 일이 주님의 일의 시작이다. 내가 죽음으로 내 안에 그리스도가 사는 일이 제자도이다. 내가 살아있으면 주님이 내 안에 거할 수 없는 게 자기 십자가의 본질이다. 예수님께서 십자가 지시고 죽으신 후 다시 사신 것처럼 우리도 죽음으로 다시 사는 것이다. 다시 거듭나는 길이요 이를 바울과 니고데모는 그들의 삶 속에서 잘 보여 주고 있다.

주님을 따르는 길은 관념 세계의 언어 유희가 아니다. 주님을 따르는 길은 자기 십자가를 지는 일이요 자아를 철저히 죽이고 주님의 말씀을 여실히 증거하는 삶 자체이다. 주님을 아는 것과 주님의 말씀을 살아가는 일은 동일하게 일치한다. 자기를 부정하고 주님만 드러내는 일이다.

바울은 자기 십자가를 지는 것을 육체와 그 정과 욕심을 죽이는 것으로 묘사했다. 자기 십자가를 지고 죽음은 실제로 목숨을 끊는 게 아니라 정과 욕심을 죽인다는 의미이다.

여리고성보다 더 견고한 게 모든 인간이 본성적으로 갖고 태어난 육체의 욕심이다. 세속적으로부터 영적으로도 드러나는 영적 교만 등 그 탐욕은 이루 말할 수 없다. 태어나면서 가지고 있기에 어떻게 할 수 없는 본성적이니 약점이다.

이를 간파한 바울은 자기십자가를 진다는 뜻은 바로 주님의 말씀으로 육체의 정과 그 욕심을 제어해 죽이는 일이라 갈파했다. 사는 동안은 늘 함께 존재하는 정과 욕심을 주님의 십자가에 못 박아 버려야 육체의 정을 다스릴 수가 있다. 말씀과 성령의 인도함을 받아야 될 수 있는 영적인 체험이다.

그래서 거듭남 삶은 말이 아니라 말씀으로 자아를 제어하는 능력이다. 하나님의 말씀은 말에 있지 않고 그 능력에 있다는 말의 뜻이다. 많은 종교인들이 말은 많은데 실수하는 주요 실책이 말씀의 능력을 체험해 본 경험이 없다는 데 있다. 성경을 오해하는 이유이다.

갈멜산에 모여 소리 소리는 지르는 데 제단에 불이 떨어지지 않으니 낭패나. 싱경은 엄청 연구한다고 하는데 영생을 체험해 보지 않으니 믿음이 무엇인지 알 리가 없다. 거듭나는 말씀의 체험이 없으니 삶 속에서 나타나는 자기 십자가를 지는 기쁨과 소망을 알 리가 없다. 굉장히 시끄러운데 거듭난 삶의 실재가 드러나지 않는 모습이다. 자신 죽어야 한다고는 말은 하지만 실상 자아를 장사 지낸 적이 없으니 십자가의 능력이 나타나질 않는다.

예수님께서 내 안에 살아 계셔야 거듭나며 경건의 힘이 나타날 수 있는 법이다. 죄의 종에서 벗어나 참다운 하늘의 자유함을 누릴 수 있는 것이다. 옛사람의 탐욕을 십자가에 못 박고 참된 주님의 말씀으로 진리의 능력을 누리게 되는 것이다.

거듭난 니고데모와 바울은 육체의 욕심을 장사 지냄으로 예수님과 함께 다시 살아난 것이다. 거듭남에서 오는 온전한 생명을 향유하는 참된 삶을 소유하게 되었다. 자아의 거대한 바벨탑에서 삐거나와 참된 거듭난 자의 온전한 평강을 그 어디서나 누리게 되었다.

거듭난 믿음이 주는 살아있는 생기의 삶을 살아가게 된 것이다. 성령으로 거듭난 하늘의 능력으로 모든 난관을 헤쳐 나가게 된 것이다. 견고했던 자아를 장사 지내는 것이 무엇인지를 구체적으로 우리에게 보여 주었다.

십자가에 자아가 죽고 예수님과 함께 다시 산다는 거듭난 생명을 실질적으로 우리에게 보여 주었다. 거듭남은 그저 공부나 하는 성경 연구가 아니라 자신의 죄 많은 영혼이 십자가에서 장사 지내고 하늘의 생명으로 어떻게 거듭나는 가를 보여준 실례이다.

하나님의 말씀과 성령의 역사로 거듭나는 방법과 그 모델을 구체적으로 보여준 살아있는 니고데모와 바울이었다.

7. 성령이 교회들에게 하시는 말씀

거듭나라!
성령이 교회들에게 하시는 말씀이다.
말세를 맞아 성도들이 마귀를 이길 수 있는 최선의 길이 거듭남이다.
거듭난 성도만이 하나님의 말씀으로 마귀에게 나아가 피 뿌리는 혈정으로 이길 수 있는 것이다. 하나님의 말씀과 성령의 역사로 거듭나야 말씀 상고로 새 힘을 얻어 마귀의 미혹을 이길 수 있다.

아담을 미혹시켰던 옛 뱀은 말세를 맞아 더욱 고도의 기만으로 모든 자를 파멸의 길로 넘어지게 하고 있다. 아담에게 다가와 아담이야말로 천상천하 유아독존으로 하나님과 같이 될 수 있는 남자 중의 남자라고 치켜세웠다.

하나님이 선악과를 먹지 말라 한 이유는 다름 아니라 선악과를 먹으면 눈이 밝아 하나님같이 선악 모든 걸 알게 됨으로 하나님과 같이 되는 바

그걸 싫어서 먹지 말라고 한 거라고 사기 친 것이다. 예나 지금이나 옛 뱀은 고도의 거짓으로 인간들을 미혹시키고 있다. 말세인 오늘날은 더욱 교묘한 방법으로 거짓선지자를 앞세워서 일곱 머리 열 뿔 짐승과 새끼 양의 짐승무리들이 붉은 용의 사주 아래 일사분란 하게 모든 자를 파멸시키고 있다. 넘어가지 않는 자가 없을 지경이다.

그래서 예수님께서 거짓 그리스도들과 거짓 선지자들이 많이 일어나 이떻게 하든지 표적과 기사 그리고 감언이설로 미혹시킬테니 주의하라고 하신 것이다.

아담의 인생길에서 나타나 거짓으로 아담을 파멸시켰던 마귀가 언제 어디서든 출현해 인생길을 저주할 지 모르는 시대이다. 성령이 증거하는 주님의 말씀을 기억하거나 생각하지 않으면 쉽게 미혹의 영에 감염되는 것이다. 구글 검색 등으로 아는 것은 많은데 깊이 숙고하는 데는 약한 현대인들은 너무 쉽게 마귀의 미혹에 빠지는 얄팍한 세대이다.

그래서 예수님은 미혹의 영에 넘어가지 않도록 진리의 영을 분별하라 하신 것이다. 주님의 말씀을 성령이 교회들에게 하시는 말씀으로 들어야만 미혹에 걸리지 않을 수 있다. 주의 말씀을 깊이 상고하는 훈련을 통하여 마귀의 미혹을 떨쳐낼 수 있는 것이다.

세상 권세를 쥔 마귀가 온갖 감언이설로 타락시키는 현대에 살아남아 생명을 보존하려면 미혹의 영을 분별하여 성령의 검 하나님의 말씀으로 쳐 내는 수 밖에는 없다. 온갖 더러운 영들로 가득 찬 세상에는 용의 입에서 짐승의 입에서 거짓 선지자의 입에서 개구리같이 쉬임 없이 쏟아져 나오고 있다. 가만 있으면 온통 오염을 뒤집어쓸 수밖에 없다.

정신을 차려 성령의 말씀을 듣고 상고해야 한다. 진리의 성령을 한시라도 떠나면 순간적으로 미혹의 영이 몰려 들어 순식간에 우리들의 영혼을 오물로 뒤범벅 하게 만들고 마는 무서운 시대이다. 교회에서 성령이 떠나면 세속적인 주장들이 밀물처럼 밀고 들어와 아시아 일곱 교회같이 더럽혀지고 마는 것이다. 교만과 돈과 음란으로 진리는 타락하고 마는 것이다.

니골라당의 교훈과 발람의 교훈과 이세벨의 교훈으로 더럽혀진 교회들 꼴이 나는 건 순간적이다. 한시도 말씀과 기도의 끈을 놓아서는 안되는 이유이다. 쉬지 말고 기도해야 하는 이유이기도 하다.

우는 사자같이 달려 들어 우리의 목숨 줄을 끊어 놓는 마귀의 마수를 이기려면 쉴 사이 없이 말씀을 묵상하며 살고 기도하여 붉은 용을 물리쳐야 한다. 미혹의 영을 만만하게 봐서는 안 된다. 기묘하며 고도의 사기성으로 접근하는 사탄은 분별하기가 어려우므로 성령의 도움이 필요하며 성령의 검으로 쳐내야 하는 것이다. 하나님의 말씀과 성령으로 거듭나지 않고는 아담을 미혹시켜 파멸로 몰았던 옛 뱀 붉은 용이 쉽게 우리의 영혼을 포기하고 놓아주지 않는 것이다. 뱀처럼 한 번 물으면 죽을 때까지 놓지 않고 숨통을 끊어놓는 것이다.

한가하게 종교나 논하며 지식 자랑할 때가 아니다. 시시각각으로 나의 영혼을 먹기 위해 다가오는 교만의 영, 욕심의 영, 음란의 영들을 순식간에 파악하고 다윗과 같이 마귀 대장 골리앗을 향하여 하나님의 말씀을 들고 달려나가 물리쳐야 하는 것이다. 예수님께서는 말세 교회에 침투하는 사탄의 교훈으로 세 가지 거짓된 비진리를 말씀하셨다.

첫째, 니골라당의 교훈이다.

이 거짓된 가르침은 영지주의의 교만에서 나왔다. 인간이 죄사함을 받아 구원을 받았으면 더 이상 죄에 대해 걱정할 필요가 없다는 사상이다. 한 번 구원은 영원 함으로 무슨 죄를 범해도 구원에는 지장이 없다는 주장이다. 그러니 "구원을 받았으면 더러운 육체가 무슨 간음을 해도 구원에는 아무 영향이 없다"라는 생각이다.

이러한 그릇된 생각이야말로 사탄이 주는 달콤한 자기 합리화로 교인을 타락시키기에 솔깃하게 하는 감언이설이다. 구원을 받았다면 그 거룩한 은혜를 깊이 상고 감사하며 더욱 경건의 삶에 매진함이 옳은 일이다. 거룩한 생활은커녕 방종하고 음란한 이방인의 삶을 살아도 한 번 구원은 영원하니 상관이 없다는 주장은 사탄의 기만술에 불과한 것이다. 참으로 더럽고 교만한 거짓 교리이다.

둘째, 발람의 교훈이다.

이 발람의 가르침은 쉽게 말해 구원을 받은 자는 물질의 축복을 많이 받는다는 사상이다. 이는 하나님을 잘 믿으면 '물질 축복'을 삼십 배, 육십 배, 백 배로 받는다는 가르침으로, 현대 교회에 팽배해 있는 사상이다.

복을 받아 대형교회 되었다고 선전하며 부러워하는 현대교회의 생생한 모습이다. 돈이 최고다. 하나님 잘 믿으면 돈을 많이 벌어 잘 먹고 잘 산다는 매우 현실적인 축복이다.

바알 숭배에 그토록 빠져 있던 이스라엘 백성들과 같이 돈을 금송아지 숭배 하듯 믿음의 결과로 치부하는 현상이다. 하긴 노동의 대가뿐 아니라 모든 정신적인 것까지도 심지어 종교적인 영적 수고까지도 돈으로 환원되는 세상이다.

돈이면 안 되는 게 거의 없으니 믿음도 돈과 깊이 연관되어 계산되고 있는 것이다. 돈이면 죽은 자도 벌떡 일으키는 마력이 있다고 하니 어린아이부터 늙은이까지 돈이면 사족을 못쓰는 것이다.

교회라고 예외가 아니다. 말은 예수님을 따라 살자 하지만 실은 모든 교회가 부자 교회를 부러워하며 모델로 삼고자 애를 쓰는 것이다. 발람의 교훈에 물들어 있던 버가모 교회에 사탄의 위가 자리 잡고 있다고 하신 뜻을 알아야 한다.

배금사상에 찌든 현대 교회를 사탄이 마음껏 통제하고 있다는 말이다. 하나님보다 돈이 더 위력을 드러내는 말세다. 하나님보다 돈을 더 사랑했던 바리새인의 후예들이다.

셋째, 이세벨의 교훈이다.

이 세 번째 마귀의 가르침 곧 음란의 이세벨이야말로 현대 교회에 만연해 있는 무서운 거짓 가르침이다. 불륜에서 음란, 심지어 동성애까지 자신의 몸을 음란 마귀에게 스스로 바치는 '비진리의 결정체'이다.

목사로부터 이단 교주 정치지도자 범부에 이르기까지 소셜 미디어에 이르기까지 안 퍼진 곳 없이 음란은 만연해 있다. 온통 세상이 음란 바다라 해도 과언이 아닐 정도로 이미 음란으로 가득 차 버렸다.

요셉의 신앙 이야기는 구시대의 산물이다. 정결은 그저 강단에서나 가끔 하는 이야기이고 불륜이 하도 많이 팽배해 있어 교인들이 싫어하는 정결한 믿음과 음란의 책망은 가르치는 자들이 스스로 알아 피하는 세태이다.

육체의 음란도 지적 못하는데 종교적 간음이야 뭘 말하겠는가!

배웠다는 종교 지도자들이 앞장서 종교 혼합주의를 주창하고 종교 다원론을 스스럼없이 전파하고 있다. 아시아 일곱 교회를 타락시킨 마귀가 그럴싸한 거짓 교리를 가지고 현대 교회들을 파멸시키고 있다.

사탄은 가장 높은 구름 위에 앉아 하나님과 비교하려 하였다. 최고 높은 북극 집회에 자석을 놓고 하나님과 같이 천사들의 경배를 받고자 하였다. 교만 하기가 이를 데 없는 자이다. 교만이 하늘을 찔렀다. 아담으로 하여금 선악과를 먹으면 하나님같이 될 수 있다며 교만을 자극하여 죽음으로 몰아 부쳤던 마귀이다.

이제는 거대한 붉은 용의 기세로 단번에 교회를 집어 삼키려 하고 있다. 성령이 교회들에게 하시는 말씀을 듣지 않고 서는 사탄의 세력을 이길 수 있는 방법이 없음을 깊이 깨달아야 한다.

인간은 본성 자체가 교만하다.

바벨탑을 쌓았던 니므롯 족속들은 탑을 하늘 꼭대기까지 쌓으려 하였다. 망원경 하나로 우주 전체를 보며 하나님 자리에 다다를 수 있다고 하는 현대인들과 동일한 교만한 자들이다. 하나님 나라로부터 공중으로 쫓겨났지만 아직도 교만하여 자신의 뜻대로 모든 인간을 복속시키겠다는 야심으로 세상을 흔들고 있다. 사탄은 원래 완벽한 천사로 창조된 피조물이다. 아침의 계명성으로 불리던 사탄은 그 지혜로 하나님과 같이 스스로 높아지고자 하였다.

하늘 구름 위에 보좌를 펴고 하나님을 대적하고자 하였다. 교민이 하늘을 찌르자 하나님같이 천사들의 경배를 받고자 하였다. 뭇별 위에 자신의 자리를 높이고 북극 집회의 산 위에 앉기를 원했다. 교만의 극치였다.

이제는 하나님을 찬양하던 자기의 처소를 떠나 가장 높은 곳에 앉아 찬

양받기를 원했다. 하나님의 뜻을 저버리고 자기의 교만한 뜻을 관철하고자 하였다.

이에 하나님께서는 루시퍼를 용서하지 아니하시고 즉각 심판하사 지옥의 어두운 곳으로 처벌하셨다. 회개하지 않는 사탄은 더욱 "뭘 잘 못했느냐"는 식으로 항변하며 하나님의 백성들을 미혹하여 죄의 종으로 삼고자 발광하고 있는 것이다.

완벽한 천사에서 가장 무도하고 악한 존재가 되어 버렸다. 교만은 패망의 선봉이다. 말세 교회를 흔드는 사탄의 계략은 집요하여 오늘도 교만한 숱한 인생들이 붉은 용의 꾀임에 빠져 죽어가고 있는 것이다. 교만한 이단들이 진리를 통달 했느니 계시록을 깨달 았느니 하면서 자신들이 진리의 성읍을 창조했으니 모이라고 떠들고 있는 것이다.

사탄은 만만치 않다. 예수님은 사탄도 깊으니 조심하라고 말씀하고 있다. 말세 교회의 백성들을 삼키고자 옛 뱀 사탄은 거짓 선지자와 짐승과 붉은 용을 총 동원하여 믿는 자 한 삶이라도 미혹하려고 우는 사자같이 달려 들고 있다. 더러운 세 영인 개구리 같은 거짓 선지자와 짐승과 붉은 용은 어떻게 해서든지 믿는 자를 타락시켜 자신의 종으로 삼고자 광분하고 있다.

사탄은 니골라와 발람과 이세벨의 깊은 교리로 두아디라 교인들을 미혹시켜 타락시켰다. 교만한 생각으로 가득한 현대인들은 돈과 음란으로 더욱 더러워져 가고 있다. 바알과 아세라를 숭배하던 이스라엘 백성들 보다 동성애에 찌든 소돔 고모라의 백성들 보다 그 죄가 더하면 더했지 덜하지 않은 현대 교회의 교인들이다.

한 번 걸리면 빠져나올 수 없을 정도로 깊고 깊은 늪처럼 마귀의 사상은 깊고도 깊은 마력을 띠고 있는 것이다. 한 번 사탄의 마수에 걸리면 마약에 취하듯 거짓에 감염되어 허우적거리다 거미줄에 걸린 파리처럼 죽어가는 것이다. 눈은 멀고 감각은 마비되고 깊은 마약에 중독되어 교만과 돈과 음란의 지옥에 떨어지는 것이다.

우상의 제물을 먹으며 음행 하기를 밥 먹듯이 행하면서도 부끄러운 줄 모르는 괴물이 되어 가고 있는 것이다. 금송아지를 그것도 두 개나 섬기면서도 하나님 운운하며 기도문이나 읊조리는 한심한 교인으로 전락하고 만 게 작금의 교회의 실태다. 버젓이 살고 있는 이름은 있는데 실상은 죽은 영혼의 상태이다. 성령이 교회들에게 하시는 말씀을 듣고 정신차려야 할 때이다.

말로는 "예수! 예수!" 하지만 그 속은 속 빈 강정 마냥 아무런 믿음의 능력을 상실한 채 허공을 향하여 기도하는 무늬만 교인인 자들로 넘쳐나고 있다. 진심으로 교인들은 하나님의 말씀을 상고하며 회개해야 한다. 말씀대로 살지 못하는 원인들을 살피고 성령의 도우심을 받고자 힘써 간구해야 한다.

빌라델비아 교회와 서머나 교회 성도들 같이 거듭난 성도로 주님의 말씀을 힘입어 사탄과 일전을 벌여 십자가의 보혈로 싸워 승리해야 한다. 빌라델비아 성도들은 하나님의 말씀과 성령의 역사로 참다운 그리스도의 사랑으로 작지만 사랑의 능력으로 황충과 붉은 용의 세력을 물리치고 이겼다. 거짓과 사기치는 어둠의 세력들을 주님을 사랑하는 마음으로 용기백배하여 교회에서 몰아내고 사랑의 공동체를 이루어 나갔다.

제아무리 사탄의 공격과 미혹이 있었지만 주님의 사랑에서 한 치도 물러나지 않고 말씀과 성령으로 거듭난 믿음으로 이겨 나갔다. 끊을 수 없는 주님의 사랑을 받은 성도들은 주님의 사랑을 하나도 배신하지 않고 진심으로 말씀을 지키며 고군분투하는 와중에서도 주님을 사랑하고 성도들 간에 사랑을 실천하였다. 환란이나 곤고나 핍박이나 칼이나 사망이라도 그리스도의 사랑에서 끊을 수 없는 것이다.

그리하여 마귀의 깊은 공격에도 성령 충만하여 모든 것을 통달하시는 성령의 도움으로 사탄의 궤계를 꺾어버렸다. 성령은 마귀의 깊은 것이라도 파악하고 우리로 하여금 이길 수 있는 비결을 알려 주신다. 우리는 연약하여 마귀의 깊은 모든 것을 알 수 없지만 주님을 사랑하는 빌라델비아 성도들은 성령이 함께하심으로 마귀의 깊은 진을 파쇄하고 승리한 것이다.

작디 작은 서머나 교회도 마귀와의 일전에서 승리하였다. 서머나 교회의 승리의 비결은 충성이었다. 사탄의 회가 사방에서 진을 치고 환난과 궁핍으로 훼방을 하여도 서머나 성도들은 주님의 말씀을 충성스럽게 지킴으로 승리하였다. 고난을 당하는 성도들에게 주님은 계속하여 권면하시기를 죽도록 충성하라 그리하면 생명의 면류관을 주시리라고 약속하셨다.

그렇다. 마귀를 이기는 방법은 충성하는 길밖에는 없다. 죽도록 충성하면 예수님이 모든 걸 알고 승리의 길로 인도하시는 것이다. 주님의 일을 맡은 자들에게 구할 것은 충성이외에는 없다. 모세도 하나님께서 맡기신 일을 충성스럽게 이루었다고 하셨다. 예수님도 집 맡은 아들로서 충성을 다하셨다. 라오디게아 교회에 성령이 말씀하시기를 예수님은 충성된 증인이라 하였다.

말세 현대 교회에서 극심한 사탄의 세력을 이기려면 주님의 사랑을 확신하고 주님의 말씀을 지켜 나갈 때 가능하다. 온갖 권모술수와 세상의 돈과 권력으로 교회와 성도들을 핍박하는 말세에 우리는 겉으로는 고난을 당하지만 심령 깊은 곳에 살아 역사하시는 주님을 믿고 충성함으로 넉넉히 이길 수 있는 것이다.

주님께서는 세상에서 환난을 당하지만 "담대하라"고 하셨다. "모든 죄와 사망을 이기셨다"고 하셨다.

죄 없으신 주님께서 우리의 죗값을 십자가에서 사탄에게 지불하시고 우리로 진 빚 없이 해방시키셨다.

또한, 죽은 자 가운데서 다시 사심으로 사망의 권세를 이기셨다. 주님을 따르는 우리는 주님을 따라 죄와 사망을 이긴 자들이다. 주님이 하나님의 말씀으로 세상 마귀를 이기셨으니 우리도 또한, 주님을 따라 세상을 이겨야 한다. 예수님의 말씀과 성령의 역사로 거듭난 자들은 담대한 믿음으로 적과 싸우되 피 흘리기까지 싸워 끝내 승리하는 자들이 되야 한다.

하나님의 말씀과 성령으로 거듭난 자들만이 이 악한 말세에 승리하는 자들이다. 참으로 거듭난 자들이 온전한 사랑과 목숨을 거는 충성으로 옛 뱀 붉은 용과 일전을 겨루어 이길 수 있다. 성령으로 거듭났으므로 모든 것을 통달함으로 붉은 용의 궤휼을 뚫고 승리하는 것이다. 우리는 부족하여도 성령이 교회들에게 하시는 말씀으로 능히 적그리스도의 세력을 격파할 수 있는 것이다.

승리의 비결은 성령이 교회들에게 하시는 말씀을 깨닫고 주님의 말씀을 의지하여 다윗같이 돌진하면 된다. 거듭난 니고데모는 주님을 사랑하여 장사 지내는 데까지 함께함으로 하나님의 나라에 들어갔다.

거듭난 바울은 몸이 톱으로 썰리면서까지 죽도록 충성하여 영생의 면류관을 쟁취하였다. 이기는 비책은 주님을 사랑하여 죽도록 충성하는 길이다.

이것이 말세 현대인을 향하여 성령이 교회들에게 하시는 말씀이다. 이것이 하나님의 말씀과 성령으로 승리한 거듭난 자들이 들어가는 하나님 나라의 영원한 생명의 상급이다.